河南省文物考古研究院田野考古报告甲种 第61号

三门峡虢国墓

（第二卷）

第二册

河南省文物考古研究院
三门峡市文物考古研究所　编著
三门峡市虢国博物馆

文物出版社

北京·2023

The Guo State Cemetery in Sanmenxia (Vol. 2)

(II)

(With an English Abstract)

by

Henan Provincial Institute of Cultural Relics and Archaeology
Sanmenxia Municipal Institute of Cultural Relics and Archaeology
Sanmenxia Municipal Museum of Guo State

Cultural Relics Press
Beijing · 2023

M2009：842，出于棺内殓衾之上。出土时鸟爪略残。青玉，有黄褐斑或黄白斑。玉质较粗，半透明。薄片雕。正、背两面纹样相同。鸟作卧姿，丁字嘴，尖喙，圆眼，冠贴于背上，冠末端上卷，缩颈，凸胸，敛翅上翘，大尾下垂，尾端分叉，曲爪附地。翅上饰羽纹，尾、爪饰线纹。胸部和尾部各有一小圆穿。高 3.9、长 6.3、厚 0.35 厘米（图三七四，1、2；彩版二八一，1）。

M2009：837，出于棺内殓衾之上。青白玉，有黄褐斑或墨斑。玉质细腻，透明。极薄片雕。鸟作卧姿，丁字嘴，尖喙下勾，圆眼，冠贴于背上，缩颈，凸胸，敛翅上翘，大尾下垂，曲爪附地。正面翅上饰羽纹，尾、爪饰细线纹。背部素面。胸部有一小圆穿。高 2.2、长 3.9、厚 0.15 厘米（图三七四，3、4；彩版二八一，2）。

M2009：831，出于棺内殓衾之上。青白玉，有黄褐斑或灰白斑。玉质细腻，透明。极薄片雕。正、背两面纹样相同。作卧姿，勾喙，圆眼，冠后卷贴于背上，缩颈，凸胸，敛翅微翘，大尾下垂，尾端分叉，曲爪附地。翅、尾饰阴刻线纹。胸部有一小圆穿。高 2.2、长 6.8、厚 0.15 厘米（图

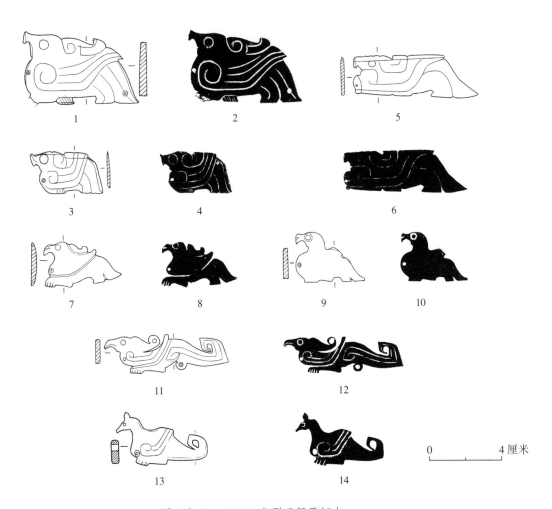

图三七四　M2009 鸟形玉佩及拓本

1. 鸟形佩（M2009：842）　2. 鸟形佩（M2009：842）纹样拓本　3. 鸟形佩（M2009：837）　4. 鸟形佩（M2009：837）纹样拓本 5. 鸟形佩（M2009：831）　6. 鸟形佩（M2009：831）纹样拓本　7. 鸟形佩（M2009：766）　8. 鸟形佩（M2009：766）背面纹样拓本　9. 鸟形佩（M2009：894）　10. 鸟形佩（M2009：894）纹样拓本　11. 鸟形佩（M2009：860）　12. 鸟形佩（M2009：860）纹样拓本 13. 鸟形佩（M2009：887）　14. 鸟形佩（M2009：887）纹样拓本

三七四，5、6；彩版二八一，3）。

M2009：766，出于棺内殓衾之上。青玉，有黄褐斑，间杂有墨色斑点。玉质细腻，透明。极薄片雕。正面略鼓，背面平。正、背两面纹样相同。作卧姿，尖嘴勾喙，圆眼，卷冠贴于背上，敛翅略上翘，尾下垂，尾端分叉，曲爪附地。爪饰阴刻细线纹。胸部有一小圆穿。高2.3、长4.1、厚0.25厘米（图三七四，7、8；彩版二八一，4）。

M2009：894，出于棺内殓衾之上。青玉。玉质细腻，半透明。薄片雕。作卧姿，昂首，丁字嘴，尖喙，圆眼，凸胸，翅上翘，尾下垂。尾端分叉，曲爪附地。胸部有一小圆穿。素面。高2.6、长3.7、厚0.6厘米（图三七四，9、10；彩版二八一，5）。

M2009：860，出于棺内殓衾之上。青白玉，有黄褐斑。玉质细腻，透明。体薄，片雕。正、背面纹样相同。鸟作卧姿，昂首，长嘴，勾喙，圆眼，长冠卷成一小圆孔，缩颈，凸胸，翅尖上翘，长尾上卷，曲爪附地。翅与尾部饰羽纹，爪饰阴刻细线纹。尾下有一小环形纽，胸部有一小圆穿。高2、长6.7、厚0.2厘米（图三七四，11、12；彩版二八一，6）。

M2009：887，出于棺内殓衾之上。青玉，有黄褐斑或灰白斑。玉质细腻，透明。片雕。正、背面纹样相同。鸟作卧姿，尖喙，圆眼，直冠，翅上翘，尾向后上卷成一椭圆形穿孔，曲爪附地。翅上饰羽纹，爪饰阴刻细线纹。胸部有一小圆穿。高2.9、长4.8、厚0.4厘米（图三七四，13、14；彩版二八二，1）。

（20）燕形佩

6件。

M2009：768，出于棺内殓衾之上。青玉，有黄褐斑。玉质细腻，半透明。片雕。燕尖喙，圆睛，展翅飞翔，短尾分叉，曲爪。正面双翅饰羽纹，尾部饰细线纹。背面刻一似"田"字符号，以示脚爪。嘴部有一小穿。长2.5、宽4.8、厚0.55厘米（图三七五，1~3；彩版二八二，2）。

M2009：781，出于棺内殓衾之上。出土时左翅和身部各有一道裂纹。青玉，有黄褐色斑纹或灰白斑。玉质细腻，微透明。圆雕。燕昂首挺胸，尖喙，圆眼，翅微张，短尾分叉，曲爪。正面双翅饰羽纹，尾部饰竖向阴线纹。腹下部有一斜穿。高2.5、长4.1、宽3.8厘米（图三七五，4、5；彩版二八二，3）。

M2009：867，出于棺内殓衾之上。青玉，有黄褐斑和灰白斑。玉质较细，微透明。薄片雕。正、背两面纹样相同。燕尖喙，圆眼，双翅平展作飞翔状，短尾分叉。双翅饰羽纹，背部饰人字纹，尾饰竖线纹。头和尾部各有一单面钻圆穿。长4.2、宽5.3、厚0.35厘米（图三七五，6、7；彩版二八二，4）。

M2009：854，出于棺内殓衾之上。青玉。玉质细腻，透明。薄片雕。尖喙，圆眼，展翅，短尾分叉。正面尾部饰短竖阴线纹。背部素面。头部和尾部各有一小圆穿。长2.7、宽4、厚0.2厘米（图三七六，1、2；彩版二八三，1）。

M2009：166，出于内棺盖板上。青玉，有黄褐斑。玉质温润，微透明。圆雕。作俯卧状，尖喙，圆眼，双翅收敛，短尾分叉，尾部有三条裂纹。正面双翅饰羽纹。背部素面。口至尾部有一个贯穿孔。高1.1、长4.3、宽3.9厘米（图三七六，3、4；彩版二八三，3、4）。

M2009：812，出于棺内殓衾之上。青玉，有黄褐斑。玉质细腻，微透明。燕尖喙，圆目微凸，双翅微张，短宽尾。正面尾部饰竖向阴线纹。背部素面。背面胸部有一斜圆穿。长3.3、宽2.7、

图三七五　M2009 燕形玉佩及拓本

1. 燕形佩（M2009∶768）　2. 燕形佩（M2009∶768）正面纹样拓本　3. 燕形佩（M2009∶768）背面纹样拓本　4. 燕形佩（M2009∶781）　5. 燕形佩（M2009∶781）纹样拓本　6. 燕形佩（M2009∶867）　7. 燕形佩（M2009∶867）纹样拓本

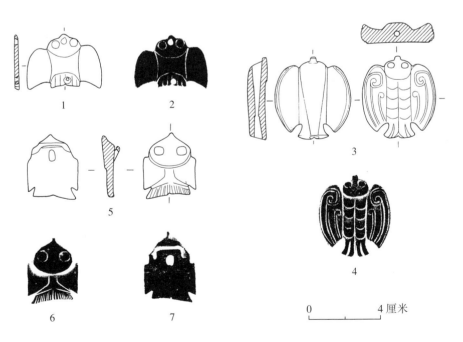

图三七六　M2009 燕形玉佩及拓本

1. 燕形佩（M2009∶854）　2. 燕形佩（M2009∶854）纹样拓本　3. 燕形佩（M2009∶166）　4. 燕形佩（M2009∶166）纹样拓本　5. 燕形佩（M2009∶812）　6. 燕形佩（M2009∶812）正面纹样拓本　7. 燕形佩（M2009∶812）背面纹样拓本

厚 1 厘米（图三七六，5 ~ 7；彩版二八三，2）。

（21）鸮形佩

2 件。

M2009：176，出于内棺盖板上。出土时喙下部略残。青玉。玉质细腻，微透明。圆雕。作直立状，喙前伸，圆目凸出，盘角后卷，头顶有冠，双翅收敛，双爪蹲伏，爪上阴刻线纹。冠部有一小圆穿。高 5.8 厘米（图三七七，1 ~ 3；彩版二八四，1 ~ 3）。此器的制作年代为商代。

M2009：187，出于内棺盖板上。青玉，有黄白斑。玉质温润，微透明。圆雕。整体作站立状，丁字嘴，勾喙，圆眼微凸，羊角形双角卷曲成螺旋状盘于头两侧，双翼收拢，短尾下垂，两腿粗状直立。双翅饰勾云纹。头顶至下部有一贯穿孔。高 5.1 厘米（图三七七，4 ~ 7；彩版二八四，4 ~ 6）。此器的制作年代为商代。

（22）蜻蜓形佩

1 件。

M2009：777，出于棺内殓衾之上。青玉，有灰白斑。玉质细腻，晶莹温润，半透明。片雕。

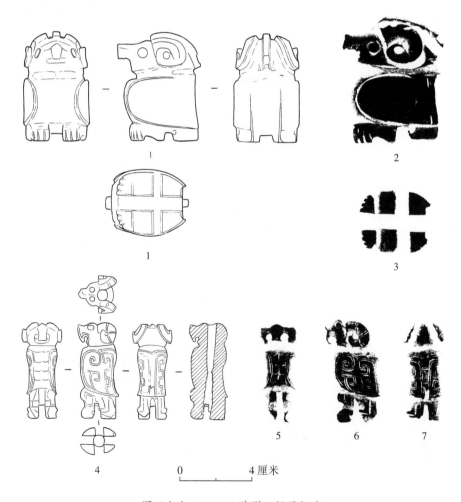

图三七七　M2009 鸮形玉佩及拓本

1. 鸮形佩（M2009：176）　2. 鸮形佩（M2009：176）侧面纹样拓本　3. 鸮形佩（M2009：176）底部纹样拓本　4. 鸮形佩（M2009：187）
5. 鸮形佩（M2009：187）正面纹样拓本　6. 鸮形佩（M2009：187）侧面纹样拓本　7. 鸮形佩（M2009：187）背面纹样拓本

体作展翅飞翔状，头较大，翼伸展，共有三对，粗尾。头部有一圆穿。长4.1、宽4.1、厚0.45厘米（图三七八，1、2；彩版二八五，1）。

（23）蝉形佩

11件。

M2009：797，出于棺内殓衾之上。青玉，有黄白斑和黄褐斑。玉质细腻，半透明。圆雕。整体上窄下宽，蝉圆眼突出，嘴部有一细竖向凸棱，头部与身部以二道凸棱间隔，敛翅。腹部饰四道粗阴线纹。口中有一细小穿。长3.4、宽1.9～2.4、高1厘米（图三七八，3～5；彩版二八五，2）。

M2009：880，出于棺内殓衾之上。青玉。玉质较粗，透明度较差。圆雕。整体近长方形。蝉圆眼突出，尖嘴，头部与身部以二道凸棱间隔，敛翅。双翅饰勾云纹，腹部饰水波纹。长3.1、宽1.9、高1厘米（图三七八，6～8；彩版二八五，3、4）。

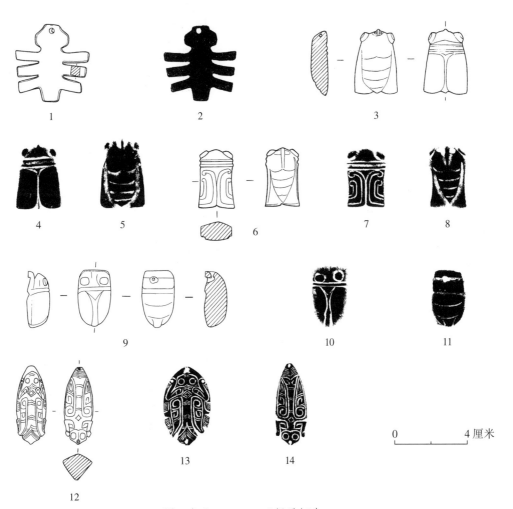

图三七八　M2009 玉佩及拓本

1. 蜻蜓形佩（M2009：777）　2. 蜻蜓形佩（M2009：777）纹样拓本　3. 蝉形佩（M2009：797）　4. 蝉形佩（M2009：797）正面纹样拓本　5. 蝉形佩（M2009：797）背面纹样拓本　6. 蝉形佩（M2009：880）　7. 蝉形佩（M2009：880）正面纹样拓本　8. 蝉形佩（M2009：880）背面纹样拓本　9. 蝉形佩（M2009：918）　10. 蝉形佩（M2009：918）正面纹样拓本　11. 蝉形佩（M2009：918）背面纹样拓本　12. 蝉形佩（M2009：822）　13. 蝉形佩（M2009：822）正面纹样拓本　14. 蝉形佩（M2009：822）背面纹样拓本

M2009：918，出于棺内殓衾之上。青玉。玉质较细，微透明。圆雕。圆眼微凸，嘴部有一横向凹槽，头部与身部以二道阴刻细线纹间隔，敛翅。腹部阴刻二道粗线纹。口中有一细小穿。长 3、宽 1.8、高 1.2 厘米（图三七八，9 ~ 11；彩版二八五，5、6）。

M2009：822，出于棺内殓衾之上。青玉，有黄白斑。玉质温润，半透明。圆雕。整体略呈三棱形。正、背面均饰蝉纹纹样，但方向相反，正面蝉的尾部正好是背面蝉的头部。圆眼，尖嘴，双爪前伸于头两侧，敛翅。双翅饰卷云纹。两端各有一小圆穿。长 4.2、宽 1.6、高 1.4 厘米（图三七八，12 ~ 14；彩版二八六，1、2）。此器的制作年代为商代。

M2009：857，出于棺内殓衾之上。青玉，有黑斑及棕黄色条状裂痕。玉质细腻，微透明。圆雕。蝉尖嘴，圆眼微凸，颈部表面有二道凸棱，双翅收敛。嘴部有一细小穿孔。长 4.6、宽 2.1 ~ 2.6、高 1.3 厘米（图三七九，1、2；彩版二八六，3）

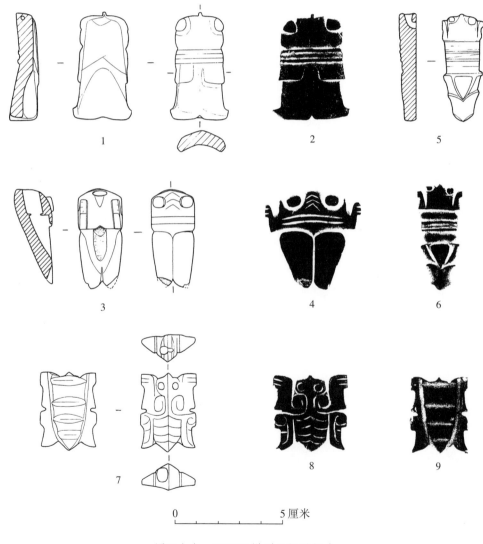

图三七九　M2009 蝉形玉佩及拓本

1. 蝉形佩（M2009：857）　2. 蝉形佩（M2009：857）纹样拓本　3. 蝉形佩（M2009：574）　4. 蝉形佩（M2009：574）纹样拓本　5. 蝉形佩（M2009：905）　6. 蝉形佩（M2009：905）纹样拓本　7. 蝉形佩（M2009：803）　8. 蝉形佩（M2009：803）正面纹样拓本　9. 蝉形佩（M2009：803）背面纹样拓本

M2009：574，出于内棺盖板上。出土时蝉的双翅尾部略残。青玉，有黄白斑。玉质细腻，微透明。圆雕。蝉方头，椭圆目，睛微凸，双目之间饰三重线纹，头部与身部以二道阴刻细线纹间隔，双翅收敛，曲腿。口部有一圆穿。长4.4、宽2、高1.8厘米（图三七九，3、4；彩版二八六，4）。

M2009：905，出于棺内殓衾之上。青玉，有黄褐斑或白斑。玉质较细，微透明。半圆雕。头部较宽大，圆眼微凸，敛翅，尾部较细略呈三角形。背部饰横向平形细线纹，腹部抛磨光洁，光素无纹。嘴下有一斜穿。长4.6、宽1.9、高0.8厘米（图三七九，5、6；彩版二八七，1）。

M2009：803，出于棺内殓衾之上。青玉，有黄白斑。玉质细腻，微透明。圆雕。整体近长方形，横断面呈三角形。正面饰蝉纹纹样，尖嘴，圆眼微凸，翅膀较小，前腿弯曲。背面阴刻四道凹槽。头部至尾部有一贯穿孔，嘴部有一细小穿与贯穿孔相同。长3.4、宽1.6、高1.2厘米（图三七九，7～9；彩版二八六，5、6）。

M2009：840，出于棺内殓衾之上。青白玉，有黄褐斑。玉质较细，半透明。片雕。正、背面纹样相同。尖嘴，圆眼微凸，双翅收敛，双爪前伸于头侧。嘴部有一细小穿。长4.2、宽3.4、厚0.35厘米（图三八〇，1、2；彩版二八七，2）。

M2009：858，出于棺内殓衾之上。出土时嘴部略残。青白玉，有黄褐斑。玉质温润，半透明。片雕。整体呈弯曲状，尖嘴，圆目微凸，双腿前伸，双翅收敛。正面身饰卷云纹，背面光素无纹。嘴部有一小圆穿。长4.2、宽2.45、厚0.3～0.7厘米（图三八〇，3、4；彩版二八七，3）。

M2009：844，出于棺内殓衾之上。青玉。玉质温润光洁，做工精细，微透明。片雕。正、背面纹样基本相同，但方向相反。尖嘴，圆目微凸，双翅收敛。嘴部有一细小穿。长2.4、宽1.8、厚0.8厘米（图三八〇，5～7；彩版二八七，4、5）。

（24）蛇形佩

1件。

M2009：230，出于内棺盖板上。青玉，有黄褐斑。玉质温润，半透明。器呈圆弧形，正面略鼓，口吐蛇芯，椭圆目微凸，蛇尾向内卷曲。正面纵向刻出三行平行的鳞纹。蛇芯与背中部各有一个小圆穿。背面有切割的痕迹，素面。长9.4、宽1.7、厚0.7厘米（图三八〇，8、9；彩版二八八，1、2）。此器的制作年代为商代。

（25）鼠形佩

1件。

M2009：748，出于棺内殓衾之上，留有朱砂痕迹。青玉。玉质较粗，微透明。圆雕。鼠作蜷曲伏卧状，小圆眼突出，背部拱起，曲爪附地。身饰卷云纹。双爪间有一斜穿。长2.6、高1.2、宽0.9厘米（图三八一，1～3；彩版二八八，3、4）。

（26）蚕形佩

2件。以阴凹线表现体节。圆睛凸目，嘴部有一斜穿。

M2009：799，出于棺内殓衾之上。青玉。玉质温润，半透明。薄片雕。蚕直体较长，张口，体分为九节。长5.2、高1.3、厚0.4厘米（图三八一，4、5；彩版二八九，1）。

M2009：179，出于内棺盖板上。青玉。玉质细腻，半透明。圆雕。体较肥短，嘴微张，弧背，体分为七节。长4、高1.4、厚0.8厘米（图三八一，6、7；彩版二八九，2）。

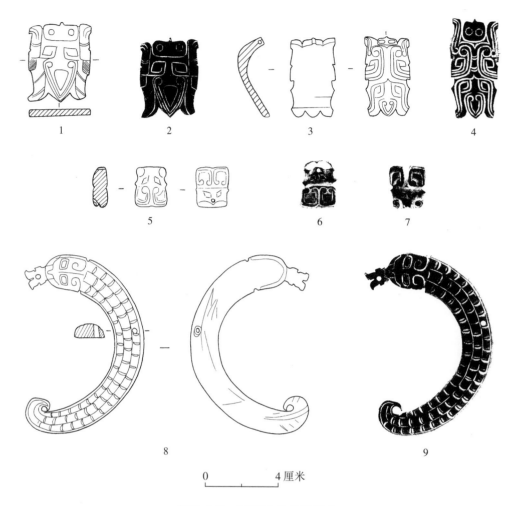

0 _____ 4厘米

图三八〇 M2009 玉佩及拓本

1. 蝉形佩（M2009：840） 2. 蝉形佩（M2009：840）纹样拓本 3. 蝉形佩（M2009：858） 4. 蝉形佩（M2009：858）纹样拓本
5. 蝉形佩（M2009：844） 6. 蝉形佩（M2009：844）正面纹样拓本 7. 蝉形佩（M2009：844）背面纹样拓本 8. 蛇形佩
（M2009：230） 9. 蛇形佩（M2009：230）纹样拓本

（27）蜘蛛形佩

1件。

M2009：870，出于棺内殓衾之上。出土时器的两后足略残。青玉。玉质细腻，微透明。作
爬行状，张口，圆眼微凸，大圆肚翘起，两边各有五条较粗壮的脚。腹部阴刻六道细水波纹。长
4.9、宽3.7、高3.2厘米（图三八一，8、9；彩版二九〇，1、2），此器的制作年代为商代。

（28）龟形佩

3件。形状相同，大小及纹样不同。皆为圆雕。背部向上突起，腹部略弧，头、爪、尾俱无，
自头至尾贯穿一孔。

M2009：207，出于内棺盖板上。出土时龟腹后部略残。青玉。玉质较差，不透明。体形较大，
头部有一通天孔。背中部饰菱形回字纹，周围饰菱形纹，外边轮廓饰较密集的阴刻细短斜线纹，
腹部饰阴刻线纹。长6、宽5.1、高3.8厘米（图三八二，1~3；彩版二九〇，3、4）。

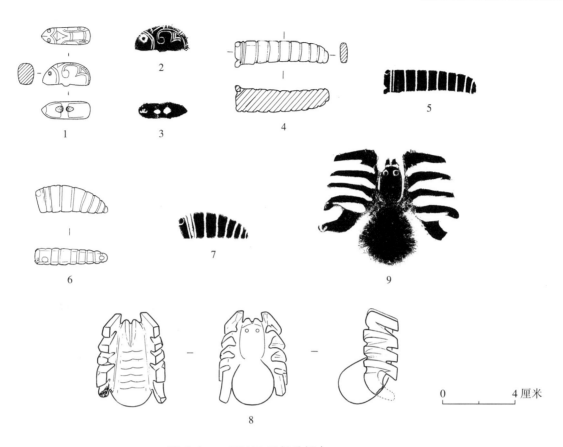

图三八一　M2009 玉佩及拓本

1. 鼠形佩（M2009：748）　2. 鼠形佩（M2009：748）正面纹样拓本　3. 鼠形佩（M2009：748）底部纹样拓本　4. 蚕形佩（M2009：799）
5. 蚕形佩（M2009：799）纹样拓本　6. 蚕形佩（M2009：179）　7. 蚕形佩（M2009：179）纹样拓本　8. 蜘蛛形佩（M2009：870）
9. 蜘蛛形佩（M2009：870）正面纹样拓本

　　M2009：805，出于棺内殓衾之上。青玉，有黄褐斑或墨色斑纹。体形较小，头部有一通天孔。背中部饰菱形回字纹，周围饰菱形纹，外边轮廓饰稀疏的阴刻短斜线纹，腹部饰阴刻线纹。长 3.4、宽 2.7、高 1.9 厘米（图三八二，4～6；彩版二八九，3、4）。

　　M2009：232，出于内棺盖板上。白玉。玉质温润，微透明。体形较小，头部有一菱形通天孔。背中部饰龟甲纹，外边轮廓饰弧线纹，腹部饰阴刻线纹。长 3.2、宽 2.9、高 2 厘米（图三八二，10～12；彩版二八九，5、6）。此器的制作年代为商代。

　　（29）鳖形佩

　　1 件。

　　M2009：875，出于棺内殓衾之上。青玉，有黄褐斑。玉质细腻，微透明。圆雕。背部略鼓，头外伸且向右弯曲，双目侧视，圆睛微凸，四爪着地，短尾。颈部饰水波纹和双细线纹，背部饰卷云纹。腹下有一牛鼻钻穿孔。长 5.7、宽 4、高 2.3 厘米（图三八二，7～9；彩版二九一，1、2），此器的制作年代为商代。

　　（30）鱼形佩

　　7 件。大小、形状、纹样、厚薄互不相同。除 M2009：832 为圆雕外，其余为片雕，正、背

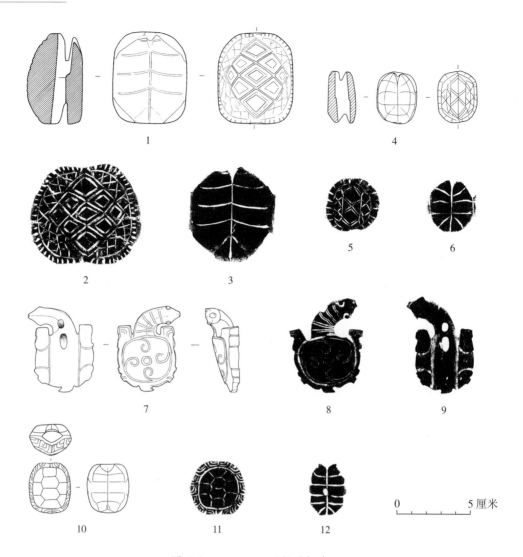

图三八二　M2009 玉佩及拓本

1. 龟形佩（M2009 ： 207）　2. 龟形佩（M2009 ： 207）正面纹样拓本　3. 龟形佩（M2009 ： 207）背面纹样拓本　4. 龟形佩（M2009 ： 805）　5. 龟形佩（M2009 ： 805）正面纹样拓本　6. 龟形佩（M2009 ： 805）背面纹样拓本　7. 鳖形佩（M2009 ： 875）　8. 鳖形佩（M2009 ： 875）正面纹样拓本　9. 鳖形佩（M2009 ： 875）背面纹样拓本　10. 龟形佩（M2009 ： 232）　11. 龟形佩（M2009 ： 232）正面纹样拓本　12. 龟形佩（M2009 ： 232）背面纹样拓本

面纹样相同。以形状的不同，可分为长条鱼形佩、弓背鱼形佩与三棱鱼形佩三种。

①长条鱼形佩

1件。

M2009 ： 83，出于外棺盖板上。青玉，有褐斑。晶莹温润，微透明。鱼身作长条形，较宽大。鱼的头、眼、鳍俱全，口微张，尾分叉。头端和下部各有一个圆形穿孔。长 6.4、宽 2.3、厚 0.25厘米（图三八三，1、2；彩版二九一，3）。

②弓背鱼形佩

5件。鱼身皆呈弓背弯曲状，头端均有一个圆形穿孔，有的尾端也有穿孔。

M2009 ： 112，出于外棺盖板上。出土时尾上鳍略残。青玉。玉质较细，半透明。鱼的头、眼、

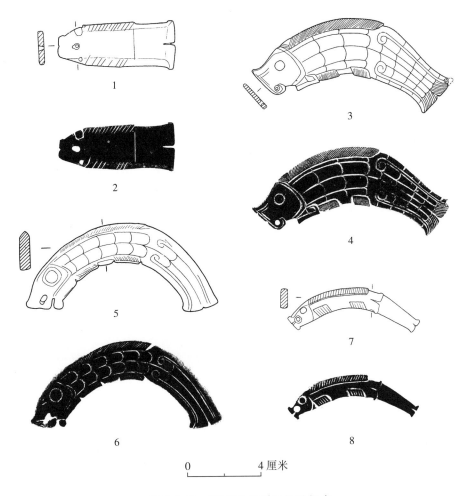

图三八三　M2009 鱼形玉佩及拓本

1. 长条鱼形佩（M2009：83）　2. 长条鱼形佩（M2009：83）纹样拓本　3. 弓背鱼形佩（M2009：112）　4. 弓背鱼形佩
（M2009：112）纹样拓本　5.弓背鱼形佩（M2009：203）　6.弓背鱼形佩（M2009：203）纹样拓本　7.弓背鱼形佩（M2009：1007）
　8.弓背鱼形佩（M2009：1007）纹样拓本

鳍、鳞、尾俱全，张口，尾分叉。长 10.8、宽 3.1、厚 0.2 厘米（图三八三，3、4；彩版二九一，4）。

　　M2009：203，出于内棺盖板上。青白玉，有黄褐斑。玉质洁泽温润，半透明。鱼的头、眼、鳍、鳞俱全，张口，尾分叉。长 10.5、宽 2.1、厚 0.6 厘米（图三八三，5、6；彩版二九二，1）。

　　M2009：1007，出于墓主人两股骨之间。青玉，有黄褐斑。玉质细腻，半透明。鱼的头、眼、鳍俱全，张口，尾分叉。长 7.3、宽 1.1、厚 0.4 厘米（图三八三，7、8；彩版二九二，2）。

　　M2009：825，出于棺内殓衾之上。青玉，有棕黄斑。玉质细腻，晶莹温润，半透明。鱼体宽短肥大，头、眼、鳃、鳍俱全。尾部有一个圆形穿孔。长 5.3、宽 2.6、厚 0.2 厘米（图三八四，1、2；彩版二九二，3）。

　　M2009：2，出于墓内椁室上部填土之中，断为二截。青白玉，有黄褐斑。玉质温润细腻，透明度很好。鱼体宽短肥大。鱼的头、鳍仅示意而已，尾分叉。长 5.8、宽 2、厚 0.2 厘米（图三八四，3、4；彩版二九二，4）。

　　③ 三棱鱼形佩

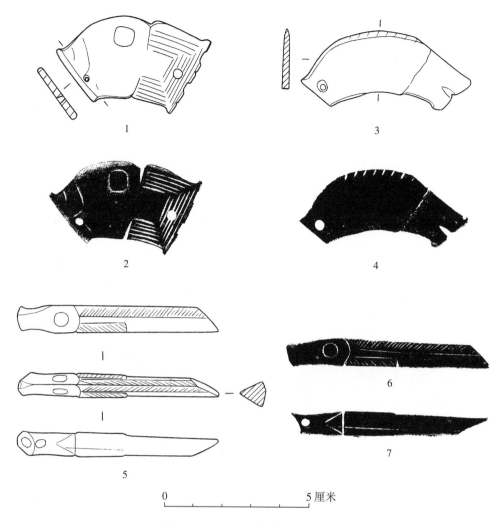

图三八四　M2009 鱼形玉佩及拓本

1. 弓背鱼形佩（M2009：825）　2. 弓背鱼形佩（M2009：825）纹样拓本　3. 弓背鱼形佩（M2009：2）　4. 弓背鱼形佩（M2009：2）纹样拓本　5. 三棱鱼形佩（M2009：832）　6. 三棱鱼形佩（M2009：832）正面纹样拓本　7. 三棱鱼形佩（M2009：832）底部纹样拓本

1 件。

M2009：832，出于棺内殓衾之上。青玉，有深褐斑。玉质较细，微透明。鱼身呈三棱形，横断面呈三角形。头、眼、鳍俱全，斜尖尾。背饰细斜线纹。嘴部有一小斜穿。长 6.9、宽 0.8、高 0.9 厘米（图三八四，5～7；彩版二九三，1）。

（31）缠尾双龙纹玦

2 件。一对。玉质、形制、大小、纹样相同。皆青玉。质地润泽细腻，半透明。扁平圆体，有缺口，断面呈长方形。正面饰双龙缠尾纹，头上有角，张口，椭方形目，曲体。龙身饰变形云纹。

M2009：966，出于墓主人头部左侧。外径 3.9、孔径 1.4、厚 0.35 厘米（图三八五，1、2；彩版二九三，2）。

M2009：975，出于墓主人头部右侧。外径 3.9、孔径 1.4、厚 0.35 厘米（图三八五，3、4；彩版二九三，3）。

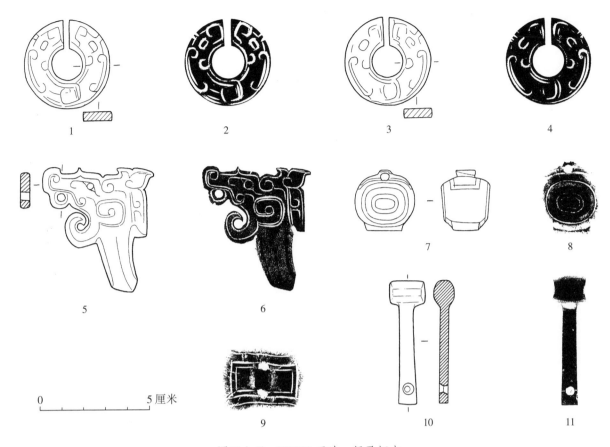

图三八五　M2009 玉玦、佩及拓本

1. 缠尾双龙纹玦（M2009：966）　2. 缠尾双龙纹玦（M2009：966）纹样拓本　3. 缠尾双龙纹玦（M2009：975）　4. 缠尾双龙纹玦（M2009：975）纹样拓本　5. 龙首戈形佩（M2009：916）　6. 龙首戈形佩（M2009：916）纹样拓本　7. 鼓形佩（M2009：769）　8. 鼓形佩（M2009：769）侧面纹样拓本　9. 鼓形佩（M2009：769）上面纹样拓本　10. 锤形佩（M2009：199）　11. 锤形佩（M2009：199）纹样拓本

（32）龙首戈形佩

1件。

M2009：916，出于棺内殓衾之上。青玉，有棕褐斑。玉质润泽细腻，半透明。正、背面纹样相同。上端为龙首，臣字眼，眼角带勾，张口卷鼻，上唇微卷，长角贴脊。下端为一戈形，三角形锋，有刃，援有脊，锋刃与边刃较锐利。龙口部有一圆穿。长5.45、宽5.1、厚0.35厘米（图三八五，5、6；彩版二九三，4）。

（33）鼓形佩

1件。

M2009：769，出于棺内殓衾之上。青玉，有黄褐斑。玉质细腻，微透明。整体呈椭圆形。上端有凸起的纽，纽上有一细小穿孔，下端有方形台座。正、背两面饰圆心椭圆形纹，上端饰长方形回字纹。高2.6、鼓面长径2.7、鼓面短径2.1、厚2.1厘米（图三八五，7～9；彩版二九三，5、6）。

（34）锤形佩

1件。

M2009：199，出于内棺盖板上。青白玉，有黄褐斑。玉质细腻，半透明。锤形，扁平条形柄，柄末端稍宽。柄末端有一双面钻的圆形孔。通长5.4、柄长4.3、柄宽0.5～0.8、厚0.4厘米（图三八五，10、11；彩版二九四，1）。

（35）小环

5件。皆为圆形。可分为龙纹小环和素面小环二种。

① 龙纹小环

2件。

M2009：191，出于内棺盖板上。出土时一个穿孔残损。墨玉。玉质晶莹润泽，半透明。扁平体，一侧有四个小孔，分别透穿于背部平面上。正面饰阴刻龙纹，椭圆形眼，张口，身饰卷云纹。背部素面。外径3.3、孔径1.2、厚0.5厘米（图三八六，1～3；彩版二九四，3、4）。

M2009：252-1，出于椁室西侧长方形铜泡上。青玉，有黄褐斑和黄白斑。玉质细腻，半透明。断面呈六边形。正、背两面均饰阴刻龙纹。外径3.4、孔径2、厚0.8厘米（图三八六，4、5；彩版二九四，2）。

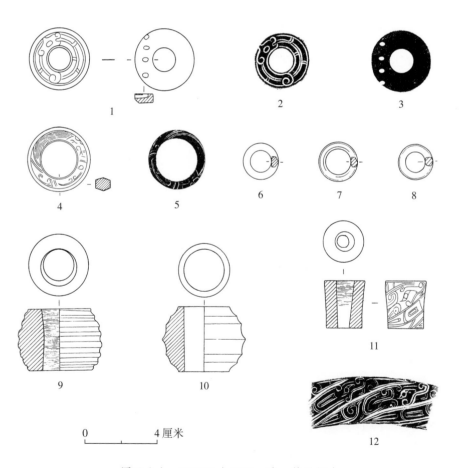

图三八六　M2009小玉环、珠、管及拓本

1. 龙纹小环（M2009：191）　2. 龙纹小环（M2009：191）正面纹样拓本　3. 龙纹小环（M2009：191）背面纹样拓本　4. 龙纹小环（M2009：252-1）　5. 龙纹小环（M2009：252-1）纹样拓本　6. 素面小环（M2009：252-2）　7. 素面小环（M2009：132）　8. 素面小环（M2009：1030）　9. 鼓形珠（M2009：402）　10. 鼓形珠（M2009：403）　11. 尖尾双龙纹圆形管（M2009：924）　12. 尖尾双龙纹圆形管（M2009：924）纹样拓本

② 素面小环

3 件。

M2009∶252-2，出于椁室西侧长方形铜泡上。青白玉。玉质细腻，半透明。断面呈五边形。外径 1.9、孔径 1.1、厚 0.55 厘米（图三八六，6；彩版二九四，5）。

M2009∶132，出于外棺盖板上，留有朱砂痕迹。青白玉。玉质细腻，半透明。断面近五边形。外径 2.1、孔径 1.3、厚 0.5 厘米（图三八六，7；彩版二九四，6）。

M2009∶1030，出于墓主人腰部右外侧。青白玉。玉质细腻，半透明。断面近五边形。外径 1.9、孔径 1.1、厚 0.4 厘米（图三八六，8；彩版二九五，1）。

（36）鼓形珠

2 件。形状、大小及纹样基本相同。皆呈圆鼓形，中间有一圆孔，孔内有管钻痕。体表面饰凹弦纹。

M2009∶402，出于椁室东侧中部。青玉，有浅绿斑。玉质较细，不透明。圆孔较小。体表面饰七周窄凹弦纹。高 3.2、底面径 3.4、腹径 4.6、孔径 1.9 厘米（图三八六，9；彩版二九五，2）。

M2009∶403，出于椁室东侧中部。青玉，有黄褐斑。玉质温润，不透明。圆孔较大，腹部有一纵向切割痕迹。体表面饰六周宽凹弦纹。高 3.4、底面径 2.8、腹径 4.6、孔径 2.2 厘米（图三八六，10；彩版二九五，3）。

（37）管

16 件。可分为圆形管、椭圆形管、方形管、扁圆形管、兽蹄形管和龟形管六种。

① 圆形管

8 件。横断面均呈圆形。又可分为尖尾双龙纹管、弦纹管、云雷纹管和素面管四种。

A. 尖尾双龙纹管

1 件。

M2009∶924，出于棺内殓衾之上。青白玉，有黄褐斑和黄白斑。玉质温润，微透明。一端稍细，另一端稍粗，中部略内束。表面饰双龙尖尾纹，臣字目，圆睛，眼角带勾。龙身饰重环纹。高 2.5、粗端外径 2.2、孔径 1 厘米，细端外径 1.9、孔径 0.6 厘米（图三八六，11、12；彩版二九五，4）。

B. 弦纹管

2 件。

M2009∶189，出于内棺盖板上。青白玉，有黄褐斑和灰白斑。玉质细腻，半透明。一端稍细，另一端稍粗。器身表面中部饰五周凸弦纹。长 4.5、粗端外径 2.8、孔径 1.7 厘米，细端外径 2.3、孔径 0.9 厘米（图三八七，1、2；彩版二九五，5）。

M2009∶742，出于椁室东南角。青白玉，有黄褐斑。温润细腻，半透明。一端稍细，另一端稍粗，中部略内束。器身表面上部饰凸弦纹，下部饰阴线纹。高 2.8、粗端外径 2.5、孔径 1.5 厘米，细端外径 2.1、孔径 1.7 厘米（图三八七，3～5；彩版二九五，6）。

C. 云雷纹管

1 件。

M2009∶792，出于棺内殓衾之上。青玉，有黄褐斑。玉质细腻，微透明。管较细，两端

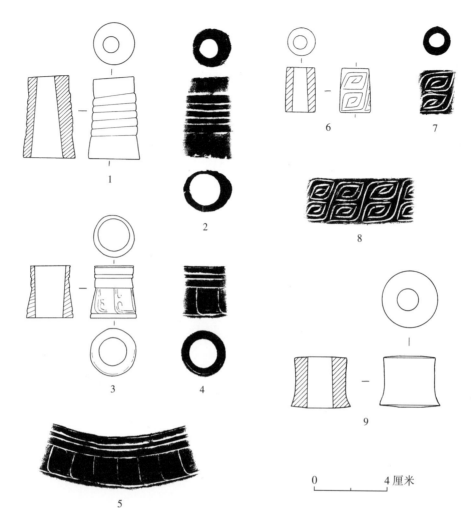

图三八七　M2009 玉管及拓本

1. 弦纹圆形管（M2009 ：189）　2. 弦纹圆形管（M2009 ：189）纹样拓本　3. 弦纹圆形管（M2009 ：742）　4. 弦纹圆形管
（M2009 ：742）正面纹样拓本　5. 弦纹圆形管（M2009 ：742）纹样展开拓本　6. 云雷纹圆形管（M2009 ：792）　7. 云雷纹圆形管
（M2009 ：792）正面纹样拓本　8. 云雷纹圆形管（M2009 ：792）纹样展开拓本　9. 素面圆形管（M2009 ：154）

粗细基本相同。表面饰三组云雷纹。长 2.4、外径 1.55、孔径 0.9 厘米（图三八七，6 ~ 8；彩版二九六，1）。

D. 素面管

4 件。

M2009 ：154，出于内棺盖板上。出土时细端边沿略残。青玉，有黄褐斑。玉质较细，微透明。一端稍细，另一端稍粗，中部略内束，单面钻圆孔。长 2.7、粗端外径 3.3、孔径 1.5 厘米，细端外径 2.8、孔径 1.3 厘米（图三八七，9；彩版二九六，2）。

M2009 ：841，出于棺内殓衾之上。青玉，有黄褐斑或黄白斑。玉质较细，半透明。体粗短，一端稍细，另一端稍粗，中部略内束。高 1.9、粗端外径 3.6、孔径 2 厘米，细端外径 3.3、孔径 2.6 厘米（图三八八，1；彩版二九六，3）。

M2009 ：1065，出于椁室东侧 M2009 ：604 麻制衣物之下。青玉。玉质细腻，半透明。体

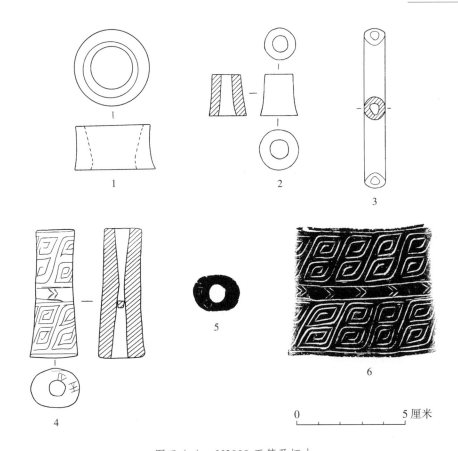

图三八八　M2009 玉管及拓本

1. 素面圆形管（M2009：841）　　2. 素面圆形管（M2009：1065）　　3. 素面圆形管（M2009：782）　　4. 王伯管（M2009：793）

5. 王伯管（M2009：793）铭文拓本　　6. 王伯管（M2009：793）纹样拓本

较细小，一端稍细，另一端稍粗。高 1.8、粗端外径 1.7、孔径 0.8 厘米，细端外径 1.3、孔径 0.5 厘米（图三八八，2；彩版二九六，4）。

M2009：782，出于棺内殓衾之上。青玉。玉质较差，不透明。体细长，两端为斜面。长 7.1、直径 1、孔径 0.4 厘米（图三八八，3；彩版二九七，1）。

② 椭圆形管

3 件。横断面均呈椭圆形。可分为王伯管、弦纹管和云纹管三种。

A. 王伯管

1 件。

M2009：793，出于棺内殓衾之上。青玉，有棕褐斑。玉质细腻，微透明。体较长，一端细直，另一端略粗，中部略束腰。两端中心有对钻的圆形穿孔，孔径两端大小相同，中部较细。穿孔内有一近方形碎玉块。管表面饰阴线弦纹四周，将表面分为三段。两端弦纹间饰云雷纹，中部弦纹间饰四组阴线双排"人"字纹。粗端的平面上有竖款文字，单行 2 字，即：

　　　　王白（伯）

长 5.6、细端直径 1.8、粗端直径 2.2、孔径 0.6 厘米（图三八八，4 ~ 6；彩版二九七，2、3）。此器的制作年代为商代。

B. 弦纹管

1件。

M2009：882，出于棺内殓衾之上。青白玉，有黄褐斑。玉质温润细腻，半透明。体较短，表面饰四道凸弦纹。长2、长径2.5、短径1.9、孔径0.5厘米（图三八九，1、2；彩版二九六，5）。

C. 云纹管

1件。

M2009：922，出于棺内殓衾之上。白玉，有黄褐斑。玉质润泽细腻，半透明。体较短，表面饰二周勾连云纹。长1.8、长径2.2、短径1.8、孔径0.9厘米（图三八九，3、4；彩版二九六，6）。

③ 方形管

2件。横断面呈长方形或方形。

M2009：759，出于棺内殓衾之上。青白玉。玉质细腻，半透明。长方体，一端稍细，另一端稍粗，断面呈长方形，横断面呈方形。素面。长3.2、粗端边长1.6、孔径1.2厘米，细端边长1.4、孔径0.8厘米（图三八九，5；彩版二九八，1）。

M2009：774，出于棺内殓衾之上。青玉，有黄褐斑。玉质细腻，半透明。一端近方形，

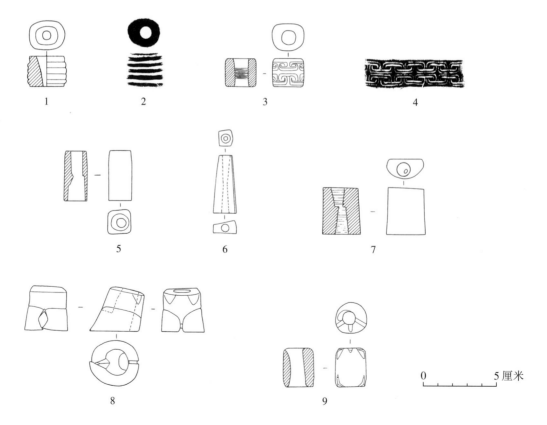

图三八九　M2009 玉管及拓本

1. 弦纹椭圆形管（M2009：882）　2. 弦纹椭圆形管（M2009：882）纹样拓本　3. 云纹椭圆形管（M2009：922）　4. 云纹椭圆形管（M2009：922）纹样拓本　5. 方形管（M2009：759）　6. 方形管（M2009：774）　7. 扁圆形管（M2009：855）　8. 兽蹄形管（M2009：746）　9. 龟形管（M2009：921）

一端梯形。素面。长 3.8、上端边长 0.9、下端边长 1.6、孔径 0.5 厘米（图三八九，6；彩版二九八，2）。

④ 扁圆形管

1 件。

M2009：855，出于棺内殓衾之上。青白玉，有黄褐色斑纹。玉质温润，微透明。一端稍细，另一端稍粗，横断面呈半圆形。素面。长 3.1、粗端宽 2.6、孔径 0.9 厘米，细端宽 2.4、孔径 0.8、厚 1.3 厘米（图三八九，7；彩版二九八，3）。

⑤ 兽蹄形管

1 件。

M2009：746，出于棺内殓衾之上。青玉，有黄褐斑。玉质细腻，微透明。状如牛蹄形。素面。高 2.9、孔径 1.3 厘米（图三八九，8；彩版二九八，4）。

⑥ 龟形管

1 件。

M2009：921，出于棺内殓衾之上。青玉，有黄褐斑。玉质细腻，微透明。体近似龟形，断面呈椭圆形。管两端各刻出几道豁口以示龟腹，背部阴刻数道细线纹。长 2.5、断面长径 2.1、短径 2、孔径 0.8 厘米（图三八九，9；彩版二九八，5）。

（38）扇形佩

1 件。

M2009：836，出于棺内殓衾之上。青玉，有黄褐斑。玉质温润，半透明。扁平体，呈扇状。上端为三角形，下部为扇形，且有单面弧刃。正面饰成组阴刻的平行细线纹。上端中部有一细圆穿。高 6.1、宽 4.45、厚 0.4 厘米（图三九〇，1、2；彩版二九八，6）。

（39）束绢形佩

1 件。

M2009：878，出于棺内殓衾之上。出土时两端各有一个斜穿孔残损。青玉，有黄褐斑。玉质细腻，透明。近长方形，中部略束腰。正面饰束绢纹。背面一端有三斜穿，另一端有四斜穿。长 4.6、宽 2.6、厚 0.6 厘米（图三九〇，3～5；彩版二九九，1、2）。

（40）圆形饰

8 件。皆圆形。正中部有一小圆穿或无穿。以纹样可分为凤鸟纹圆形饰、龙纹圆形饰和素面圆形饰三种。

① 凤鸟纹圆形饰

2 件。

M2009：889，出于棺内殓衾之上。青白玉，有黄褐色斑纹。玉质温润细腻，半透明。近圆形，正面鼓起，背面相应内凹。正、背两面纹样相同，均饰凤鸟纹，圆眼，尖嘴，勾喙。中部有一双面钻小圆穿。直径 5.5、厚 0.75 厘米（图三九〇，6～8；彩版二九九，3、4）。

M2009：876，出于棺内殓衾之上。青白玉，有黄褐斑。玉质细腻，半透明。正、背两面纹样相同，均饰凤鸟纹。圆眼，尖嘴，勾喙。中部有一单面钻小圆形穿孔。直径 3.7、厚 0.4 厘米（图三九一，1～3；彩版三〇〇，1、2）。

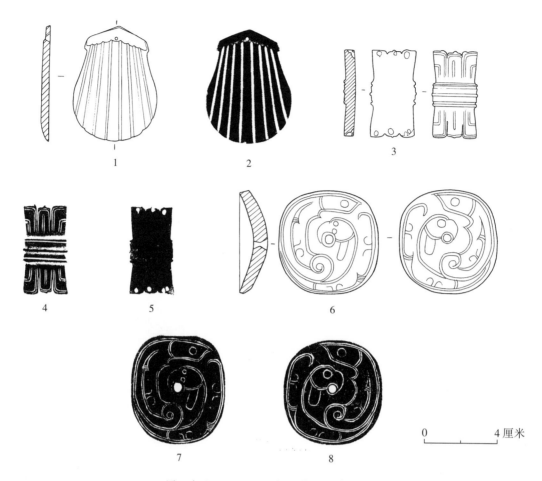

0 ____ 4厘米

图三九〇 M2009 玉佩、饰及拓本

1. 扇形佩（M2009：836） 2. 扇形佩（M2009：836）纹样拓本 3. 束绢形佩（M2009：878） 4. 束绢形佩（M2009：878）正面
纹样拓本 5. 束绢形佩（M2009：878）背面纹样拓本 6. 凤鸟纹圆形饰（M2009：889） 7. 凤鸟纹圆形饰（M2009：889）正面纹
样拓本 8.凤鸟纹圆形饰（M2009：889）背面纹样拓本

② 龙纹圆形饰

3 件。

M2009：890，出于棺内殓衾之上。青玉，有黄褐斑。玉质细腻，半透明。正、背面所饰纹
样不同。正面饰一条变形曲体龙纹，长方形目，圆睛，尖尾，身饰卷云纹；背面饰变形曲体双龙纹，
臣字眼，眼角带勾，尖尾。饰中部有一单面圆形穿孔。直径4.4、厚0.5厘米（图三九一，4～6；
彩版三〇〇，3、4）。

M2009：804，出于棺内殓衾之上。青玉。玉质光洁温润，微透明。两面略鼓，正面饰曲体龙纹，
宝瓶形角向后扬起，张口，臣字眼，曲爪，卷身，衔尾，龙身饰卷云纹。背面光素无纹。中部有
一双面钻小圆穿孔。直径4.8、厚0.7厘米（图三九一，7、8；彩版三〇一，1、2）。

M2009：872，出于棺内殓衾之上。青玉，有黄褐斑和棕褐斑。玉质细腻，微透明。正面饰
变形龙纹，背面光素无纹。中部有一双面钻小圆穿。直径2.9、厚0.3厘米（图三九二，1、2；彩
版三〇一，3）。

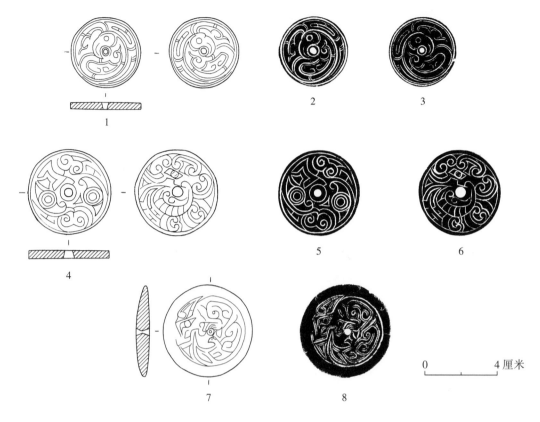

图三九一　M2009 圆形玉饰及拓本

1. 凤鸟纹圆形饰（M2009：876）　　2. 凤鸟纹圆形饰（M2009：876）正面纹样拓本　　3. 凤鸟纹圆形饰（M2009：876）背面纹样拓本
4. 龙纹圆形饰（M2009：890）　　5. 龙纹圆形饰（M2009：890）正面纹样拓本　　6. 龙纹圆形饰（M2009：890）背面纹样拓本
7. 龙纹圆形饰（M2009：804）　　8. 龙纹圆形饰（M2009：804）纹样拓本

③ 素面圆形饰

3 件。

M2009：856，出于棺内殓衾之上。青玉，有黄褐斑。玉质较细，透明。体最大，且较薄，中部有一单面钻小圆孔。直径 6.2、厚 0.2 厘米（图三九二，3；彩版三○一，4）。

M2009：795，出于棺内殓衾之上。青玉。玉质较细，微透明。体较大，中部有一双面钻小圆孔。直径 4.1、厚 0.5 厘米（图三九二，4；彩版三○二，1）。

M2009：902，出于棺内殓衾之上。青玉。玉质温润细腻，半透明。体最小，圆台体。断面呈梯形。中部有一单面钻小圆穿。上端直径 2.8、下端直径 3、厚 0.6 厘米（图三九二，5；彩版三○二，2）。

（41）方形饰

1 件。

M2009：848，出于棺内殓衾之上。青白玉。玉质细腻，半透明。圆角方形。正面饰变形凤鸟纹，圆眼，尖嘴，勾喙，展翅；背面中部饰涡旋纹，边缘饰二周凹弦纹。中部有一双面钻小圆孔。长、宽皆 2.4、厚 0.9 厘米（图三九二，6 ~ 8；彩版三○二，3、4）。

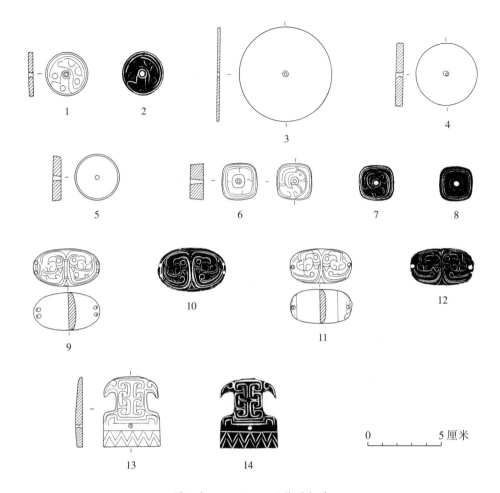

图三九二　M2009 玉饰及拓本

1. 龙纹圆形饰（M2009：872）　2. 龙纹圆形饰（M2009：872）纹样拓本　3. 素面圆形饰（M2009：856）　4. 素面圆形饰（M2009：795）　5. 素面圆形饰（M2009：902）　6. 方形饰（M2009：848）　7. 方形饰（M2009：848）正面纹样拓本　8. 方形饰（M2009：848）背面纹样拓本　9. 凤鸟纹椭圆形饰（M2009：815）　10. 凤鸟纹椭圆形饰（M2009：815）纹样拓本　11. 凤鸟纹椭圆形饰（M2009：818）　12. 凤鸟纹椭圆形饰（M2009：818）纹样拓本　13. 双鸟纹纽形饰（M2009：820）　14. 双鸟纹纽形饰（M2009：820）纹样拓本

（42）凤鸟纹椭圆形饰

2 件。形制、纹样相同，大小略有差异。皆呈椭圆形，正面略鼓，背面平。正面均以椭圆短径为中心，两边均饰纹样相同的凤鸟纹，尖喙，圆目。背面光素无纹。两端有一个或二个穿孔。

M2009：815，出于棺内殓衾之上。青白玉。玉质温润细腻，半透明。两端各有二个小圆穿。长径 4.5、短径 2.5、厚 0.5 厘米（图三九二，9、10；彩版三〇二，5）。

M2009：818，出于棺内殓衾之上。青玉，有橘黄斑。玉质温润细腻，微透明。两端各有一个圆穿。长径 4.2、短径 2.2、厚 0.4 厘米（图三九二，11、12；彩版三〇二，6）。

（43）双鸟纹纽形饰

1 件。

M2009：820，出于棺内殓衾之上。青玉。玉质细腻，微透明。正面略鼓，背面平。正面上端饰变形双鸟纹，圆眼，尖喙，身饰勾连云纹，下端饰锯齿纹。背部素面。中部有一小圆穿。高 4.6、

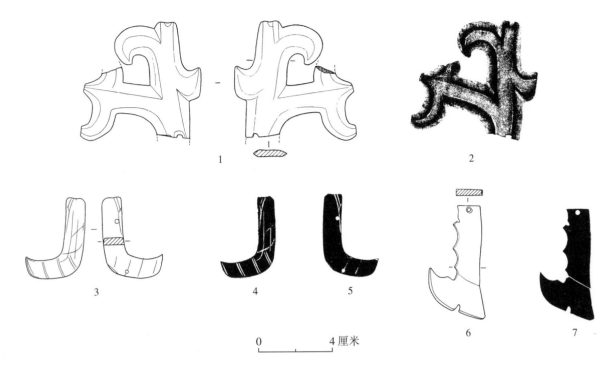

图三九三　M2009 玉饰及拓本

1. 勾云形饰（M2009：813）　2. 勾云形饰（M2009：813）纹样拓本　3. "L"形饰（M2009：806）　4. "L"形饰（M2009：806）
正面纹样拓本　5. "L"形饰（M2009：806）背面纹样拓本　6. "L"形饰（M2009：811）　7. "L"形饰（M2009：811）纹样拓本

宽 3.9、厚 0.5 厘米（图三九二，13、14；彩版三〇三，1）。

（44）勾云形饰

1 件。

M2009：813，出于棺内殓衾之上。出土时即为残损件。片雕。青玉。玉质较差，半透明。
整体为勾云形，上端有一残圆穿。残长 6.1、宽 6.5、厚 0.4 厘米（图三九三，1、2；彩版三〇三，
2）。此器的制作年代为红山文化时期。

（45）"L"形饰

2 件。

M2009：806，出于棺内殓衾之上。青玉，上端有黄褐斑。玉质光洁润泽，透明度好。呈"L"形。
背面有二个小斜穿。正、背两面各阴刻数道细线纹。高 4.3、宽 1.1、厚 0.35 厘米（图三九三，3~5；
彩版三〇三，3）。

M2009：811，出于棺内殓衾之上。出土时断裂为二截。青玉，有黄褐斑。玉质较粗，不透明。
整体近"L"形，内侧一边有锯齿状纹，末端中部有一长方形豁口。上端有一小圆穿。高 6、宽 1.6、
厚 0.3 厘米（图三九三，6、7；彩版三〇三，4）。

（三）殓玉

62 件（颗）。计有缀玉幎目、口琀玉（即玉琀）、手握玉、脚趾夹玉及踏玉等。墓主身下放
置的礼器玉戈和玉璧，也是兼作殓尸玉器使用的。

图三九四　M2009 缀玉幎目出土情况

982. 额　977. 左眉　978. 右眉　956. 左眼　957. 右眼　964. 左耳　953. 右耳　962. 鼻　963. 左胡　979. 右胡　786. 口　961. 下腭
948、949、969、971～974、986、987、991～995. 三叉形玉片

1. 缀玉幎目

1 组，26 件。出于墓主人头部（图三九四）。由 12 件似男人面部器官形状的玉饰与 14 件三叉形薄玉片组合联缀成人的面部形象。象征人面器官的玉饰摆放在中部，除眼、口是专门为死者制作外，余皆用其他玉饰代替，其外侧环绕一周三叉形薄玉片。我们根据出土情况对幎目的组合形式进行了复原（图三九五、三九六；彩版三〇四）。

（1）面部所用玉饰

12 件。计有额、眉、眼、耳、鼻、胡、口和下腭共八种。

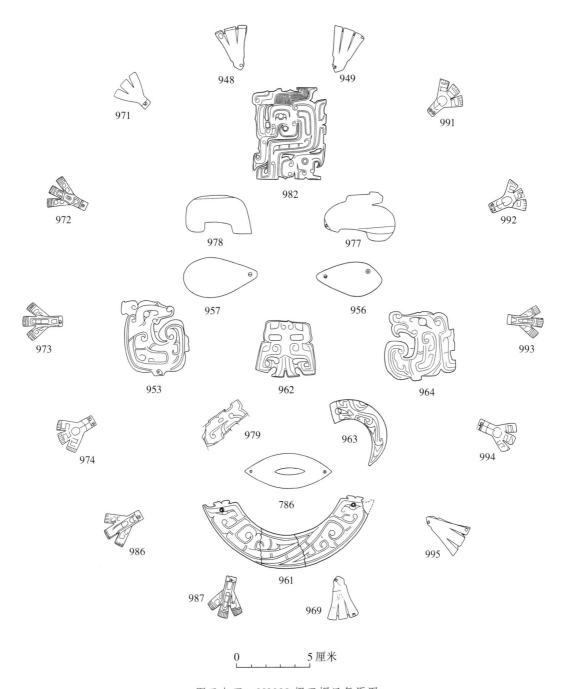

图三九五　**M2009** 缀玉幎目复原图

982. 额　977. 左眉　978. 右眉　956. 左眼　957. 右眼　964. 左耳　953. 右耳　962. 鼻　963. 左胡　979. 右胡　786. 口　961. 下腭
948、949、969、971～974、986、987、991～995. 三叉形玉片

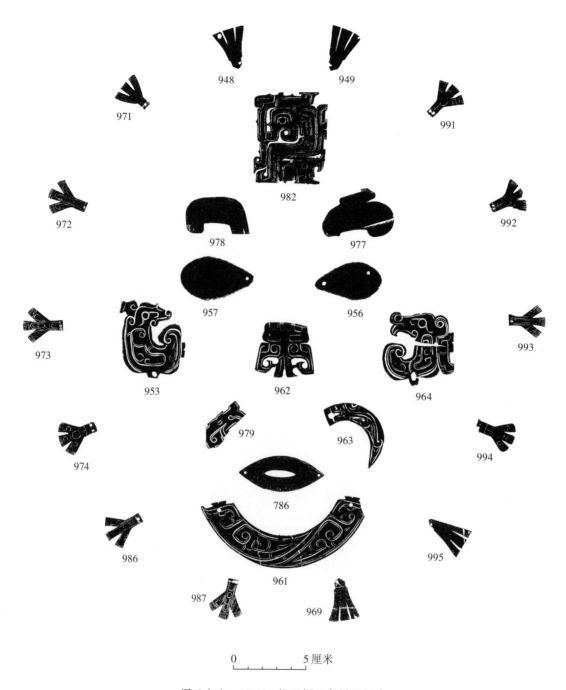

0 _____ 5厘米

图三九六　M2009 缀玉幎目复原图拓本

982. 额　977. 左眉　978. 右眉　956. 左眼　957. 右眼　964. 左耳　953. 右耳　962. 鼻　963. 左胡　979. 右胡　786. 口　961. 下腭
948、949、969、971～974、986、987、991～995. 三叉形玉片

①额

1件。

M2009：982，器面留有朱砂痕迹。青玉。玉质较细，微透明。透雕。中部较厚，两侧较薄。正、背面纹样相同。龙曲体回首，鬃毛上扬。臣字眼，张口，上唇上卷，下唇向内卷成圆孔。龙身下为一卧凤，尖喙下勾，圆睛。口部和上端各有一圆穿。长6.1、宽5、厚0.5厘米（图三九七，1、2；彩版三〇五，1）。

②眉

2件。成对。大致呈月牙形，系用它玉改制而成。

M2009：977，左眉。青玉，有黄褐斑和灰白斑。玉质细腻，半透明。一角有一小斜穿，背面有一道竖向切割痕。高4.9、宽3.3、厚0.25厘米（图三九七，3、4；彩版三〇五，2）。

M2009：978，右眉。青玉，有黄褐斑和白斑。玉质细腻，透明度好。高4.5、宽1.8、厚0.2厘米（图三九七，5；彩版三〇五，3）。

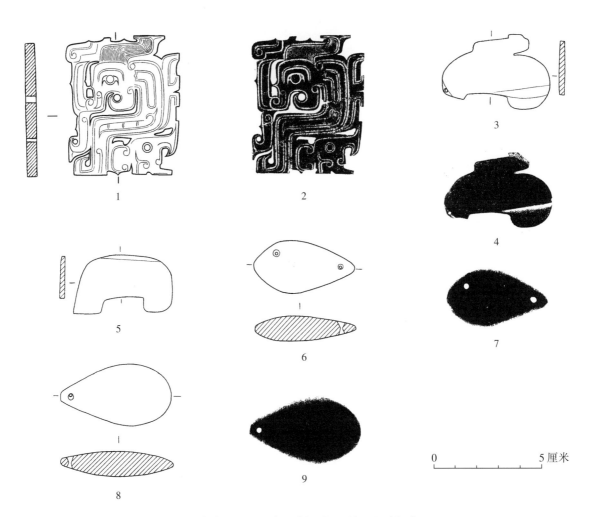

图三九七　M2009缀玉幎目额、眉、眼及拓本

1. 额（M2009：982）　2. 额（M2009：982）纹样拓本　3. 左眉（M2009：977）　4. 左眉（M2009：977）纹样拓本　5. 右眉（M2009：978）　6. 左眼（M2009：956）　7. 左眼（M2009：956）纹样拓本　8. 右眼（M2009：957）　9. 右眼（M2009：957）纹样拓本

③眼

2件。成对。形状、玉质、玉色基本相同，大小略有差别。皆青白玉。玉质细腻，半透明。一侧稍尖，另一侧呈圆弧形，断面呈椭圆形。

M2009：956，左眼。有黄褐斑。两侧各有一个小圆形穿孔。长4.6、宽2.3、最厚处1.1厘米（图三九七，6、7；彩版三〇五，4）。

M2009：957，右眼。一侧有一小圆形穿孔。长5、宽2.7、最厚处1.1厘米（图三九七，8、9；彩版三〇五，5）。

④耳

2件。成对。均为盘龙形佩。玉质、玉色及形状基本相同。青白玉，有黄褐斑。玉质细腻，光洁，

图三九八　M2009缀玉幎目耳、鼻、左胡及拓本

1. 左耳（M2009：964）　2. 左耳（M2009：964）背面纹样拓本　3. 右耳（M2009：953）　4. 右耳（M2009：953）纹样拓本
5. 鼻（M2009：962）　6. 鼻（M2009：962）纹样拓本　7. 左胡（M2009：963）　8. 左胡（M2009：963）正面纹样拓本　9. 左胡（M2009：963）背面纹样拓本

晶莹润泽，半透明。皆扁平体。正、背面纹样相同。龙作盘曲状，头上有角，臣字目，眼角带勾，卷尾。龙身饰卷云纹。

M2009：964，左耳。龙首上长角贴脊，张口，上唇外卷，下唇下勾。下部有一圆形穿孔。高4.8、宽4.9、厚0.65厘米（图三九八，1、2；彩版三〇六，1）。

M2009：953，右耳。龙首上有宝瓶状角，上唇略向上翻卷。下部有一圆形穿孔。高4.9、宽4.4、厚0.55厘米（图三九八，3、4；彩版三〇六，2）。

⑤鼻

1件。

M2009：962，背面尚保留有一小片朱砂痕迹。青白玉。玉质细腻，透明度好。片雕。正、背两面所饰纹样相同。整体近倒梯形，犄角上卷，两角之间鬃毛呈"Y"形，椭长方形眼。底端中部有一斜对穿。高3.8、上宽4.2、下宽3、厚0.4厘米（图三九八，5、6；彩版三〇六，3）。

⑥胡

2件。

M2009：963，左胡。青玉。玉质细腻，半透明。器身作弯曲状，正、背两面均饰龙纹，但纹样略有不同。正面龙张口，头上有角，三角形目，曲身，卷尾；背面龙张口，长方形目，尖尾。身饰卷云纹。首端有一圆形穿孔。断面呈长方形。长5、最大断面长1.2、宽0.5厘米（图三九八，7~9；彩版三〇六，4）。

M2009：979，右胡。为一残玉片所替代。青玉。玉质较细，半透明。正面残存部分有装饰纹样。一角有一小斜穿。残长3.5、残宽1.5、厚0.3厘米（图三九九，1、2；彩版三〇六，5）。

⑦口

1件。

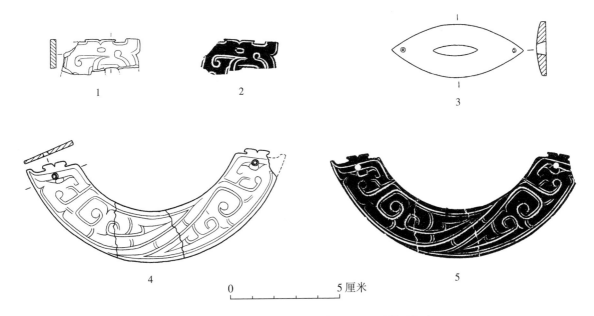

图三九九　M2009缀玉幎目右胡、口、下腭及拓本

1.右胡（M2009：979）　2.右胡（M2009：979）纹样拓本　3.口（M2009：786）　4.下腭（M2009：961）　5.下腭（M2009：961）纹样拓本

M2009：786，青玉，有灰白斑。玉质细腻，透明度高。呈梭形，正面略鼓，背面平。中部有一梭形孔，两尖端各有一个细小圆穿。长6.1、宽2.4、厚0.45厘米（图三九九，3；彩版三〇七，1）。

⑧下腭

1件。

M2009：961，原为玉璜，此处用作下颚。出土时断为三截，一端略残。青玉，有黄褐斑。玉质较细腻，半透明。器身较薄。正面饰分体尖尾双龙纹，龙张口，臣字眼带勾，身饰卷云纹。背面素面。两端各有一个小圆穿。残长11.2、宽2.2、厚0.15厘米（图三九九，4、5；彩版三〇七，2）。

（2）面部外侧轮廓所用玉片

14件。玉质、形状基本相同，大小略有差异。皆为青玉。整体作三叉形片，下端有短榫，榫上有小穿孔。正面或饰有纹样，或素面。

M2009：948，有黄褐斑。玉质细腻，透明度好。榫呈三角形，榫一侧和上端一角各有一个小斜穿。素面。长2.9、宽2.2、厚0.2厘米（图四〇〇，1、2；彩版三〇七，3）。

M2009：949，玉质较差，半透明。榫呈三角形，榫一侧和上端一角各有一个小穿。素面。长3、宽2.2、厚0.15厘米（图四〇〇，3、4；彩版三〇七，4）。

M2009：991，玉质较粗，透明度较差。榫呈长方形，榫上有二个小圆穿。正面饰草叶纹、

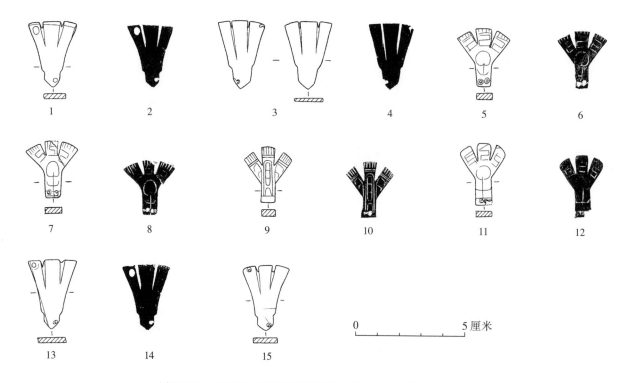

图四〇〇　M2009缀玉幎目面部外侧轮廓三叉形玉片及拓本

1. 三叉形片（M2009：948） 2. 三叉形片（M2009：948）纹样拓本 3. 三叉形片（M2009：949） 4. 三叉形片（M2009：949）纹样拓本 5. 三叉形片（M2009：991） 6. 三叉形片（M2009：991）纹样拓本 7. 三叉形片（M2009：992） 8. 三叉形片（M2009：992）纹样拓本 9. 三叉形片（M2009：993） 10. 三叉形片（M2009：993）纹样拓本 11. 三叉形片（M2009：994） 12. 三叉形片（M2009：994）纹样拓本 13. 三叉形片（M2009：995） 14. 三叉形片（M2009：995）纹样拓本 15. 三叉形片（M2009：969）

数字纹和平行细线纹。长2.6、宽2.4、厚0.3厘米（图四〇〇，5、6；彩版三〇七，5）。

M2009：992，有墨斑。三叉形片上部留有朱砂痕迹。玉质较细，半透明。末端有一浅凹槽，槽内有二个小圆穿。正面饰有草叶纹、数字纹和平行细线纹。长2.5、宽2.4、厚0.3厘米（图四〇〇，7、8；彩版三〇七，6）。

M2009：993，有黄褐斑。玉质细腻，半透明。榫呈长方形，榫上有一个小圆形穿孔。正面饰草叶纹和平行细线纹。长2.5、宽2.2、厚0.3厘米（图四〇〇，9、10；彩版三〇七，7）。

M2009：994，榫略残。玉质较粗，半透明。榫呈长方形，榫上有二个小圆穿。正面饰有草叶纹、数字纹和平行细线纹。长2.8、宽2.1、厚0.25厘米（图四〇〇，11、12；彩版三〇八，1）。

M2009：995，三叉形片上部留有朱砂痕迹。玉质细腻，透明度较好。榫呈三角形，榫一侧和上端一角各有一个小斜穿。素面。长3、宽2.2、厚0.2厘米（图四〇〇，13、14；彩版三〇八，2）。

M2009：969，有黄褐斑。玉质细腻，透明度好。榫呈三角形，榫一侧和上端一角各有一个小穿。素面。长2.9、宽2.2、厚0.2厘米（图四〇〇，15；彩版三〇八，3）。

M2009：987，玉质细腻，透明度好。榫呈长方形，榫上有一个小圆穿。正面饰草叶纹和平行细线纹。长2.8、宽2.4、厚0.3厘米（图四〇一，1、2；彩版三〇八，4）。

M2009：986，玉质较细，半透明。榫呈长方形，榫上有一个小圆穿。正面饰草叶纹和平行细线纹。长2.8、宽2.45、厚0.3厘米（图四〇一，3、4；彩版三〇八，5）。

M2009：974，玉质较粗，半透明。榫呈长方形，榫上有二个小圆穿。正面饰草叶纹、数字纹和平行细线纹。长2.7、宽2.4、厚0.3厘米（图四〇一，5、6；彩版三〇八，6）。

M2009：973，三叉形片上部留有朱砂痕迹。玉质温润，透明度好。榫呈长方形，榫上有一个小圆穿。正面饰草叶纹和平行细线纹。长2.8、宽2.5、厚0.2厘米（图四〇一，7、8；彩版三

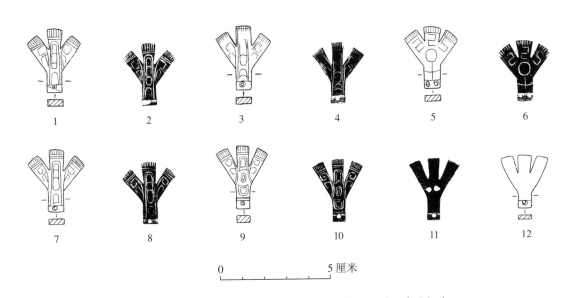

图四〇一　M2009缀玉幎目面部外侧轮廓三叉形玉片及拓本
1.三叉形片（M2009：987）　2.三叉形片（M2009：987）纹样拓本　3.三叉形片（M2009：986）　4.三叉形片（M2009：986）纹样拓本　5.三叉形片（M2009：974）　6.三叉形片（M2009：974）纹样拓本　7.三叉形片（M2009：973）　8.三叉形片（M2009：973）纹样拓本　9.三叉形片（M2009：972）　10.三叉形片（M2009：972）正面纹样拓本　11.三叉形片（M2009：972）背面纹样拓本　12.三叉形片（M2009：971）

〇八，7）。

M2009：972，玉质细腻，半透明。榫呈长方形，榫上有一个小圆穿。正面饰草叶纹和平行细线纹。长2.8、宽2.3、厚0.3厘米（图四〇一，9～11；彩版三〇八，8）。

M2009：971，玉质较差，不透明。榫呈长方形，榫上有一个小圆穿。素面。长2.3、宽2.2、厚0.2厘米（图四〇一，12；彩版三〇八，9）。

2. 口琀玉

1组，24件（颗）。含于墓主人口内（图四〇二）。

M2009：983，由1件圆扣形饰、7件贝和16颗球形珠单行相间串系而成（图四〇三；彩版三〇九）。

（1）圆扣形饰

1件。

M2009：983-1，青玉，有黄白斑。质地细腻，半透明。正面略鼓，背面平。中部有一个圆形穿孔。直径1.5、高0.7厘米（图四〇四，1；彩版三一〇，1）。

（2）贝

7件。形制相似，大小略有差异。皆为青玉。上端稍尖，下端略呈弧状。正面鼓起，背面为平面。近上端有一圆形穿孔。背面中部纵向刻一道浅凹槽。

M2009：983-4，有灰白斑。微透明。形体最大。正面隆起，背面有纵向的浅凹槽。在浅凹槽的两侧刻有平行的短细线纹。长2.5、最宽处1.9、厚1.4厘米（图四〇四，2；彩版三一〇，2）。

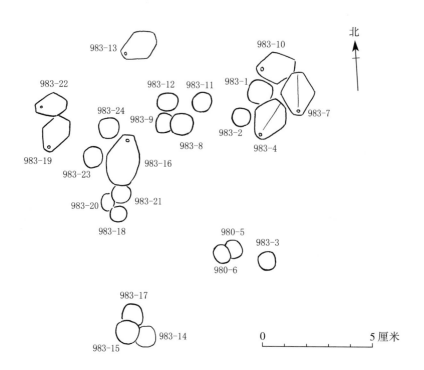

图四〇二　M2009 口琀玉（M2009：983）出土情况

983-1. 圆形扣形饰　983-4、983-7、983-10、983-13、983-16、983-19、983-22. 贝　983-2、983-3、983-5、983-6、983-8、983-9、983-11、983-12、983-14、983-15、983-17、983-18、983-20、983-21、983-23、983-24. 珠

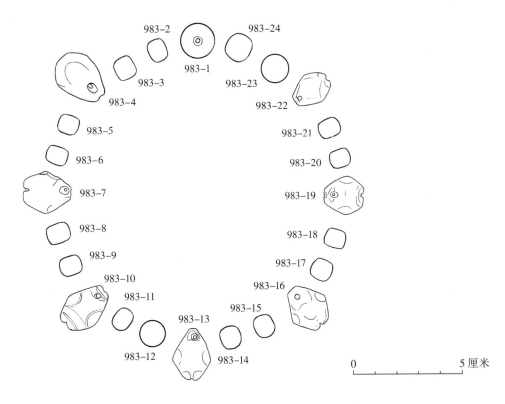

图四〇三　M2009 口琀玉（M2009：983）复原图

983-1. 圆扣形饰　983-4、983-7、983-10、983-13、983-16、983-19、983-22. 贝　983-2、983-3、983-5、983-6、983-8、983-9、983-11、983-12、983-14、983-15、983-17、983-18、983-20、983-21、983-23、983-24. 珠

M2009：983-7，玉质较细，透明度较差。体较宽大，正面略鼓。长 2.1、最宽处 1.9、厚 0.9 厘米（图四〇四，3；彩版三一〇，3）。

M2009：983-10，半透明。体较扁，正面微鼓，并刻有弧线纹。长 2.3、最宽处 1.7、厚 0.7 厘米（图四〇四，4；彩版三一〇，4）。

M2009：983-13，半透明。体宽扁。长 2.1、最宽处 1.9、厚 0.7 厘米（图四〇四，5；彩版三一〇，5）。

M2009：983-16，微透明。体较大。长 2.3、最宽处 1.7、厚 0.7 厘米（图四〇四，6；彩版三一〇，6）。

M2009：983-19，半透明。体较小，正面鼓起较高。长 1.8、最宽处 1.7、厚 0.9 厘米（图四〇四，7；彩版三一〇，7）。

M2009：983-22，有灰白斑。半透明。体最小。长 1.8、最宽处 1.4、厚 0.5 厘米（图四〇四，8；彩版三一〇，8）。

（3）珠

16 件。皆青玉。单行串于玉饰之间，每二个为一组。可分为球形与鼓形二种，两端均有一贯穿孔。

标本 M2009：983-23，球形。直径 1 厘米（图四〇四，9）。

标本 M2009：983-24，鼓形。体较大。高 1.1、直径 1.3 厘米（图四〇四，10；彩版三一〇，9）。

标本 M2009：983-11，鼓形。体较小。高 0.8、直径 1 厘米（图四〇四，11）。

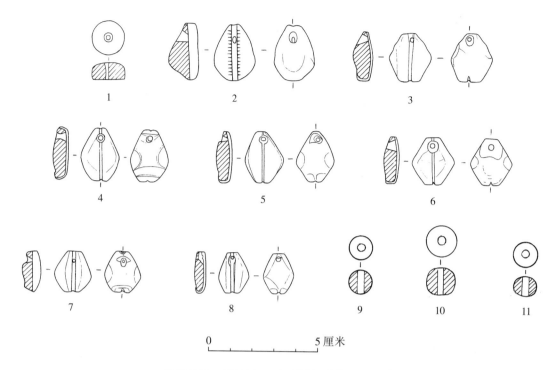

0   5厘米

图四〇四　M2009 口琀玉圆扣形饰、贝、珠

1.圆扣形饰（M2009：983-1）　2.贝（M2009：983-4）　3.贝（M2009：983-7）　4.贝（M2009：983-10）　5.贝（M2009：983-13）
6.贝（M2009：983-16）　7.贝（M2009：983-19）　8.贝（M2009：983-22）　9.珠（M2009：983-23）　10.珠（M2009：983-
24）11.珠（M2009：983-11）

3. 手握玉

2 件。出于墓主人左、右手内。

M2009：1002，左手握玉。出土时器身有数道裂纹。青玉，有黄褐色斑纹和斑点。玉质细腻，微透明。器作圆角方形管状，两端大小略不同，双向钻孔。周身饰七组凹弦纹，近两端处分别饰四只示意性蝉纹。上端顶部有一道豁口，两侧有一对圆形穿孔。长 11、宽 2.3、厚 2、孔径 0.9 厘米（图四〇五，1 ~ 3；彩版三一一，1）。此器的制作年代为商代。

M2009：997，右手握玉。出土时器身有二道裂纹。青玉，有黄褐斑。呈圆管状，中间较粗，两端稍细，双向钻孔。周身饰八条相同的旋转龙纹，龙口微张，角贴背，臣字目，眼角带勾。龙身饰重环纹。长 12.3、直径 2.7、孔径 0.6 ~ 0.9 厘米（图四〇五，4 ~ 6；彩版三一一，2）。

4. 脚趾夹玉

2 组，8 件。每组 4 件，分别出于墓主左、右脚部，入葬时应分别夹在墓主人脚趾缝间。皆为形状和大小不同的鱼形佩，且均为片雕。正、背面纹样相同。头端均有一个穿孔。

M2009：1021，出土时位于左脚右侧。青玉。玉质细腻，半透明。鱼呈长条状。鱼的头、眼、鳍俱全，尾部分叉。头端有一小圆穿。长 4.7、宽 1.2、厚 0.2 厘米（图四〇六，1、2；彩版三一二，1）。

M2009：1022，出土时位于左脚右侧，正、背面保留有朱砂和丝织物痕迹。青玉。玉质较细，微透明。鱼呈长条状，两面略鼓。鱼头、眼、鳍俱全，口微张，尾分叉。嘴部有一小圆穿。长 7.9、宽 1.6、厚 0.4 厘米（图四〇六，3、4；彩版三一二，2）。

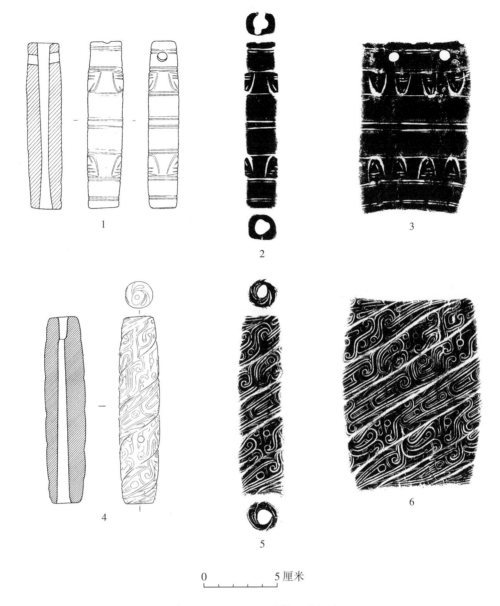

0 _____ 5厘米

图四〇五　M2009 手握玉及拓本

1.左手握玉（M2009：1002）　2.左手握玉（M2009：1002）正面纹样拓本　3.左手握玉（M2009：1002）纹样展开拓本　4.右手握玉（M2009：997）　5.右手握玉（M2009：997）正面纹样拓本　6.右手握玉（M2009：997）纹样展开拓本

　　M2009：1038，出土时位于左脚下端。青玉，有黄褐斑。玉质细腻，晶莹润泽，半透明。鱼身较宽短。鱼头、眼、鳍俱全，尾部分叉。头部有一圆穿。长3.6、宽1.3、厚0.6厘米（图四〇六，5、6；彩版三一二，3）。

　　M2009：1039，出土时位于左脚下端。青玉。玉质细腻，半透明。鱼身较宽短。鱼的头、眼、鳍俱全，尾部分叉。头端有一圆穿。长3.4、宽1.4、厚0.4厘米（图四〇六，7、8；彩版三一二，4）。

　　M2009：1018，出土时位于右脚右侧，器上保留有朱砂和丝织物的痕迹。青玉。玉质较粗，不透明。鱼身呈长条状，腹、背部略鼓，头、眼、鳍俱全，尾分叉。嘴上有一小圆穿。长8.2、宽2.1、厚0.25厘米（图四〇六，9、10；彩版三一三，1）。

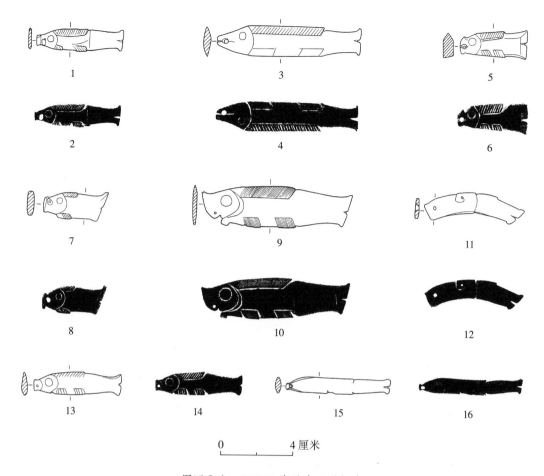

0　　　　　　4厘米

图四〇六　M2009 脚趾夹玉及拓本

1.左脚趾夹玉（M2009：1021）　2.左脚趾夹玉（M2009：1021）纹样拓本　3.左脚趾夹玉（M2009：1022）　4.左脚趾夹玉（M2009：1022）纹样拓本　5.左脚趾夹玉（M2009：1038）　6.左脚趾夹玉（M2009：1038）纹样拓本　7.左脚趾夹玉（M2009：1039）　8.左脚趾夹玉（M2009：1039）纹样拓本　9.右脚趾夹玉（M2009：1018）　10.右脚趾夹玉（M2009：1018）纹样拓本　11.右脚趾夹玉（M2009：1019）　12.右脚趾夹玉（M2009：1019）纹样拓本　13.右脚趾夹玉（M2009：1020）　14.右脚趾夹玉（M2009：1020）纹样拓本　15.右脚趾夹玉（M2009：1023）　16.右脚趾夹玉（M2009：1023）纹样拓本

　　M2009：1019，出土时位于右脚右侧，背面保留有朱砂和丝织物的痕迹。青玉。玉质较粗，微透明。鱼身呈弯曲状。鱼的头、鳍仅示意而已，尾分叉。头端有一圆穿。长5.4、宽1.1、厚0.2厘米（图四〇六，11、12；彩版三一三，2）。

　　M2009：1020，出土时位于右脚右侧，器上残留有丝织物痕迹。青玉。玉质较粗，不透明。鱼身呈长条状。鱼的头、眼、鳍俱全，尾部分叉。头端有一小圆穿。长4.7、宽1.2、厚0.2厘米（图四〇六，13、14；彩版三一三，3）。

　　M2009：1023，出土时位于右脚下端。青玉。玉质较粗，微透明。鱼身呈长条状，两面略鼓。鱼的背鳍与腹鳍仅示意而已，尾分叉。头端有一小圆穿。长5.7、宽0.8、厚0.3厘米（图四〇六，15、16；彩版三一三，4）。

　　5.踏玉

　　2件。出于墓主人脚下。玉质、玉色、形制和大小相同。皆青玉。局部有黄褐斑和黄白斑。

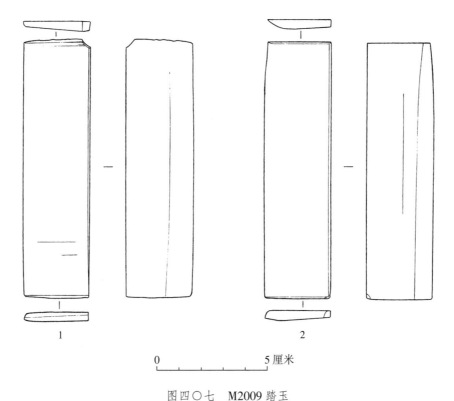

图四〇七 M2009 踏玉
1.左踏玉（M2009：1024） 2.右踏玉（M2009：1025）

玉质晶莹鲜润，半透明。均作扁薄长条形，两端平齐，且宽度相等。一角有缺口，其稍厚一侧被磨出弧形刃。

M2009：1024，出于墓主人左脚之下，背面有一道竖向切割痕。长11.5、宽3、厚0.4厘米（图四〇七，1；彩版三一四，1）。

M2009：1025，出于墓主人右脚之下。长11.5、宽3.1、厚0.4厘米（图四〇七，2；彩版三一四，2）。

（四）用具

43件。计有韘、觿、削、刀、匕、凿、兽面纹杖头和筓八种。

1.韘

4件。形制基本相同，大小及纹样不同。如斜筒状，正面如鼻头状凸起，横断面呈椭圆形，背部筒壁较矮，中间纵向起一棱脊，脊两侧各有一个或二个细小穿孔。背脊或饰有纹样，或素面。依纹样可分为龙纹韘、兽面纹韘和素面韘三种。

（1）龙纹韘

1件。

M2009：1001，出于墓主人腰部右侧。器上保留有朱砂和丝织物痕迹。青玉，有黄褐斑。玉质温润细腻，半透明。背面棱脊两侧各有二个细小穿孔，分别透穿于筒端平面上。鼻部饰龙纹，龙角后卷，臣字目；背面饰勾云纹。高2.8、最长外径4.8、短径3、筒壁最厚处0.8厘米（图四〇

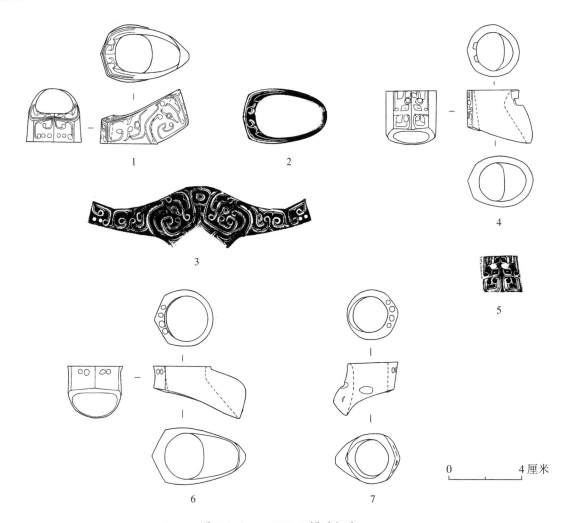

图四〇八　M2009玉韘及拓本

1. 龙纹韘（M2009：1001）　2. 龙纹韘（M2009：1001）上部纹样拓本　3. 龙纹韘（M2009：1001）纹样展开拓本　4. 兽面纹韘（M2009：570）　5. 兽面纹韘（M2009：570）纹样拓本　6. 素面韘（M2009：198）　7. 素面韘（M2009：772）

八，1～3；彩版三一五，1）。此器的制作年代为商代。

（2）兽面纹韘

1件。

M2009：570，出于内棺盖板上。青白玉。玉质细腻，半透明。背面棱脊两侧各有一个细小圆穿，正面有一横向刻槽。背面饰兽面纹，云纹双角，棱形目，鼻端微凸。高2.8、最长外径3.5、短径2.7、筒壁最厚处0.6厘米（图四〇八，4、5；彩版三一五，2）。

（3）素面韘

2件。

M2009：198，出于内棺盖板上。青玉，有黄褐斑和黄白斑。玉质细腻，半透明。背面棱脊两侧各有二个细小穿孔，分别透穿于筒端平面上。高2.7、最长外径5.1、短径3、筒壁最厚处0.7厘米（图四〇八，6；彩版三一五，3）。

M2009：772，出于棺内殓衾之上。青白玉，有浅褐斑和灰白斑。玉质细腻，半透明。背面棱脊两侧各有二个细小穿孔，分别透穿于筒端平面上。高2.7、最长外径3.5、短径2.6、筒壁最厚处0.6厘米（图四〇八，7；彩版三一五，4）。

2. 觿

5件。皆作弧形。首端有一穿孔，末端有锥形尖。可分为盘龙形和獠牙形二种。

（1）盘龙形觿

1件。

M2009：763，出于棺内殓衾之上。青白玉，有黄褐色斑纹。玉质温润细腻，微透明。器身断面呈椭圆形，中部有一小圆孔。正、背面饰相同的龙纹。上端为龙首，圆目，龙身两侧饰勾云纹，背部饰重环纹。器身最大直径8.8、最大断面长径1.1、短径0.8厘米（图四〇九，1、2；彩版三一六，1、2）。

（2）獠牙形觿

4件。器身呈獠牙形。断面呈长方形或扁圆形。

M2009：1009，出于墓主人左股骨左侧。背面保留有朱砂和丝织物痕迹。青玉。玉质温润细腻，半透明。器身断面呈长方形。正面上端饰龙首纹，背面光素。长8.1、最大断面长1.4、宽0.4

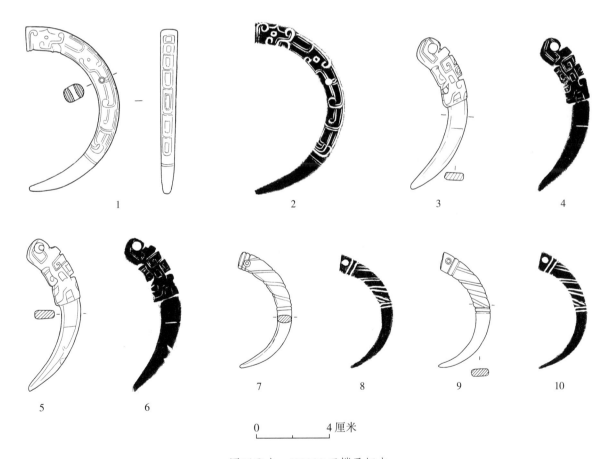

0   4厘米

图四〇九　M2009玉觿及拓本

1. 盘龙形觿（M2009：763）　2. 盘龙形觿（M2009：763）纹样拓本　3. 獠牙形觿（M2009：1009）　4. 獠牙形觿（M2009：1009）纹样拓本　5. 獠牙形觿（M2009：1016）　6. 獠牙形觿（M2009：1016）纹样拓本　7. 獠牙形觿（M2009：1000）　8. 獠牙形觿（M2009：1000）纹样拓本　9. 獠牙形觿（M2009：999）　10. 獠牙形觿（M2009：999）纹样拓本

厘米（图四〇九，3、4；彩版三一六，3、4）。

M2009：1016，出于墓主人左股骨左侧，和 M2009：1009 为一对。青玉。玉质温润细腻，半透明。器身断面呈长方形。正面上端饰回身龙纹，背面光素。长 8.1、最大断面长 1.4、宽 0.4 厘米（图四〇九，5、6；彩版三一七，1、2）。

M2009：1000，出于墓主人腰部右侧。青白玉，有黄褐斑。玉质细腻，半透明。器身断面呈扁圆形。器上半部饰双道螺旋纹。长 6.1、最大断面长径 0.9、短径 0.4 厘米（图四〇九，7、8；彩版三一七，3）。

M2009：999，出于墓主人腰部右侧。青玉。玉质细腻，半透明。器身断面呈扁圆形。器上半部饰双道螺旋纹。长 6、最大断面长径 0.9、短径 0.4 厘米（图四〇九，9、10；彩版三一七，4）。

3.削

2 件。

M2009：747，出于棺内殓衾之上。出土时已断为两截，一面保留有褐色丝织品痕迹。青玉，有黄褐斑。玉质较细，半透明。斜尖锋，刀背稍弧，刃微凹，锋与边刃锐利，长方形柄，矩形柄首。柄部饰平行直线纹，柄端刻方环形纹。通长 29.2、刃部宽 3.9、厚 0.35 厘米（图四一〇，1、2；彩版三一八，1）。

M2009：775，出于棺内殓衾之上。出土时刀背锯齿状牙饰略残。青玉。玉质细腻，半透明。正面略鼓，背面平。尖锋上扬，刀背微凹，弧形刃，锋与刃较锐利，长方形柄，环形柄首。刀背和柄首有锯齿状牙饰。通长 11.7、刃部宽 2、厚 0.4 厘米（图四一〇，3、4；彩版三一八，2）。此器的制作年代为商代。

4.刀

1 件。

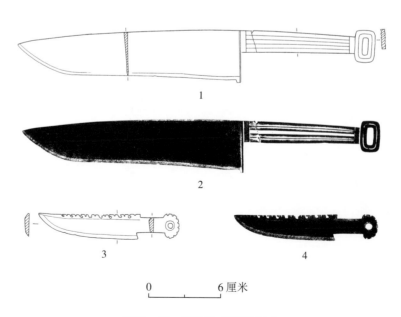

图四一〇　M2009 玉削及拓本

1.削（M2009：747）　2.削（M2009：747）纹样拓本　3.削（M2009：775）　4.削（M2009：775）纹样拓本

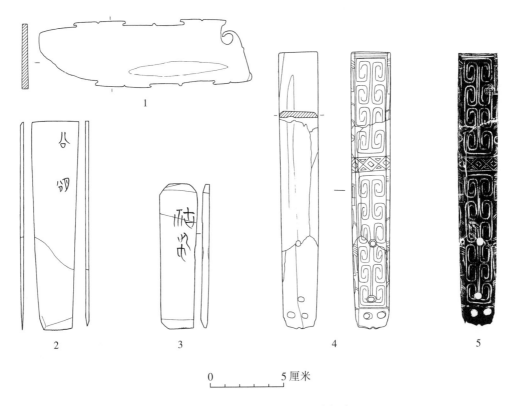

图四一一　M2009 玉刀、匕及拓本

1. 刀（M2009：76）　2. 平刃匕（M2009：108）　3. 平刃匕（M2009：94）　4. 平刃匕（M2009：106）　5. 平刃匕（M2009：106）纹样拓本

　　M2009：76，出于外棺盖板上。青玉，有棕褐色斑纹。玉质较细，半透明。整体似刀形，前端有双面钝刃，无柄。器周身有扉棱。长14.5、宽4.4、厚0.4厘米（图四一一，1；彩版三一八，3）。

　　5. 匕

　　23件。均为扁薄长条形。两端基本平齐，宽度略有差异。首端较厚，末端较薄。可分为平刃匕、角刃匕、单切角匕和双切角匕四种。

　　（1）平刃匕

　　13件。在匕的末端磨出平齐的薄刃或钝刃。

　　M2009：108，出于外棺盖板上。出土时已断为二截。青玉。玉质较粗，不透明。首端较宽，平齐；末端较窄，双面磨出锐利的端刃，轻微切其一角，并磨出锐刃。端刃上有多处因使用而出现的细小崩疤痕。其一面近首端处有竖款墨书，自上而下二字，即：

　　　　公朌（？）

长13.9、首端宽3.2、末端宽2.2、厚0.2厘米（图四一一，2；彩版三一九，1）。

　　M2009：94，出于外棺盖板上。青玉，末端有褐斑，中部有多处黄白色纹理式斑。玉质细腻，半透明。背面近首端有一道斜直横向锯切痕。首端稍宽，平齐，被切去双角，且磨去一面的边棱；末端略窄，双面磨出钝刃，其一角被切去，另一角的边缘有使用时留下的崩疤痕。正面的上部有竖款墨书，自上而下二字，即：

　　　　祜劅（贡）

长 9.6、首端宽 2.4、末端宽 2.2、厚 0.43 厘米（图四一一，3；彩版三一九，2）。

M2009：106，出于外棺盖板上。出土时断裂为六块。青玉。有棕褐斑。玉质细腻，半透明。器身正面略鼓，背面平，两侧为斜边。首端较宽，平齐；末端较窄且磨出单面较锐利的端刃。端刃上有多处因使用而出现的细小崩疤。器中部有一小圆穿，下端有三个小椭圆形穿。正面中部饰棱形回字纹和三角纹，其上、下分饰两组和三组勾连云纹。长 18.5、首端宽 2.7、末端宽 2、厚 0.4 厘米（图四一一，4、5；彩版三一九，3）。

M2009：224，出于内棺盖板上。青玉。玉质较粗，不透明。器身一侧较厚，有半圆形缺口。首端略窄，斜直边；末端稍宽并磨出有单面锐利的端刃。长 20.5、首端宽 1.6、末端宽 2.2、厚 0.15～0.35 厘米（图四一二，1；彩版三二〇，1）。

M2009：228-1，出于内棺盖板上。青玉。玉质较粗，不透明。背面有一道纵向切割痕。首端稍窄，平齐；末端略宽，且磨出单面锐利的端刃。长 20.6、首端宽 1.7、末端宽 2.3、厚 0.3 厘米（图四一二，2；彩版三二〇，2）。

M2009：1014，出于墓主人左胫骨之下。出土时末端刃部残损。青玉，有黄白斑。玉质细腻，半透明。系用它玉改制而成，器身一侧下部留有原器的半圆孔，另一侧磨出较锐利的单面弧刃。首端稍宽，较平齐；末端略窄，残存有单面的端刃。末端有一圆孔。残长 14、首端宽 3.1、末端宽 2.2、厚 0.5 厘米（图四一二，3；彩版三二〇，3）。

M2009：1015，出于墓主人右胫骨之下。出土时器的末端刃部残损，且断裂为二块。正、背两面保留有朱砂和丝织物痕迹。青玉。玉质细腻，半透明。系用它玉改制而成，器身一侧残留有

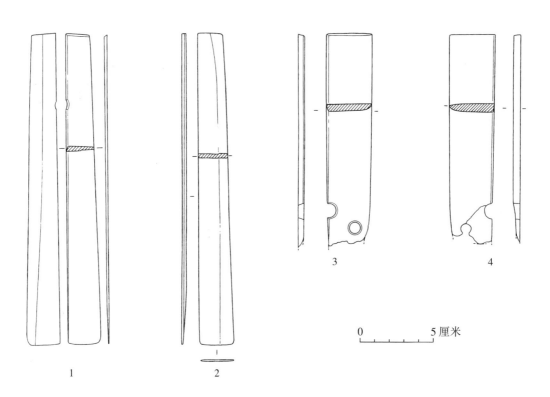

图四一二　M2009 平刃玉匕

1. M2009：224　2. M2009：228-1　3. M2009：1014　4. M2009：1015

原器的半圆孔，背面有一道纵向切割痕，另一侧磨出较锐利的单面弧刃。首端稍宽，平齐；末端略窄，残存有单面锐利的端刃。末端有一残缺的圆孔。长13.8、首端宽3.1、末端宽2.3、厚0.6厘米（图四一二，4；彩版三二一，1）。

M2009：117，出于外棺盖板上。青玉，有棕褐斑。玉质较细，微透明。首端稍宽，器身一侧较厚，另一侧较薄且磨出双面钝刃；末端略窄，双面磨出平齐的端刃，一角被切去。长14.5、首端宽2.6、末端宽1.5、厚0.3厘米（图四一三，1；彩版三二一，2）。

M2009：126，出于外棺盖板上。青玉，有黄褐斑和黄白斑。玉质细腻，半透明。上端中部有一圆穿，背面有一道竖向切割痕。首端较窄，双面磨出平齐的钝刃，并轻微切其两角，端刃上有因使用而出现的细小崩疤；末端较宽，磨出平齐锐利的单面偏刃，一角被切去，并磨出锐刃。长11.2、首端宽3.2、末端宽3.6、厚0.25厘米（图四一三，2；彩版三二一，3）。

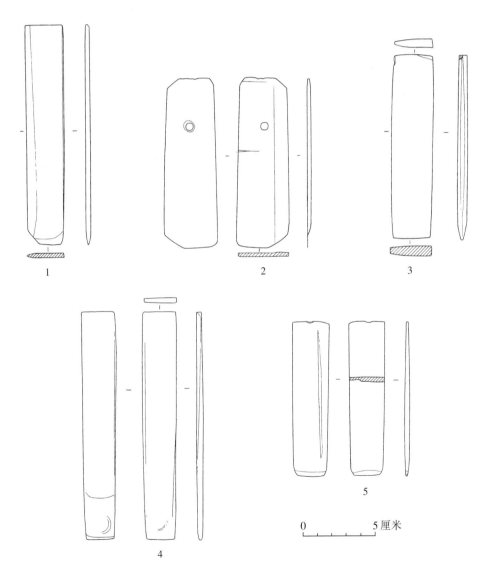

图四一三　M2009 平刃玉匕
1. M2009：117　2. M2009：126　3. M2009：100　4. M2009：135　5. M2009：158

M2009：100，出于外棺盖板上。青玉。玉质较粗，不透明。器身一侧较厚且有切割痕。两端宽度基本相等，末端磨出双面钝刃。长12、宽2.8、厚0.4～0.7厘米（图四一三，3；彩版三二二，1）。

M2009：135，出于外棺盖板上。青玉。玉质较粗，不透明。首端略宽，末端稍窄，且被磨出双面钝刃。背面下部刻有弧线纹。长15.1、首端宽2.2、末端宽1.9、厚0.5厘米（图四一三，4；彩版三二二，2）。

M2009：158，出于内棺盖板上。青玉。玉质较粗，不透明。背面有一道竖向切痕。首端稍宽，端顶中部有一浅缺口；末端略窄，磨出双面较钝的端刃，其双切角被轻微切去。长10.3、首端宽2.4、末端宽1.7、厚0.3厘米（图四一三，5；彩版三二二，3）。

M2009：226，出于内棺盖板上。青玉，有墨斑和灰白斑。玉质细腻，半透明。两端宽度相等，首端有一单面钻圆穿，且被磨去一角；末端磨出锐利的双面端刃。长9.6、宽2.2、厚0.3厘米（图四一四，1；彩版三二三，1）。

（2）角刃匕

6件。其中3件有墨书。

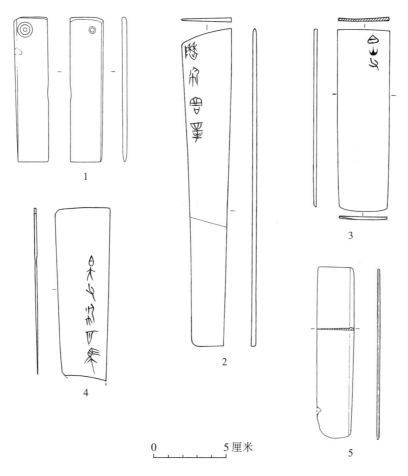

图四一四　M2009 玉匕

1.平刃匕（M2009：226）　2.角刃匕（M2009：123）　3.角刃匕（M2009：99）　4.角刃匕（M2009：116）　5.角刃匕（M2009：119）

M2009：123，出于外棺盖板上。出土时断裂为二截。青玉。不透明。首端宽且斜直，双面磨出锐刃；末端较窄，被磨出一个弧角。其一面的左侧有竖款墨书，自上而下一行 4 字，即：

    𤴙（隰）𪓑（贡）害章。

长 20.9、首端宽 3.4、末端宽 2.2、厚 0.3 厘米（图四一四，2；彩版三二三，2）。

M2009：99，出于外棺盖板上。出土时器身有 "Y" 形裂纹，但未破裂。青玉，一面近边缘处有米黄斑，末端有黑褐斑。玉质温润细腻，透明度好。首端较宽，平齐；末端略窄，琢磨成外弧形，其一角单面磨出薄刃，另一角有使用过程中留下的崩疤痕。其一面写有竖款墨书，自首端向下一行 3 字，即：

    白（伯）山父。

长 12、首端宽 3.6、末端宽 3.3、厚 0.24 厘米（图四一四，3；彩版三二三，3）。

M2009：116，出于内棺盖板上。出土时末端残断。青玉。玉质较粗，不透明。首端稍宽而平齐，被切去一角；末端略窄，其一角被切去，且双面磨出锐刃。背面有多处浅凹槽痕，末端因使用而残断。其一面有竖款墨书，自上而下一行 6 字，即：

    白（伯）大父𪓑（贡）匹马。

残长 11.4、首端宽 3.8、末端宽 3.1、厚 0.15 厘米（图四一四，4；彩版三二四，1）。

M2009：119，出于外棺盖板上。出土时较薄一侧的下端略残。青玉，有黄褐斑和墨绿斑。玉质细腻，透明度极好。首端稍宽而平齐，其一侧稍厚，另一侧较薄如刃；末端略窄，一角磨出锐利的偏刃，刃部有因使用而出现的细小崩疤。长 11.3、首端宽 2.5、末端宽 2、厚 0.1 ~ 0.2 厘米（图四一四，5；彩版三二四，2）。

M2009：95，出于外棺盖板上。出土时器的末端刃部略残。青玉。玉质较粗，不透明。系旧柄形器改制而成。首端顶部呈弧形，两角斜收，柄部两侧略内束；末端一角有双面钝刃。残长 9.7、最宽处 2.3、厚 0.35 厘米（图四一五，1；彩版三二四，3）。

M2009：227，出于内棺盖板上。出土时器的上半部残缺。正面保留有朱砂和棕褐色丝织物痕迹。青玉，有黄褐斑和墨斑。玉质细腻，半透明。上部稍窄；末端略宽，一角被磨出单面钝刃，且有使用时留下的崩疤。残长 6.2、宽 2.6 ~ 2.8、厚 0.2 厘米（图四一五，2；彩版三二五，1）。

（3）单切角匕

3 件。其中二件有墨书。

M2009：124，出于外棺盖板上。青玉。玉质较细，局部微透明。首端稍宽而平齐，被磨去一角；末端略窄，其一角被切至于另一边。一面有竖款墨书 1 字。即：

    欿。

长 14、首端宽 2.9、末端宽 2.5、厚 0.54 厘米（图四一五，3；彩版三二五，2）。

M2009：82，出于外棺盖板上。出土时末端残缺。碧玉，有深褐斑与黄白纹理式斑。半透明。正面中部自上而下有一道凸起的锯切痕，两侧边缘磨得很薄。首端较宽，斜直；末端略窄，并切其一角。其一面近首端处自上而下有竖款墨书 2 字，即：

    平虘。

残长 14.3、首端宽 3.8、末端宽 3.1、厚 0.3 厘米（图四一五，4；彩版三二五，3）。

M2009：97，出于外棺盖板上。青玉。半透明。首端稍宽且平齐；末端略窄，并切其一个大

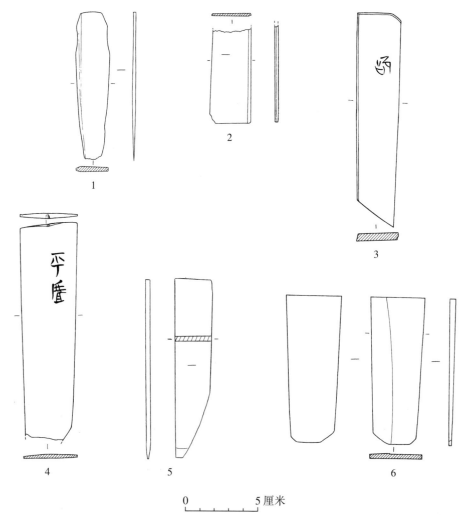

图四一五   M2009 玉匕

1. 角刃匕（M2009：95）   2. 角刃匕（M2009：227）   3. 单切角匕（M2009：124）   4. 单切角匕（M2009：82）   5. 单切角匕
（M2009：97）   6. 双切角匕（M2009：125）

角，余下部分有双面钝刃。长 11.8、首端宽 2.5、厚 0.3 厘米（图四一五，5；彩版三二五，4）。

（4）双切角匕

1件。

M2009：125，出于外棺盖板上。青玉。玉质温润，半透明。背面中部自上而下有一道纵向锯切痕。首端稍宽而平齐；末端略窄，被切去双角，其一角的切边上有十分明显的使用时留下的崩疤痕。其一面有竖款墨书 2 字（字迹已不清晰），即：

　　　　害口。

长 9.7、首端宽 3.6、末端宽 2.9、厚 0.28 厘米（图四一五，6；彩版三二六，1）。

6. 凿

2件。形状大体相同。皆呈圆锥体，细长，末端有双面薄刃。

M2009：168，出于内棺盖板上。青玉。玉质较细，微透明。体较粗，上、下处各有一道竖向凹槽。

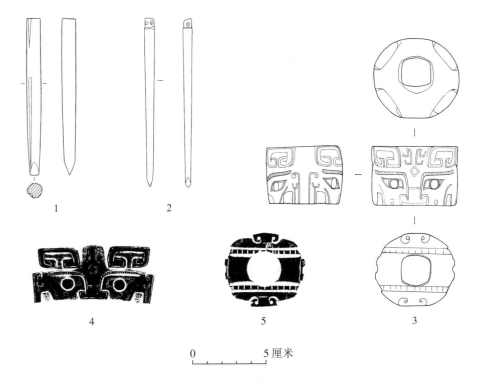

图四一六　M2009玉凿、杖头及拓本

1. 凿（M2009：168）　2. 凿（M2009：160）　3. 兽面纹杖头（M2009：331）　4. 兽面纹杖头（M2009：331）正面纹样拓本
5. 兽面纹杖头（M2009：331）底部纹样拓本

长10.4、粗端直径1厘米（图四一六，1；彩版三二六，2）。

M2009：160，出于内棺盖板上。青玉。玉质较细，不透明。体较细，首端有一小圆穿。长
11.2、最粗处直径0.5厘米（图四一六，2；彩版三二六，3）。

7. 兽面纹杖头

1件。

M2009：331，出于椁室北端M2009：323铜戈下。青玉，有黄褐斑。玉质较细，不透明。
整体似琮形，无射中空，孔内一侧有用以加固时用的专用楔形凹槽，断面呈椭圆形。正、背两面
纹样相同，均饰兽面纹，两侧界以一竖向浅凹槽。兽的头上有云纹角，额中部饰棱形回字纹，倒
八字眉，臣字目，圆眼微凸，宽鼻，在器底部刻出兽的圆鼻孔和牙齿。高3.9、断面长径5.9、短径5.2、
孔径1.75～2.25厘米（图四一六，3～5；彩版三二六，4、5）。此器的制作年代为商代。

8. 笄

5件。

M2009：147，出于内棺盖板上。青玉。玉质温润，微透明。器身上部呈长方体，断面呈圆
角方形；下部呈圆锥体，且有一单面钻圆穿。下部表面饰三周凹弦纹。长8、最粗处直径1.2厘
米（图四一七，1；彩版三二七，1）。此器的制作年代为石家河文化时期。

M2009：231，出于内棺盖板上。青玉，有黄褐色斑纹。玉质细腻，微透明。整体呈圆锥体，
中部略粗，顶端表面一圆穿与两侧横向穿孔相贯通，中部有一横向单面钻小圆穿。下部饰一周宽

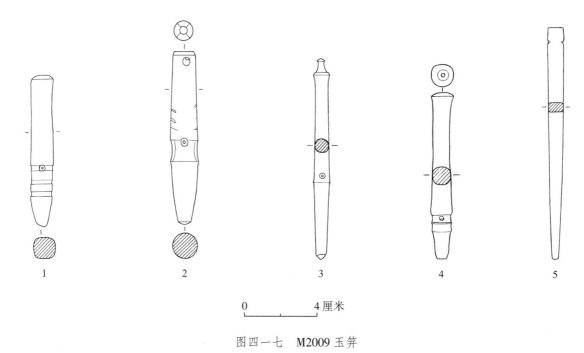

图四一七　M2009 玉笄

1. M2009：147　2. M2009：231　3. M2009：800　4. M2009：751　5. M2009：578

凹弦纹。长 9.2、最粗处直径 1.5 厘米（图四一七，2；彩版三二七，2）。此器的制作年代为石家河文化时期。

M2009：800，出于棺内殓衾之上。白玉，有黄褐斑。玉质细腻，微透明。整体近圆锥体，首端有榫形柄，中部稍粗。中部有一单面钻圆穿。器身中部偏下饰一周凹弦纹。通长 10.6、最粗处直径 0.8 厘米（图四一七，3；彩版三二七，3）。

M2009：751，出于棺内殓衾之上。白玉。玉质温润细腻，微透明。整体近圆锥体。首端顶部略鼓，正中有一圆形孔洞；中部稍细；下端似圆锥形，且有一圆形穿孔。穿孔下饰二周凸弦纹。长 8.8、最粗处直径 1.1 厘米（图四一七，4；彩版三二七，4）。

M2009：578，出于内棺盖板上。青玉。玉质较差，不透明。体呈窄长条形，断面呈椭长方形。首端较宽且平齐，下端较尖。上端两侧有小豁口。长 12.3、最宽处 0.8、厚 0.5 厘米（图四一七，5；彩版三二七，5）。

（五）饰件

83 件。可分为龙首纹饰、兽面纹饰、腕形饰、镯形饰、柄形器、梭形饰、长条形饰、蘑菇状饰、圆棒形饰、圆纽扣形饰和条形缀饰十一种。

1. 龙首纹饰

1 件。

M2009：785，出于棺内殓衾之上。出土时器的一端残缺。青玉。玉质较粗，透明度差。片雕。正、背两面纹饰相同，均饰龙首纹。头上有角，张口，臣字目。龙口处有一长方形短榫。残长 4.8、宽 3.5、厚 0.4 厘米（图四一八，1、2；彩版三二八，1）。

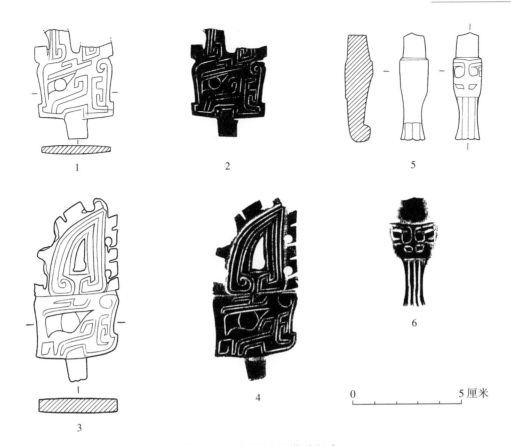

图四一八　M2009 玉饰及拓本

1. 龙首纹饰（M2009：785）　2. 龙首纹饰（M2009：785）纹样拓本　3. 兽面纹饰（M2009：755）　4. 兽面纹饰（M2009：755）
纹样拓本　5. 兽面纹饰（M2009：920）　6. 兽面纹饰（M2009：920）纹样拓本

2. 兽面纹饰

2 件。

M2009：755，出于棺内殓衾之上。出土时顶端和榫末端略残。片雕。青玉。微透明。上端
周边有扉棱，中部有一个三角形透穿孔，下端中部有一短长方形榫。正、背两面纹饰相同，皆饰
兽面纹。头上有角，臣字目。长 8、宽 3.9、厚 0.55 厘米（图四一八，3、4；彩版三二八，2）。

M2009：920，出于棺内殓衾之上。青玉。有黄褐斑。玉质细腻，半透明。圆雕。上端有一
短圆形榫。正面饰兽面纹，倒八字形眉，菱形眼，方形鼻，长须内卷。长 4.7、最粗处直径 1.3 厘
米（图四一八，5、6；彩版三二八，3）。此器的制作年代为商代。

3. 腕形饰

2 件。可分为人面纹腕形饰与凹弦纹腕形饰二种。

（1）人面纹腕形饰

1 件。系利用前朝旧器作为腕饰使用。

M2009：209，出于内棺盖板上。出土时多处残损，并断裂为两块。青玉，有黄褐斑或黑褐斑。
玉质细腻，透明度好。整体近半椭圆形，上粗下细，两端呈圆弧形，一侧边有三个小圆穿（其中
粗端一圆穿残损）。器身外表面饰一人面纹，圆眼微凸，直鼻梁，鼻端较大，方阔口。其上、下

两端各饰二周凹弦纹。高14.5、上端长径10.2、短径8.2厘米；下端长径7.8、短径6.5、厚0.2～0.4厘米（图四一九；彩版三二九）。此器的制作年代为后红山时期。

（2）凹弦纹腕形饰

1件。

M2009：1003，出于墓主人左手腕处，应为墓主的手腕饰。青玉，有黄褐色斑纹和灰白斑。玉质细腻，半透明。体呈半圆柱形，器身外表面饰二组四道纵向凹槽和十数道凹弦纹。高7.9、直径7.2、厚0.4厘米（图四二〇，1、2；彩版三二八，4）。

4. 镯形饰

3件。形制基本相同。皆为半圆形，断面或呈椭圆形，或呈长方形。两端或一端有穿孔。

M2009：750，出于棺内殓衾之上，与M2009：754为一对，形制、大小、玉质均相同。青白玉，有棕黄褐斑。玉质细腻，半透明。两端平齐，断面近椭圆形。两端各有一小圆穿。直径6.9、断面长径1.2、短径0.5厘米（图四二〇，3；彩版三三〇，1）。

M2009：754，出于棺内殓衾之上。青白玉，有棕黄褐斑。两端平齐，断面近椭圆形。两端各有一小圆穿。直径6.9、断面长径1.2、短径0.5厘米（图四二〇，4；彩版三三〇，2）。

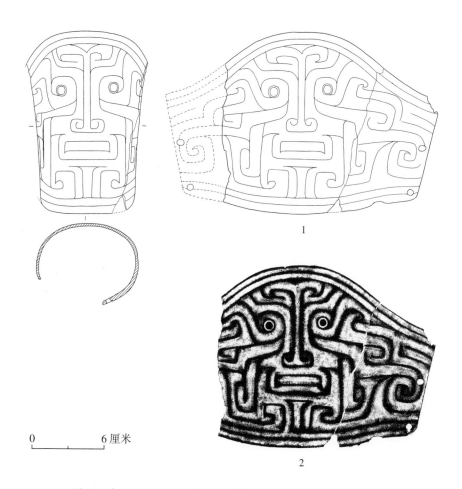

0 ————— 6厘米

图四一九　M2009人面纹玉腕形饰（M2009：209）及拓本
1. 人面纹腕形饰　2. 纹样拓本

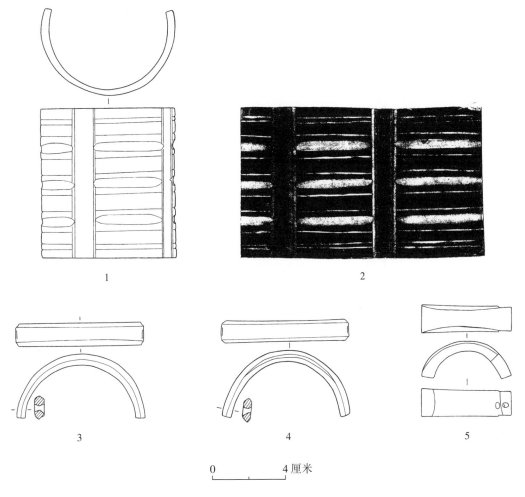

图四二〇　M2009 玉腕形饰、镯形饰及拓本

1. 凹弦纹腕形饰（M2009：1003）　2. 凹弦纹腕形饰（M2009：1003）纹样拓本　3. 镯形饰（M2009：750）　4. 镯形饰（M2009：754）
5. 镯形饰（M2009：865）

　　M2009：865，出于棺内殓衾之上。青玉，有黄褐斑。玉质细腻，半透明。一端稍宽，另一端略窄，且有短梯形榫。榫末端背面有一小斜穿。长4.9、宽1.3、厚0.6厘米（图四二〇，5；彩版三三〇，3）。

　　5. 柄形器

　　24件。首端均作柄部，且略微内束；末端或有锥形尖，或较薄或有刃部。可分为圆锥状柄形器、长条形柄形器、管状柄形器和多棱柄形器四种。

　　（1）圆锥状柄形器

　　3件。整体呈圆锥体。柄部略内束，末端有锥形尖。柄中部饰凸弦纹。

　　M2009：718，出于椁室西南角。白玉，有黄褐色斑纹。玉质温润，微透明。上端顶部为半球形，末端锥尖呈三棱形。器身饰五组十周凸弦纹，每组纹样间饰螺旋纹。长21.2、最粗处直径1.7厘米（图四二一，1 ~ 3；彩版三三一，1）。此器的制作年代为商代。

　　M2009：752，出于棺内殓衾之上。白玉。玉质细腻，微透明。上端斜收，顶部平齐，末端

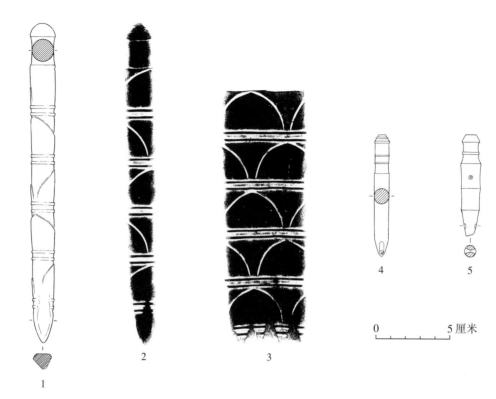

图四二一　M2009 圆锥状玉柄形器及拓本

1. 圆锥状柄形器（M2009：718）　2. 圆锥状柄形器（M2009：718）正面纹样拓本　3. 圆锥状柄形器（M2009：718）纹样展开拓本
4. 圆锥状柄形器（M2009：752）　5. 圆锥状柄形器（M2009：864）

锥尖呈扁圆形。尖部有一小圆穿。柄中部饰两周凸弦纹。长 8.1、最粗处直径 1 厘米（图四二一，4；彩版三三一，2）。

M2009：864，出于棺内殓衾之上。出土时器的尖部略残。青白玉，有黄褐斑。玉质较细，微透明。顶端平齐，中部有一凸棱，末端锥尖呈圆形。中部和尖部各有一小圆穿。柄中部饰一周凸弦纹。长 6.7、最粗处直径 1.3 厘米（图四二一，5；彩版三三一，3）。此器的制作年代为史前石家河文化时期。

（2）长条形柄形器

19 件。形状基本一致。皆作扁长条形。柄两侧边略微内束，正、背面各刻有上下栏线，以示其柄部所在，末端或较薄或有刃部。

M2009：87，出于外棺盖板上。出土时已断裂为二截。青玉，有黄白色絮状斑。透明度较好。柄端基本平齐，末端斜直，并磨去双角。正、背面中部皆有一条纵向锯切痕迹，致使背面内凹而正面上凸。柄部正面有竖款墨书，自上而下 2 字，即：

干父。

长 10.1、柄端宽 2.9、末端宽 2.6、厚 0.24 厘米（图四二二，1；彩版三三二，1）。

M2009：104，出于外棺盖板上。出土时已断裂为二截。青玉。玉质细腻，半透明。柄端平齐，末端被轻微磨出双角。末端中部有一单面钻穿孔，背面孔下有一凹槽。柄部正面有竖款墨书，自上而下 3 字，即：

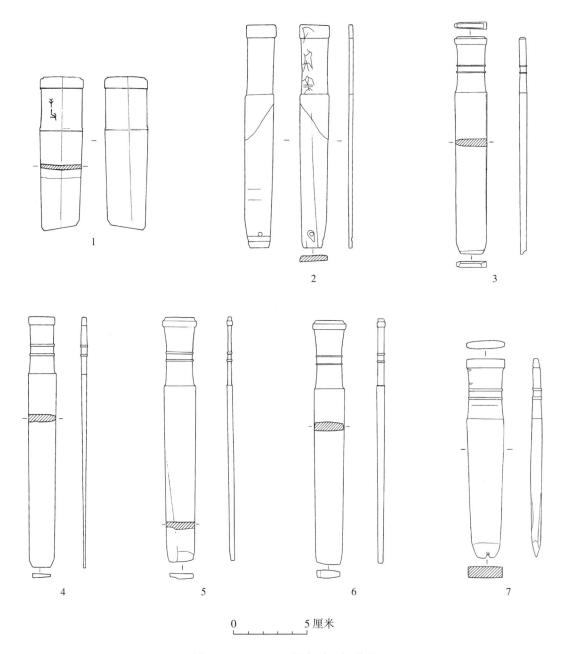

图四二二　M2009长条形玉柄形器

1. M2009：87　2. M2009：104　3. M2009：937　4. M2009：214　5. M2009：210-1　6. M2009：935　7. M2009：711

　　□🦌（贡）□。

长14.8、柄端宽2、末端宽1.2、厚0.4厘米（图四二二，2；彩版三三二，2）。

　　M2009：937，出于棺内殓衾之上。背面保留有褐色丝织物痕迹。青玉。玉质较细，微透明。柄端基本平齐，器身一侧磨出双面钝刃，末端被磨去双角，且有锯切痕迹。柄中部饰二周凸弦纹。长14.4、柄端宽2.2、末端宽1.5、厚0.5厘米（图四二二，3；彩版三三二，3）。

　　M2009：214，出于内棺盖板上。背面保留有朱砂和丝织物痕迹。青玉。玉质较细，不透明。柄端平齐，器身一侧较薄，另一侧较厚；末端被切去双角。柄中部刻出二周凸弦纹。长16.6、柄端宽 1.8、末端宽 1.2、厚 0.15～0.5 厘米（图四二二，4；彩版三三三，1）。

M2009：210-1，出于内棺盖板上。青白玉，两端有浅黄褐斑。玉质温润细腻，透明度好。正面略鼓，背面平。柄端基本平齐，柄部较薄；末端被轻微磨去双角。柄中部饰两周凸弦纹。长16.3、柄端宽 2.3、末端宽 1.6、厚 0.35～0.5 厘米（图四二二，5；彩版三三三，2）。

M2009：935，出于棺内殓衾之上。柄部正面保留有丝织物痕迹。青玉。玉质细腻，半透明。正、背面微鼓，柄端基本平齐，末端被轻微磨去双角。柄中部饰两周凸弦纹。长16.2、柄端宽 2.3、末端宽 1.6、厚 0.6 厘米（图四二二，6；彩版三三三，3）。

M2009：711，出于椁室西南角。青玉，柄端和两侧面有黄褐色斑。玉质润泽光洁，半透明。柄端平齐且稍宽；末端斜直，且磨出较锐利平刃，两角被轻微切去双角。柄中部刻二周凸弦纹，下部刻一道浅凹槽。末端刃部有一残穿，系旧器改制而成。长13.3、柄端宽 2.5、末端宽 1.4、厚 0.8 厘米（图四二二，7；彩版三三四，1）。

M2009：868，出于棺内殓衾之上。出土时已断为二截，末端一角略残。青玉。玉质细腻，因体薄透明度很好。柄端基本平齐，柄中部两侧各有二个凸棱；末端被切去两角。长12.5、柄端宽 1.8、末端宽 1.5、厚 0.15 厘米（图四二三，1；彩版三三四，2）。

M2009：838，出于棺内殓衾之上。出土时器的榫端略残。青玉，有黄白斑。玉质细腻，微透明。体宽短。柄端略呈弧形，下部斜直。末端中部有一圆穿，端部有长方形短榫。正、背两面饰纹样相同的凤鸟纹，圆目，尖嘴勾喙。残长6.9、柄端宽 3.1、末端宽 2.2、厚 0.65 厘米（图四二三，2、3；彩版三三四，3）。

M2009：217，出于内棺盖板上。青玉，有黄褐斑。玉质细腻，透明度好。体薄长。柄端平齐，且磨出单面钝刃；末端略窄，端部有短榫，且磨出单面薄刃。正面柄中部饰一道凹弦纹，器身饰四组冠纹，冠纹之间刻出两道凸弦纹。长14.8、柄端宽 1.7、末端宽 1.3、厚 0.35 厘米（图

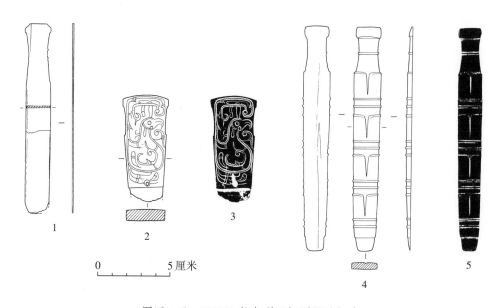

0   5厘米

图四二三　M2009 长条形玉柄形器及拓本

1.长条形柄形器（M2009：868）　2.长条形柄形器（M2009：838）　3.长条形柄形器（M2009：838）纹样拓本　4.长条形柄形器（M2009：217）　5.长条形柄形器（M2009：217）纹样拓本

四二三，4、5；彩版三三五，1）。

M2009：146，出于内棺盖板上。背面保留有棕褐色丝织物遗痕。青白玉，有黄褐斑。玉质细腻，透明度好。正面微鼓，且中部起脊；背面有一道竖向切割痕。柄端平齐，柄中部两侧各有一凸棱；器身两侧各有四组八个凸棱；末端斜直，端部有短梯形榫。长14.8、柄端宽1.5、末端宽1.1、厚0.25厘米（图四二四，1；彩版三三五，2）。

M2009：84，出于外棺盖板上。青玉，有黄褐斑。玉质细腻，微透明。体较厚。柄端平齐；末端有短长方形榫。底端有一浅圆孔。柄部饰两周凸弦纹。长8.8、柄端宽1.6、末端宽1.4、厚0.9

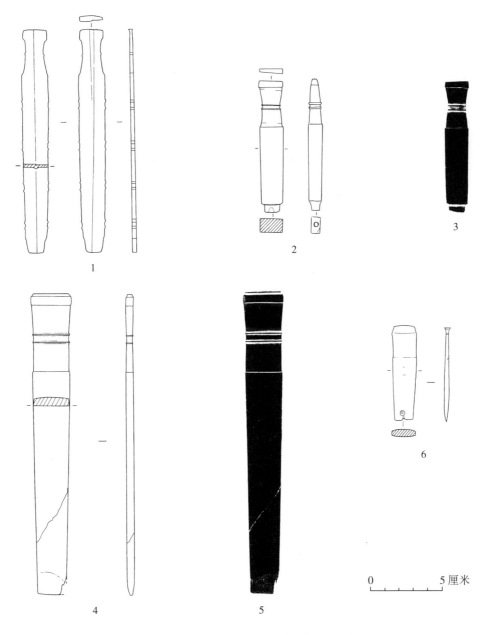

图四二四　M2009长条形玉柄形器及拓本

1. 长条形柄形器（M2009：146）　2. 长条形柄形器（M2009：84）　3. 长条形柄形器（M2009：84）纹样拓本　4. 长条形柄形器（M2009：127）　5. 长条形柄形器（M2009：127）纹样拓本　6. 长条形柄形器（M2009：891）

厘米（图四二四，2、3；彩版三三五，3）。

M2009：127，出于外棺盖板上。出土时已断为二截，且末端一角残损。青玉，有黄褐色斑纹或黄白斑。玉质较细，半透明。柄端略宽，且基本平齐；末端斜直，并磨出双面钝刃。柄中部刻出二周凸线纹。长 20、柄端宽 2.7、末端残宽 1.9、厚 0.6 厘米（图四二四，4、5；彩版三三六，1）。

M2009：891，出于棺内殓衾之上。青玉。玉质较差，微透明。器身正、背面略鼓。柄端微弧，且被切去双角；末端斜直，并磨出双面钝刃。刃部有一小豁口，豁口处偏上有一双面钻小圆孔。长 6.3、柄端宽 1.7、末端宽 1.3、厚 0.5 厘米（图四二四，6；彩版三三六，2）。

M2009：936，出于棺内殓衾之上。青玉。玉质细腻，透明度很好。正面略鼓，背面平。柄端略宽，平齐；下端略窄。正面柄中部饰二周凸弦纹，器身饰螺旋纹。背面有一道竖向切割痕。长 15.8、柄端宽 1.7、末端宽 0.9、厚 0.5 厘米（图四二五，1、2；彩版三三六，3）。

M2009：1013，出于墓主人左股骨左侧。青玉，有大量黄褐斑。玉质细腻，透明度很好。柄端平齐，且被切去双角；末端有切割痕。柄中部饰二周凸线纹。长 14.4、柄端宽 2.4、末端宽 2.1、厚 0.3 厘米（图四二五，3；彩版三三七，1）。

M2009：1012，出于墓主人右股骨之上。出土时已断裂为四截。青玉，有黄褐斑或灰白斑。玉质细腻，透明度很好。柄端平齐，且被切去双角；末端有切割痕。柄中部饰二周凸线纹。长 14.4、柄端宽 2.4、末端宽 2.1、厚 0.3 厘米（图四二五，4；彩版三三七，2）。

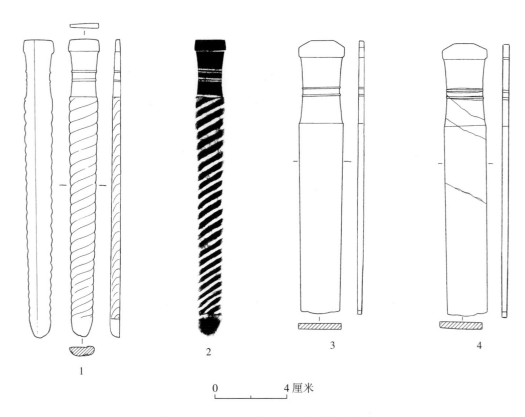

0   4厘米

图四二五　M2009 长条形玉柄形器及拓本

1. 长条形柄形器（M2009：936）　2. 长条形柄形器（M2009：936）纹样拓本　3. 长条形柄形器（M2009：1013）

4. 长条形柄形器（M2009：1012）

M2009：130，出于外棺盖板上。器身有三道竖向裂纹。青玉，末端有黄褐斑。玉质细腻，透明度很好。正面微鼓，背面平。柄端为斜面，末端磨出双面钝刃。长9、柄端宽2.6、末端宽2.5、厚0.3厘米（图四二六，1、2；彩版三三七，3）。

M2009：835，出于棺内殓衾之上。出土时下端已残缺。青玉。玉质细腻，微透明。柄端平齐，器中部正、背面各有一道深刻槽，两侧各有二道纵向细凹槽。正、背两面饰纹样相同的勾连云纹。残长7.7、柄端宽3.1、厚0.6厘米（图四二六，3、4；彩版三三八，1）。本器为前朝旧玉，在此作为玉料之用。器表尚保留有未完成的切割痕迹。

（3）管状柄形器

1件。

M2009：156，出于内棺盖板上。青白玉。玉质细腻，微透明。器作长方形管状，断面呈椭长方形，管孔呈椭圆形贯穿孔。柄端平齐，四周被切成斜面。柄部饰二周凸弦纹，器身饰四层冠纹。长8.9、柄端宽1.4、末端宽1.2、最厚处1、管径0.9厘米×0.6厘米（图四二六，5、6；彩版三三八，2）。

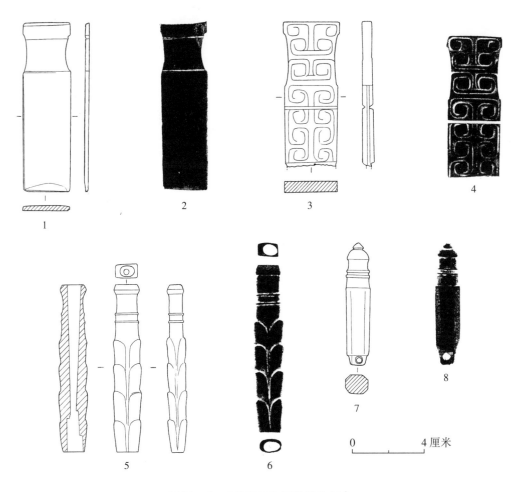

图四二六　M2009玉柄形器及拓本

1.长条形柄形器（M2009：130）　2.长条形柄形器（M2009：130）纹样拓本　3.长条形柄形器（M2009：835）　4.长条形柄形器（M2009：835）纹样拓本　5.管状柄形器（M2009：156）　6.管状柄形器（M2009：156）纹样拓本　7.多棱形柄形器（M2009：200）8.多棱形柄形器（M2009：200）纹样拓本

（4）多棱形柄形器

1件。

M2009：200，出于内棺盖板上。白玉。玉质细腻，微透明。器身被切割成八个面，形成八棱体。柄部为椭圆形，柄端有蘑菇状纽；末端有一榫。榫部有一穿。柄端饰二道凸弦纹。长6.5、柄端直径1.2、末端宽1.2、厚1厘米（图四二六，7、8；彩版三三八，3）。

6. 长条形饰

3件。

M2009：101，出于外棺盖板上。青玉，有黄褐斑和黄白斑。玉质较细，半透明。作扁薄的长方体，断面呈梯形。两端平齐，上端略窄，下部稍宽。背面有一道竖向切割痕。上端有一圆穿。

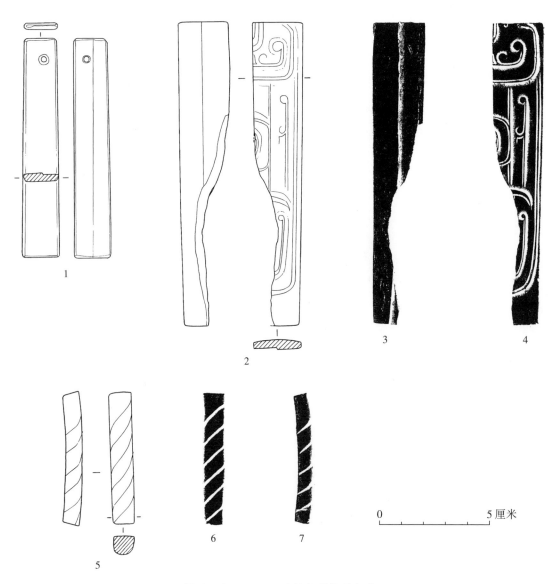

图四二七　M2009玉长条形饰及拓本

1.长条形饰（M2009：101）　2.长条形饰（M2009：218）　3.长条形饰（M2009：218）正面纹样拓本　4.长条形饰（M2009：218）背面纹样拓本　5.长条形饰（M2009：917）　6.长条形饰（M2009：917）正面纹样拓本　7.长条形饰（M2009：917）侧面纹样拓本

长 9.6、宽 1.4 ~ 1.7、厚 0.4 厘米（图四二七，1；彩版三三八，4）。

M2009：218，出于内棺盖板上。出土时器身一侧下半部残缺。青玉，有黄褐斑。玉质较细，半透明。作扁薄的长方体，断面呈长方形。两端平齐，背面有一道竖向切割痕。该器系旧玉改制而成，正面保留有原器残存的阴线勾云纹。长 13.3、宽 2.2、厚 0.4 厘米（图四二七，2 ~ 4；彩版三三八，5）。

M2009：917，出于棺内殓衾之上。青玉。玉质较细，透明度较差。作细长条形，断面近方形。两端平齐，正面微鼓，背面相应略内凹。正面与两侧饰螺旋纹。长 5.9、宽 1、厚 0.8 厘米（图四二七，5 ~ 7；彩版三三九，1）。

7. 蘑菇状饰

3 件。整体呈蘑菇状。

M2009：612，出于椁室东南部。青白玉。玉质细腻，微透明。似圆管形，上端较粗，下端略细，平底。自上到下有一圆形贯穿孔。下部饰龙纹。高 2.5、上端直径 2.2、孔径 1.7 厘米，底端直径 1.7、孔径 0.7 厘米（图四二八，1 ~ 3；彩版三三九，2）。

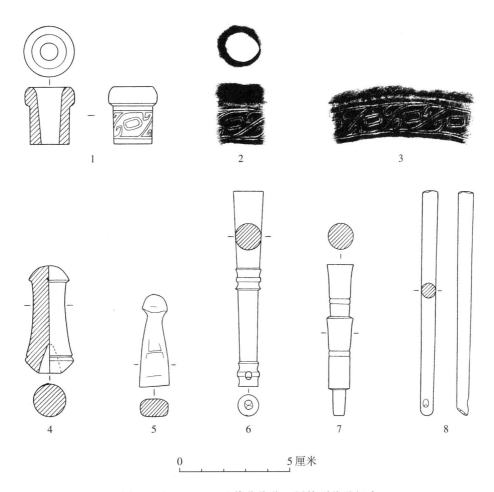

图四二八　M2009 玉蘑菇状饰、圆棒形饰及拓本

1. 蘑菇状饰（M2009：612）　2. 蘑菇状饰（M2009：612）正面纹样拓本　3. 蘑菇状饰（M2009：612）纹样展开拓本　4. 蘑菇状饰（M2009：910）　5. 蘑菇状饰（M2009：927）　6. 圆棒形饰（M2009：157）　7. 圆棒形饰（M2009：881）　8. 圆棒形饰（M2009：167）

M2009：910，出于棺内殓衾之上。器身中部有一道斜裂纹。青玉，两端各有一处黄褐斑。玉质细腻，透明度较好。器上细下粗，断面呈圆形。两端略鼓，底端有一圆钻孔。高4.8、最粗处直径2.1厘米（图四二八，4；彩版三三九，3）。

M2009：927，出于棺内殓衾之上。青白玉。玉质较细，半透明。首端近半球形，下端较宽，断面呈椭长方形，底部有切割痕。高4.1、最大断面长1.4、宽0.8厘米（图四二八，5；彩版三三九，4）。

8. 圆棒形饰

4件。

M2009：157，出于内棺盖板上。青白玉。玉质细腻，微透明。器上粗下细，两端平齐。末端两侧各有一孔，分别透穿于底部平面上。中部和下部饰数道凸弦纹。长8.7、上端直径1.3、下端直径0.9厘米（图四二八，6；彩版三三九，5）。

M2009：881，出于棺内殓衾之上。青白玉。玉质细腻，微透明。器上粗下细，首端平齐。末端有短圆榫。上部和中部各饰二道凸弦纹。长6.6、上端直径1.2、下端直径0.5厘米（图四二八，7；彩版三三九，6）。

M2009：167，出于内棺盖板上。青玉。玉质细腻，半透明。器上粗下细，末端有一斜穿。长9.9、上端直径0.7、下端直径0.5厘米（图四二八，8；彩版三四〇，1）。

M2009：928，出于棺内殓衾之上。青玉。玉质较细，透明度较差。两端粗细基本相同，中部略粗。两端各有短榫。断面近椭圆形。通长8.5厘米，断面长径0.9、短径0.8厘米（图四二九，1；彩版三四〇，2）。

9. 梭形饰

2件。形状相同，大小略有差异。梭形，正面鼓起，背面平。两端的背面各有一小斜穿。

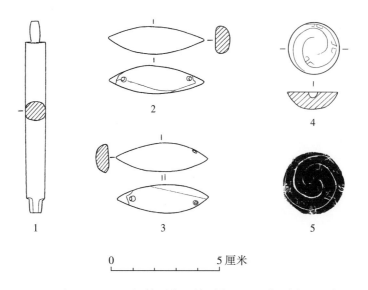

图四二九　M2009玉圆棒形饰、梭形饰、圆纽扣形饰及拓本

1. 圆棒形饰（M2009：928）　2. 梭形饰（M2009：901）　3. 梭形饰（M2009：912）　4. 圆纽扣形饰（M2009：933）

5. 圆纽扣形饰（M2009：933）纹样拓本

M2009：901，出于棺内殓衾之上。青玉。玉质较细，微透明。长4.4、宽1.2、厚0.65厘米（图四二九，2；彩版三四〇，3）。

M2009：912，出于棺内殓衾之上。青玉。浅黄褐色。玉质较细，微透明。长4.1、宽1.2、厚0.6厘米（图四二九，3；彩版三四〇，4）。

10. 圆纽扣形饰

1件。

M2009：933，出于棺内殓衾之上。青玉。玉质较细，不透明。正面鼓起，背面平。正面饰涡纹。背面中部有一圆孔洞。底径2.3、厚0.7厘米（图四二九，4、5；彩版三四一，1）。

11. 条形缀饰

3组，38件。皆出于内棺盖板上，与玉匕或玉柄形器伴出。一般是若干件条形碧玉片按一定顺序整齐地排列成一组，每组三层，估计原是缀在布帛之上的缀饰。形状基本相同，长短不等，均为扁薄的细长条形碧玉片。正、背面磨制光滑，有的表面刻二至四道相平行的细横线或细纵线。大多数玉片侧边的中部有一小缺口，有的左上角和右下角也有小缺。

M2009：210-2 ~ M2009：210-14，1组13枚。碧玉。由13枚条形玉片大致排列成三行。玉片的宽度与厚度基本相同，分别为0.8与0.2厘米左右；长度则不尽一致，为3.1 ~ 6.8厘米（图四三〇，1；彩版三四一，2）。

标本M2009：210-2，正面刻二道细横线。右侧中部有方形小豁口，左上角和右下角有小缺。长5.3、宽1.1、厚0.15厘米（图四三〇，2）。

标本M2009：210-3，正面刻四道细横线。右侧中部有方形小豁口。长6.5、宽0.9、厚0.2厘米（图

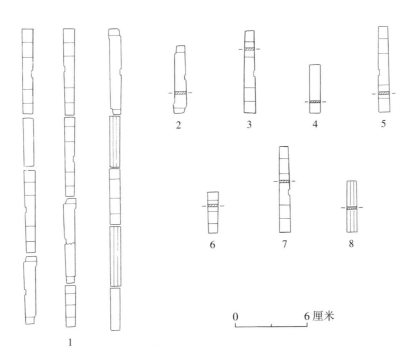

图四三〇　M2009 条形玉缀饰

1. M2009：210-2 ~ M2009：210-14　2. M2009：210-2　3. M2009：210-3　4. M2009：210-4　5. M2009：210-5
6. M2009：210-6　7. M2009：210-9　8. M2009：210-13

四三〇，3）。

标本 M2009：210-4，素面。长 3.8、宽 0.8、厚 0.15 厘米（图四三〇，4）。

标本 M2009：210-5，正面刻四道细横线。左侧中部有方形小豁口。长 6.7、宽 0.8、厚 0.2 厘米（图四三〇，5）。

标本 M2009：210-6，正面刻三道细横线。长 3.3、宽 0.9、厚 0.15 厘米（图四三〇，6）。

标本 M2009：210-9，正面刻四道细横线。右侧中部有方形小豁口。长 6.8、宽 0.9、厚 0.15 厘米（图四三〇，7）。

标本 M2009：210-13，正面刻二道竖向细线。长 4.1、宽 0.8、厚 0.2 厘米（图四三〇，8）。

M2009：210-15 ～ M2009：210-27，1 组 13 枚。碧玉。出土时的排列情况与 M2009：210-2 ～ M2009：210-14 相同。也由 13 枚条形玉片排列成三行。玉片的宽度与厚度基本相同，分别为 0.9 与 0.2 厘米左右；长度则不尽一致，为 3.4 ～ 6.7 厘米（图四三一，1；彩版三四一，3）。

标本 M2009：210-17，正面刻四道细横线。左侧中部有方形小豁口。长 6.6、宽 0.9、厚 0.2 厘米（图四三一，2）。

标本 M2009：210-21，正面刻二道细横线。左侧中部有方形小豁口，右上角和左下角有小缺。长 6.7、宽 1.1、厚 0.2 厘米（图四三一，3）。

标本 M2009：210-22，正面刻四道细横线。右侧中部有方形小豁口。长 6.7、宽 0.9、厚 0.15 厘米（图四三一，4）。

标本 M2009：210-23，素面。长 3.4、宽 0.9、厚 0.15 厘米（图四三一，5）。

标本 M2009：210-24，正面刻二道竖向细线。长 4.7、宽 1、厚 0.15 厘米（图四三一，6）。

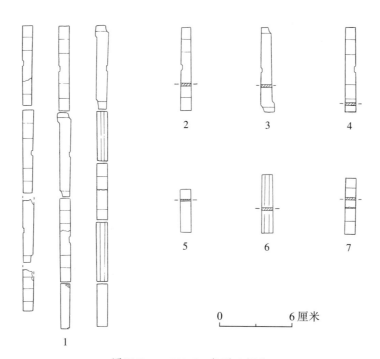

图四三一　M2009 条形玉缀饰

1. M2009：210-15 ～ M2009：210-27　2. M2009：210-17　3. M2009：210-21　4. M2009：210-22　5. M2009：210-23
6. M2009：210-24　7. M2009：210-25

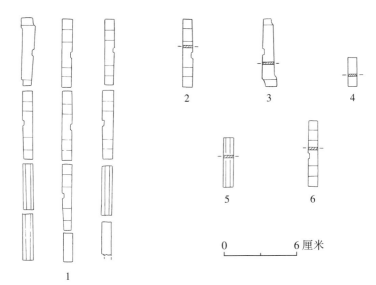

图四三二　M2009 条形玉缀饰

1. M2009：228-2 ～ M2009：228-13　2. M2009：228-4　3. M2009：228-5　4. M2009：228-6
5. M2009：228-11　6. M2009：228-13

标本 M2009：210-25，已断裂为二截。正面刻三道细横线。长 4.5、宽 0.9、厚 0.2 厘米（图四三一，7）。

M2009：228-2 ～ M2009：228-13，1 组 12 枚。碧玉。由 12 枚条形玉片排列成三行。玉片的宽度与厚度基本相同，分别为 0.8 与 0.15 厘米左右；长度则不尽一致，为 2.3 ～ 5.4 厘米（图四三二，1；彩版三四一，4）。

标本 M2009：228-4，正面横刻四道细线。右侧中部有方形小豁口。长 5.4、宽 0.8、厚 0.15 厘米（图四三二，2）。

标本 M2009：228-5，正面横刻二道细线。左侧中部有方形小豁口，右上角和左下角有缺。长 5.4、宽 1.1、厚 0.2 厘米（图四三二，3）。

标本 M2009：228-6，素面。长 2.3、宽 0.7、厚 0.15 厘米（图四三二，4）。

标本 M2009：228-11，正面刻二道竖向细线。长 3.9、宽 0.8、厚 0.2 厘米（图四三二，5）。

标本 M2009：228-13，正面横刻四道细线。左侧中部有方形小豁口。长 5.2、宽 0.8、厚 0.15 厘米（图四三二，6）。

（六）其他

71 件。可分为璜形器、嵌饰、残玉饰、玉片和残片五种。

1. 璜形器

2 件。

M2009：118，出于外棺盖板上。出土时已断为二截。墨玉，有黄白斑和黄褐斑。玉质较粗，不透明。体厚，两端无穿孔。长 11.6、宽 3.6、厚 0.9 厘米（图四三三，1；彩版三四二，1）。

M2009：908，出于棺内殓衾之上。青玉，有黄褐斑。玉质细腻，半透明。近璜形，两侧有扉棱，一端有切割痕。长 5.3、宽 2、厚 0.4 厘米（图四三三，2；彩版三四二，2）。

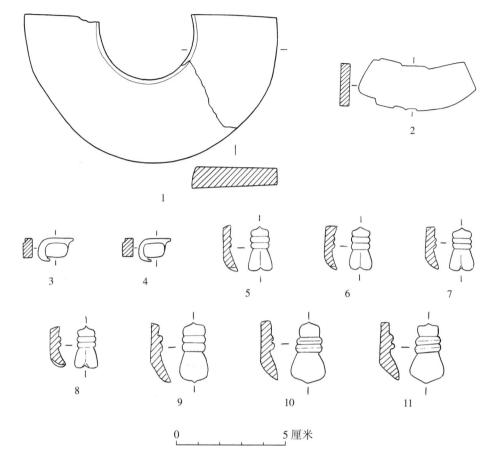

图四三三　M2009 玉璜形器、嵌饰

1. 璜形器（M2009：118）　2. 璜形器（M2009：908）　3. 眼形嵌饰（M2009：734-1）　4. 眼形嵌饰（M2009：734-2）　5. 蝉形嵌饰（M2009：734-3）　6. 蝉形嵌饰（M2009：734-4）　7. 蝉形嵌饰（M2009：734-5）　8. 蝉形嵌饰（M2009：734-6）　9. 蝉形嵌饰（M2009：734-7）　10. 蝉形嵌饰（M2009：734-8）　11. 蝉形嵌饰（M2009：734-9）

2. 嵌饰

20 件。皆出于椁室西南角的铜器下，应为木鞘上的装饰（彩版三四三）。可分为眼形嵌饰、蝉形嵌饰、梯形嵌饰和条形嵌饰四种。

（1）眼形嵌饰

2 件。成对。形制、大小相同。整体呈臣字目，正面有凸起的椭长方形睛，背面平。

M2009：734-1，青玉，背面有黄白斑。玉质较细，微透明。长 1.5、宽 1、厚 0.45 厘米（图四三三，3；彩版三四四，1）。

M2009：734-2，青玉，有黄白斑。玉质较差，微透明。长 1.45、宽 1、厚 0.42 厘米（图四三三，4；彩版三四四，2）。

（2）蝉形嵌饰

7 件。形制、纹样及玉质相同，大小不尽相同。皆青玉。玉质较粗，透明度差。状似蝉形，翘尾。大的为尖尾，小的为分叉尾。背面平。正面中部有二道凸弦纹。

M2009：734-3，形体较小。尾部分叉。长 1.8 厘米（图四三三，5；彩版三四四，3）。

M2009 ：734-4，形体较小。尾部分叉。长 1.8 厘米（图四三三，6；彩版三四四，4）。

M2009 ：734-5，形体较小。尾部分叉。长 1.9 厘米（图四三三，7；彩版三四四，5）。

M2009 ：734-6，形体较小。尾部分叉。长 1.7 厘米（图四三三，8；彩版三四四，6）。

M2009 ：734-7，有黄褐斑。蝉尾有裂纹。形体较大，尖尾。长 2.6 厘米（图四三三，9；彩版三四四，7）。

M2009 ：734-8，有黄褐斑。蝉尾有裂纹。形体较大，尖尾。长 2.6 厘米（图四三三，10；彩版三四四，8）。

M2009 ：734-9，形体较大。尖尾。长 2.5 厘米（图四三三，11；彩版三四四，9）。

（3）梯形嵌饰

4 件。形制、大小、玉质基本相同。皆青玉。玉质较粗，透明度差。整体略呈梯形。

M2009 ：734-10，长 2.4、宽 0.5 ～ 0.8、厚 0.4 厘米（图四三四，1；彩版三四五，1）。

M2009 ：734-11，略残。残长 2.3、宽 0.5 ～ 0.8、厚 0.4 厘米（图四三四，2；彩版三四五，2）。

M2009 ：734-12，长 2.45、宽 0.52 ～ 0.85、厚 0.4 厘米（图四三四，3；彩版三四五，3）。

M2009 ：734-13，略残。残长 2、宽 0.5 ～ 0.8、厚 0.4 厘米（图四三四，4；彩版三四五，4）。

（4）条形嵌饰

7 件。形状、玉质基本相同，大小不同。皆青玉。玉质较粗，透明度差。整体近似长条形。

M2009 ：734-14，长 2.1、宽 0.9、厚 0.45 厘米（图四三四，5；彩版三四五，5）。

M2009 ：734-15，长 2.1、宽 0.9、厚 0.4 厘米（图四三四，6；彩版三四五，6）。

M2009 ：734-16，长 2.2、宽 1、厚 0.4 厘米（图四三四，7；彩版三四五，7）。

M2009 ：734-17，长 2.25、宽 1、厚 0.4 厘米（图四三四，8；彩版三四五，8）。

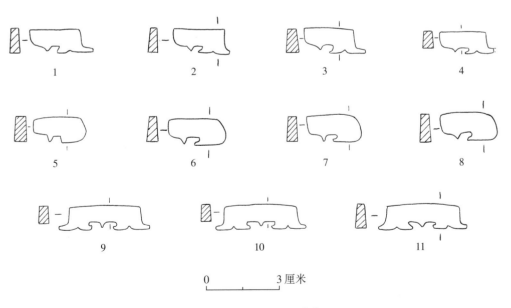

图四三四　M2009 玉嵌饰

1. 梯形嵌饰（M2009 ：734-10）　2. 梯形嵌饰（M2009 ：734-11）　3. 梯形嵌饰（M2009 ：734-12）　4. 梯形嵌饰（M2009 ：734-13）
5. 条形嵌饰（M2009 ：734-14）　6. 条形嵌饰（M2009 ：734-15）　7. 条形嵌饰（M2009 ：734-16）　8. 条形嵌饰（M2009 ：734-17）
9. 条形嵌饰（M2009 ：734-18）　10. 条形嵌饰（M2009 ：734-19）　11. 条形嵌饰（M2009 ：734-20）

M2009：734-18，长 3.55、宽 0.9、厚 0.4 厘米（图四三四，9；彩版三四五，9）。

M2009：734-19，长 3.6、宽 0.9、厚 0.4 厘米（图四三四，10；彩版三四六，1）。

M2009：734-20，长 3.5、宽 0.85、厚 0.4 厘米（图四三四，11；彩版三四六，2）。

3. 残饰

9 件。多系前朝旧玉改作玉料后，所余之边角废料。

M2009：883，出于棺内殓衾之上。出土时器的一端残缺。青玉。玉质细腻，透明度极好。扁平体，器端中部及两侧各有一斜穿小孔，分别透穿于背面。正面残存有部分龙纹纹样。残长 2.8、宽 1.9、厚 0.2 厘米（图四三五，1 ~ 3；彩版三四六，3）。

M2009：771，出于棺内殓衾之上。出土时器的一端残缺。青玉。玉质细腻，透明度极好。扁平体，器端中部及两侧各有一斜穿小孔，分别透穿于背面。正面残存有部分龙纹纹样。残长 2、宽 1.9、厚 0.2 厘米（图四三五，4、5；彩版三四六，4）。

M2009：884，出于棺内殓衾之上。出土时器的上端残缺。青玉，有黄褐斑。玉质细腻，透明度好。近扁长条形。正、背面纹样相同，均阴刻六道细线纹。残长 5.1、宽 1.3、厚 0.4 厘米（图四三五，6、7；彩版三四六，5）。

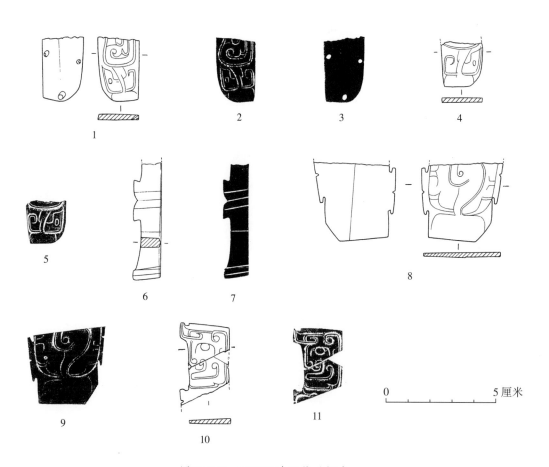

图四三五　M2009 残玉饰及拓本

1. 玉饰（M2009：883）　2. 玉饰（M2009：883）正面纹样拓本　3. 玉饰（M2009：883）背面纹样拓本　4. 玉饰（M2009：771）5. 玉饰（M2009：771）纹样拓本　6. 玉饰（M2009：884）　7. 玉饰（M2009：884）纹样拓本　8. 玉饰（M2009：843）9. 玉饰（M2009：843）纹样拓本　10. 玉饰（M2009：914、M2009：929）　11. 玉饰（M2009：914、M2009：929）纹样拓本

M2009：843，出于棺内殓衾之上。出土时器的上半部残缺，应为玉璋下部之残片。青玉，有黄褐斑。玉质细腻，透明度极好。正面残存有部分凤鸟纹纹样。残长3.5、宽2.2～3.7、厚0.2厘米（图四三五，8、9；彩版三四六，6）。

M2009：914和M2009：929合为一件，出于棺内殓衾之上。出土时器的下部和一侧中部残损，并断裂为两块。青玉，有浅黄褐斑。玉质细腻，半透明。扁平体，一侧有近长方形豁口。正面饰一变形侧视人面纹。长3.6、宽2.3、厚0.2厘米（图四三五，10、11；彩版三四六，7）。

M2009：939，出于棺内殓衾之上。残甚，仅剩龙形佩的龙首部分。青玉，有黄褐斑。玉质细腻，半透明。扁平体。正、背两面残存有相同的龙纹纹样，龙口微张，臣字目。龙口处有一圆穿。残长2.9、宽2.3、厚0.4厘米（图四三六，1、2；彩版三四六，8）。

M2009：794，出于棺内殓衾之上。残甚，应为凤鸟形饰件之残片。青玉。玉质细腻，半透明。长4.2、宽2、厚0.3厘米（图四三六，3、4；彩版三四七，1）。

M2009：779，出于棺内殓衾之上。残甚，应为鱼形饰件之尾部。青玉。玉质较粗，不透明。残长1.6、宽1.3、厚0.3厘米（图四三六，5、6；彩版三四六，9）。

M2009：976，出于墓主人面部之上。残甚。青玉。玉质较细，半透明。一侧边有一斜穿。正面残存有部分龙纹纹样。残长3.7、宽1.8、厚0.2厘米（图四三六，7、8；彩版三四七，2）。

4. 片

27件。皆系旧玉器被改制它器切割后剩下的残片。依据形状的不同，可分为长条形片、方形片、梯形片、圆形片、扇形片、马蹄形片、圆弧形片、三角形片、刀形片、鱼尾形片、不规则形片和琮形器残片十二种。

（1）长条形片

7件。

M2009：923，出于棺内殓衾之上。青玉。玉质较粗，透明度差。整体近长方形。上端有一小圆穿，底面有切割痕。长4.4、宽2.2、厚0.8厘米（图四三七，1；彩版三四七，3）。

M2009：787，出于棺内殓衾之上。青白玉。玉质细腻，半透明。断面呈圆角长方形。

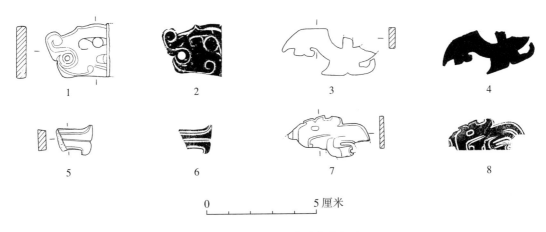

图四三六　M2009残玉饰及拓本

1. 残饰（M2009：939）　2. 残饰（M2009：939）纹样拓本　3. 残饰（M2009：794）　4. 残饰（M2009：794）纹样拓本　5. 残饰（M2009：779）　6. 残饰（M2009：779）纹样拓本　7. 残饰（M2009：976）　8. 残饰（M2009：976）纹样拓本

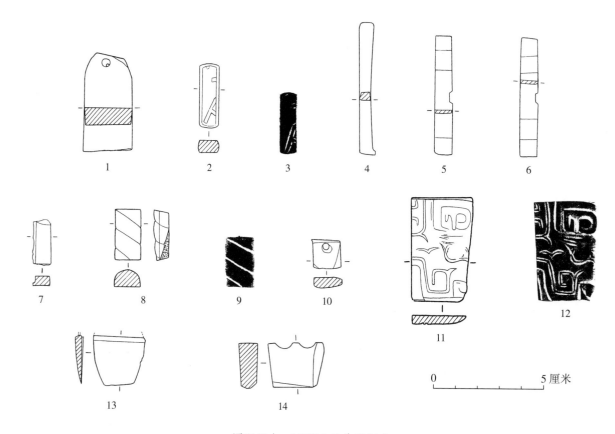

图四三七　M2009 玉片及拓本

1. 长条形片（M2009：923）　2. 长条形片（M2009：787）　3. 长条形片（M2009：787）纹样拓本　4. 长条形片（M2009：783）
5. 长条形片（M2009：885）　6. 长条形片（M2009：886）　7. 长条形片（M2009：770）　8. 长条形片（M2009：862）　9. 长条
形片（M2009：862）纹样拓本　10. 方形片（M2009：915）　11. 梯形片（M2009：863）　12. 梯形片（M2009：863）纹样拓本
13. 梯形片（M2009：849）　14. 梯形片（M2009：839）

两端微鼓，正面残留有原器的部分纹样。长 2.9、宽 0.9、厚 0.5 厘米（图四三七，2、3；彩版三四七，4）。

M2009：783，出于棺内殓衾之上。青玉，有黄褐斑。玉质细腻，半透明。两端稍宽，中部略窄。长 5.9、宽 0.5、厚 0.4 厘米（图四三七，4；彩版三四七，5）。

M2009：885，出于棺内殓衾之上，应为条形缀饰上脱落之玉片。碧玉。质较差，微透明。体呈扁薄长条形。正、背面磨制光滑，右侧中部有一小缺口，正面刻有四道相平行的细横线。长 5.2、宽 0.8、厚 0.15 厘米（图四三七，5；彩版三四八，1）。

M2009：886，出于棺内殓衾之上，应为条形缀饰上脱落之玉片。碧玉。玉质较差，微透明。体呈扁薄长条形。正、背面磨制光滑，右侧中部有一小缺口。正面刻有四道相平行的细横线。长 5.3、宽 0.8、厚 0.15 厘米（图四三七，6；彩版三四八，2）。

M2009：770，出于棺内殓衾之上。青玉，一端有黄褐斑。玉质细腻，半透明。体呈长条形，较短略厚。一侧面磨光，其他三个侧面均有切割痕迹。长 2.1、宽 0.8、厚 0.4 厘米（图四三七，7；彩版三四八，3）。

M2009：862，出于棺内殓衾之上。出土时一端的背面略残。白玉。玉质细腻，半透明。器呈扁长条形，体较短。正面略鼓，背面平。正面饰三道螺旋纹。长 2.3、宽 0.7、厚 0.8 厘米（图四三七，8、9；彩版三四八，4）。

（2）方形片

1 件。

M2009：915，出于棺内殓衾之上。白玉。玉质细腻，透明度较好。一侧有切割痕迹，近中部有一双面钻的圆穿。长 1.3、宽 1.2、厚 0.5 厘米（图四三七，10；彩版三四八，5）。

（3）梯形片

4 件。形状基本相同。均为梯形。

M2009：863，出于棺内殓衾之上。青玉，有棕黄斑。玉质细腻，半透明。扁平体。正面残存有部分兽面纹样。长 4.6、上端宽 2.8、下端宽 2.3、厚 0.4 厘米（图四三七，11、12；彩版三四八，6）。

M2009：849，出于棺内殓衾之上。青玉，有黄褐斑。玉质细腻，透明度好。扁平体，上端有切割痕，下端两侧内收且有单面薄刃。长 2.2、上端宽 2.3、下端宽 1.3、厚 0.35 厘米（图四三七，13；彩版三四九，1）。

M2009：839，出于棺内殓衾之上。青玉，有黄褐斑。玉质细腻，透明度好。扁平体略厚，一端有切割痕，另一端有二个半圆形豁口。长 2.6、上端宽 2.6、下端宽 2.1、最厚处 0.85 厘米（图四三七，14；彩版三四九，2）。

M2009：873，出于棺内殓衾之上。青玉，一侧有黄褐斑。玉质细腻，透明度很好。扁平体略薄，一侧有切割痕，且中部有残圆孔，下端稍内凹。长 4.5、上端宽 0.6、下端宽 1.2、厚 0.2 厘米（图四三八，1；彩版三四九，3）。

（4）圆形片

1 件。

M2009：791，出于棺内殓衾之上。青玉，有黄白斑。玉质温润细腻，半透明。体较小，中部无穿孔。直径 3.6、厚 0.55 厘米（图四三八，2；彩版三四九，4）。

（5）扇形片

1 件。

M2009：790，出于棺内殓衾之上。青白玉，有黄褐斑。玉质细腻，半透明。似扇形，厚薄不均。近上端处有一圆形穿孔，下端角部有半圆形豁口。长 3、宽 2.7、厚 1 厘米（图四三八，3；彩版三四九，5）。

（6）马蹄形片

1 件。

M2009：903，出于棺内殓衾之上。青玉。玉质细腻，半透明。上端为圆弧形，下端平齐，且有切割痕迹。断面呈长方形。一侧有半圆形豁口。长 3.8、宽 2.2、厚 0.45 厘米（图四三八，4；彩版三四九，6）。

（7）圆弧形片

2 件。应为原环形器被切割后之残片。正面略鼓，背面相应内凹。正面均残存有原器的部分纹样。

M2009：897，出于棺内殓衾之上。青玉。玉质较细，半透明。近扁方形，正面饰有数道细线纹。

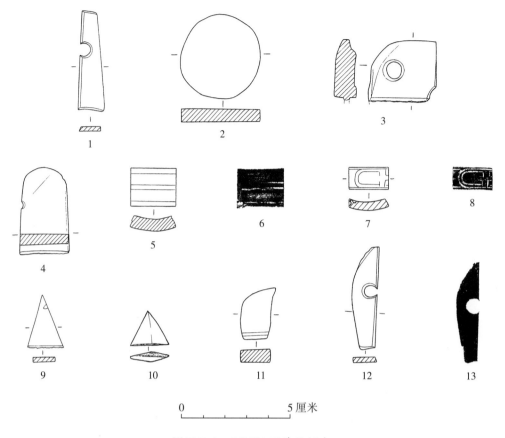

0   5厘米

图四三八　M2009 玉片及拓本

1. 梯形片（M2009：873）　2. 圆形片（M2009：791）　3. 扇形片（M2009：790）　4. 马蹄形片（M2009：903）　5. 圆弧形片（M2009：897）　6. 圆弧形片（M2009：897）纹样拓本　7. 圆弧形片（M2009：930）　8. 圆弧形片（M2009：930）纹样拓本　9. 三角形片（M2009：784）　10. 三角形片（M2009：853）　11. 刀形片（M2009：911）　12. 刀形片（M2009：913）　13. 刀形片（M2009：913）纹样拓本

两端有切割痕迹。长 2.1、宽 1.7、厚 0.5 厘米（图四三八，5、6；彩版三五〇，1）。

　　M2009：930，出于棺内殓衾之上。青玉。玉质细腻，半透明。呈扁长方条形。正面饰重环纹。一端有切割痕迹，另一端的背面有一横向凹槽，并有一个小斜穿。长 1.8、宽 1、厚 0.35 厘米（图四三八，7、8；彩版三五〇，2）。

　　（8）三角形片

　　2 件。

　　M2009：784，出于棺内殓衾之上。青玉。玉质细腻，半透明。扁平体，一边有明显的切割痕。长 2.3、宽 1.5、厚 0.2 厘米（图四三八，9；彩版三五〇，3）。

　　M2009：853，出于棺内殓衾之上。青玉。玉质细腻，半透明。两面略鼓，一边有明显的切割痕。长 1.6、宽 1.8、厚 0.5 厘米（图四三八，10；彩版三五〇，4）。

　　（9）刀形片

　　2 件。

　　M2009：911，出于棺内殓衾之上。青玉。玉质细腻，半透明。断面呈长方形，末端的正、背两面刻一凹槽。长 2.3、宽 1.4、厚 0.6 厘米（图四三八，11；彩版三五〇，5）。

M2009：913，出于棺内殓衾之上。青玉。玉质较细，微透明。断面呈长条形，一侧中部有一个残圆孔。长4.6、宽1.1、厚0.2厘米（图四三八，12、13；彩版三五〇，6）。

（10）鱼尾形片

1件。

M2009：776，出于棺内殓衾之上。青玉。玉质较粗，微透明。整体呈鱼尾形，分叉。长2.3、宽2、厚0.7厘米（图四三九，1；彩版三五〇，7）。

（11）不规则形片

3件。

M2009：900，出于棺内殓衾之上。青玉。玉质细腻，透明度好。近似长方形。长3.7、宽1.5、厚0.3厘米（图四三九，2；彩版三五〇，8）。

M2009：850，出于棺内殓衾之上。青玉。玉质细腻，半透明。体近似桃形，上端有一凹槽。高1.6、宽1.9、厚0.8厘米（图四三九，3；彩版三五〇，9）。

M2009：760，出于棺内殓衾之上。青玉。玉质细腻，透明度好。不规则形。长2.2、宽0.9、厚0.25厘米（图四三九，4、5；彩版三五一，1）。

（12）琮形器残片

2件。

M2009：893，出于棺内殓衾之上。青玉，有黄褐斑。玉质细腻，半透明。弧形，为一件琮形器的射口部分。有短射。长2.9、高1.4厘米（图四三九，6；彩版三五一，2）。

M2009：780，出于棺内殓衾之上。青玉，有黄褐斑。玉质细腻，半透明。弧形，为一件琮形器的射口部分。有短射。长3.1、高2厘米（图四三九，7；彩版三五一，3）。

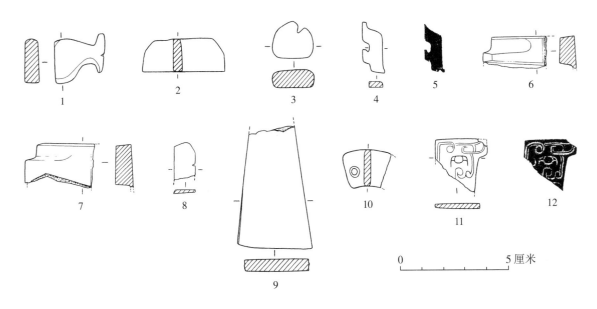

图四三九　M2009玉片及拓本

1. 鱼尾形片（M2009：776）　2. 不规则形片（M2009：900）　3. 不规则形片（M2009：850）　4. 不规则形片（M2009：760）
5. 不规则形片（M2009：760）纹样拓本　6. 琮形器残片（M2009：893）　7. 琮形器残片（M2009：780）　8. 残片（M2009：788）
9. 残片（M2009：931）　10. 残片（M2009：767-3）　11. 残片（M2009：919）　12. 残片（M2009：919）纹样拓本

5.残片

13件。

M2009：788，出于棺内殓衾之上。青玉。玉质细腻，透明度好。体近长方形。一侧面有切割痕迹，另一侧有小"V"形豁口。残长1.6、宽0.9、厚0.15厘米（图四三九，8；彩版三五一，4）。

M2009：931，出于棺内殓衾之上。青玉。玉质较细，微透明。呈梯形，断面呈长方形。残长5.4、宽2.1～3.3、厚0.5厘米（图四三九，9；彩版三五一，5）。

M2009：767-3，出于棺内殓衾之上。青玉，一角有黄褐斑。玉质细腻，半透明。一侧有单面钻圆穿。长2.2、宽1.6、厚0.3厘米（图四三九，10；彩版三五一，6）。

M2009：919，出于棺内殓衾之上。青玉。玉质细腻，透明度好。不规则形。正面残存有部分变形侧视人面纹样。残长2.3、宽2.4、厚0.2厘米（图四三九，11、12；彩版三五一，7）。

M2009：773，出于棺内殓衾之上。青玉。玉质细腻，透明度好。不规则形，断面呈长条形。正面残存有部分原器纹样。残长1.5、宽1.9、厚0.2厘米（图四四〇，1、2；彩版三五一，8）。

M2009：851，出于棺内殓衾之上。青玉。玉质细腻，透明度好。不规则形，正面残存有部

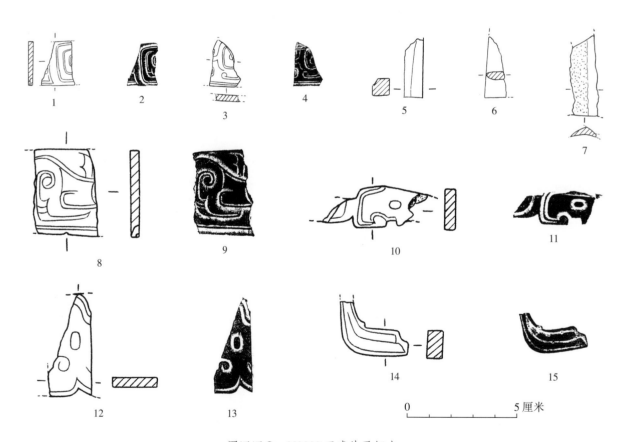

图四四〇　M2009玉残片及拓本

1.残片（M2009：773）　2.残片（M2009：773）纹样拓本　3.残片（M2009：851）　4.残片（M2009：851）纹样拓本　5.残片（M2009：778）　6.残片（M2009：808）　7.残片（M2009：828）　8.残片（M2009：938）　9.残片（M2009：938）纹样拓本　10.残片（M2009：981）　11.残片（M2009：981）纹样拓本　12.残片（M2009：767-1）　13.残片（M2009：767-1）纹样拓本　14.残片（M2009：767-2）　15.残片（M2009：767-2）纹样拓本

分原器纹样。残长 1.4、残宽 2、厚 0.25 厘米（图四四〇，3、4；彩版三五一，9）。

M2009：778，出于棺内殓衾之上。青白玉。玉质细腻，半透明。近似长条形。残长 2.4、残宽 0.5、厚 0.8 厘米（图四四〇，5；彩版三五二，1）。

M2009：808，出于棺内殓衾之上。青玉。玉质较差，不透明。近似三角形。残长 2.6、残宽 0.9、厚 0.3 厘米（图四四〇，6；彩版三五二，2）。

M2009：828，出于棺内殓衾之上。青白玉，一端有黄褐斑。玉质细腻，半透明。近似三棱形。残长 3.5、残宽 1.2、厚 0.3 厘米（图四四〇，7；彩版三五二，3）。

M2009：938，出于棺内殓衾之上。青玉。玉质细腻，半透明。正面残存有原器部分纹样。残长 2.8、宽 3.8、厚 0.2 厘米（图四四〇，8、9；彩版三五二，4）。

M2009：981，出于墓主人面部之上。青玉。玉质细腻，半透明。体不规则，正面残存有原器部分纹样。残长 4.6、宽 0.9、厚 0.2 厘米（图四四〇，10、11；彩版三五二，7）。

M2009：767-1，出于棺内殓衾之上。青玉。玉质细腻，半透明。近三角形，一角有残穿。正面残存有原器部分纹样。残长 4.5、残宽 2、厚 0.2 厘米（图四四〇，12、13；彩版三五二，5）。

M2009：767-2，出于棺内殓衾之上。青玉。玉质较细，透明度差。近似"L"形，正面残存有原器部分纹样。残长 3、宽 1.2、厚 2.66 厘米（图四四〇，14、15；彩版三五二，8）。

四 玛瑙、绿松石、孔雀石及石器

556 件。

（一）玛瑙器

1 件。

M2009：3，出于墓内椁室上部填土中。呈浅黄色，透明。作竹节形管，断面呈圆形。长 1.35、直径 1、孔径 0.45 厘米（图四四一，1；彩版三五二，6）。

（二）绿松石器

13 件。包括环和兽面形饰等。皆绿松石质，浅绿色。

1. 环

12 件。依形状的不同，可分为圆形环与椭方形环二种。

（1）圆形环

11 件。形状基本相同，大小略有差异。皆扁平圆体，断面呈长方形。依纹样可分为龙纹环与素面环二种。

① 龙纹环

6 件。皆出于内棺盖板上。出土时因受腐蚀，表面有许多小浅凹坑与麻点。正面饰变形龙纹。

M2009：181，直径 3.45、孔径 1.3、厚 0.4 厘米（图四四一，2、3；彩版三五三，1）。

M2009：184，直径 3.4、孔径 1.3、厚 0.35 厘米（图四四一，4、5；彩版三五三，2）。

M2009：186，边缘略残。纹样模糊不清。直径 3.3、孔径 1.2、厚 0.3 厘米（图四四一，6、7）。

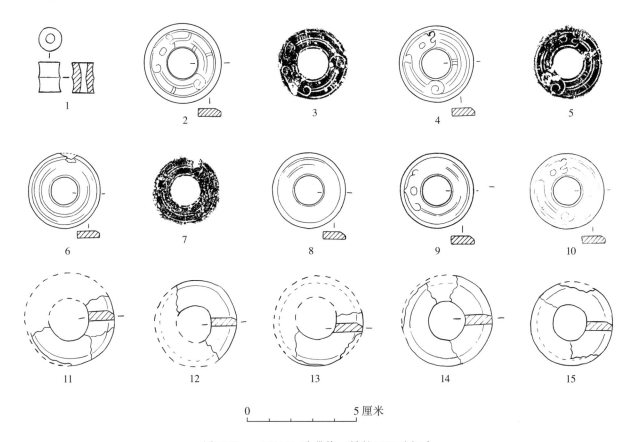

0   5厘米

图四四一　M2009玛瑙管，绿松石环及拓本

1.玛瑙管（M2009：3）　2.龙纹圆形绿松石环（M2009：181）　3.龙纹圆形绿松石环（M2009：181）纹样拓本　4.龙纹圆形绿松石环（M2009：184）　5.龙纹圆形绿松石环（M2009：184）纹样拓本　6.龙纹圆形绿松石环（M2009：186）　7.龙纹圆形绿松石环（M2009：186）纹样拓本　8.龙纹圆形绿松石环（M2009：194）　9.龙纹圆形绿松石环（M2009：195）　10.龙纹圆形绿松石环（M2009：196）　11.素面圆形绿松石环（M2009：1031-1）　12.素面圆形绿松石环（M2009：1031-2）　13.素面圆形绿松石环（M2009：1031-3）　14.素面圆形绿松石环（M2009：1029-1）　15.素面圆形绿松石环（M2009：1029-3）

彩版三五三，3）。

M2009：194，纹样模糊不清。直径3.3、孔径1.3、厚0.3厘米（图四四一，8；彩版三五三，4）。

M2009：195，纹样模糊不清。直径3.3、孔径1.3、厚0.35厘米（图四四一，9；彩版三五三，5）。

M2009：196，纹样模糊不清。直径3.4、孔径1.2、厚0.3厘米（图四四一，10；彩版三五三，6）。

②素面环

5件。皆出于墓主人腰部左、右两侧。出土时因受腐蚀而破碎严重。

M2009：1031-1，残缺近半。直径4.1、孔径1.8、厚0.4厘米（图四四一，11）。

M2009：1031-2，残缺近半。直径4、孔径1.6、厚0.4厘米（图四四一，12；彩版三五四，1）。

M2009：1031-3，仅残存原器的三分之一。直径4、孔径1.7、厚0.4厘米（图四四一，13）。

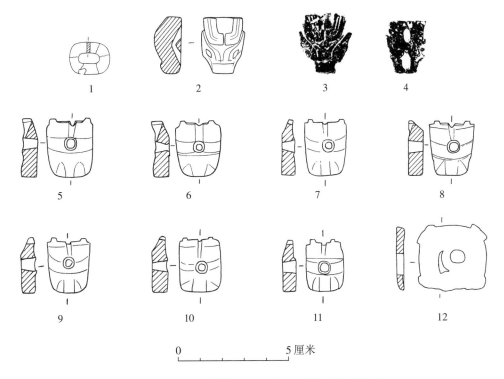

图四四二　M2009 绿松石环、饰，孔雀石饰及拓本

1. 素面椭圆形绿松石环（M2009：1029-2）　2. 兽面形绿松石饰（M2009：185）　3. 兽面形绿松石饰（M2009：185）正面纹样拓本
4. 兽面形绿松石饰（M2009：185）背面纹样拓本　5. 兽面形孔雀石饰（M2009：1-1）　6. 兽面形孔雀石饰（M2009：1-2）
7. 兽面形孔雀石饰（M2009：1-3）　8. 兽面形孔雀石饰（M2009：4-1）　9. 兽面形孔雀石饰（M2009：4-2）　10. 兽面形孔雀石
饰（M2009：4-3）　11. 兽面形孔雀石饰（M2009：4-4）　12. 方形孔雀石饰（M2009：180）

M2009：1029-1，略残，且断裂为二块。直径 4、孔径 1.6、厚 0.4 厘米（图四四一，14；彩版三五四，2）。

M2009：1029-3，残缺近半。直径 3.8、孔径 1.6、厚 0.4 厘米（图四四一，15；彩版三五四，3）。

（2）椭圆形环

1 件。

M2009：1029-2，出于墓主人腰部右侧。出土时断裂为五块，外侧略残。扁平体，断面呈长方形。长径 1.8、短径 1.5、孔长径 1、短径 0.5、厚 0.3 厘米（图四四二，1）。

2. 兽面形饰

1 件。

M2009：185，出于内棺盖板上。正面略鼓，背面平。正面饰兽面纹，双角耸立，倒八字眉，梭形眼，倒梯形鼻。背面中部有一牛鼻穿孔。长 2.5、宽 2.1、厚 1.25 厘米（图四四二，2～4；彩版三五四，4）。

（三）孔雀石器

8 件。可分为兽面形饰和方形饰二种。

1. 兽面形饰

7件。其中M2009：1-1～M2009：1-3出于墓内椁室上部填土中。M2009：4-1～M2009：4-4出于椁盖板上。石质及形状基本相同，大小稍有差异。皆孔雀石质，质密且纹理清晰。整体近长方形或近梯形。正面均饰一简易兽面形，中部有一单面钻圆穿。

M2009：1-1，豆青色，间杂有灰白色和黄褐色。近长方形。长2.6、宽2.1、厚0.6厘米（图四四二，5；彩版三五四，5）。

M2009：1-2，豆青色，间杂有灰白色和土黄色。近梯形。长2.4、上端宽2、下端宽1.5、厚0.6厘米（图四四二，6；彩版三五四，6）。

M2009：1-3，豆青色，间杂有灰白色。近梯形。长2.4、上端宽1.9、下端宽1.5、厚0.7厘米（图四四二，7；彩版三五五，1）。

M2009：4-1，浅豆青色，间杂有灰白色。近梯形。长2.4、上端宽1.9、下端宽1.5、厚0.7厘米（图四四二，8；彩版三五五，2）。

M2009：4-2，浅豆青色，间杂有灰白色。近梯形。长2.45、上端宽1.95、下端宽1.5、厚0.7厘米（图四四二，9；彩版三五五，3）。

M2009：4-3，豆青色，间杂有灰白色和浅黄褐色。近长方形。长2.5、宽1.95、厚0.8厘米（图四四二，10；彩版三五五，4）。

M2009：4-4，浅黄褐色。近长方形。长2.3、宽1.7、厚0.6厘米（图四四二，11；彩版三五五，5）。

2. 方形饰

1件。

M2009：180，出于内棺盖板上。孔雀石质，青绿色。近正方形。正面稍鼓，背面微凹。中部有一个圆形孔和一个不规则孔。长3.2、宽2.9、厚0.4厘米（图四四二，12；彩版三五五，6）。

（四）石器

534件。计有编磬、贝、匕、砺石与条形缀饰五种。

1. 编磬

16件。皆出于椁室东南角铜器上面。除M2009：310和M2009：314完整外，其他均已断裂为数块，磬身边缘或两端残损。依其形状、大小可分A、B二组，每组各八件。其中A组为实用器，B组为明器。每组编磬大小依次递减。长扁平体，作曲折形。上有折角，下为内弧边。股部略短而鼓部稍长，折角（倨句）内侧有一个圆形穿孔，即所谓倨孔。

（1）A组

8件。皆石灰岩质，质较密。青灰色，部分泛白。出土时表面腐蚀严重，多数有浅凹坑与麻点（彩版三五六）。

M2009：290，为最大者，断裂为三块。鼓博上角残缺，股端（股博）腐蚀严重。底边长46.2、股边长22、股端（股博）宽10、鼓边残长21.4、鼓端（鼓博）残宽6.6、高18、厚2.6厘米。倨度135°（图四四三，1）。

M2009：268，断裂为二块。顶部折角和鼓博上角残缺，鼓端腐蚀严重。底边长45、股边残

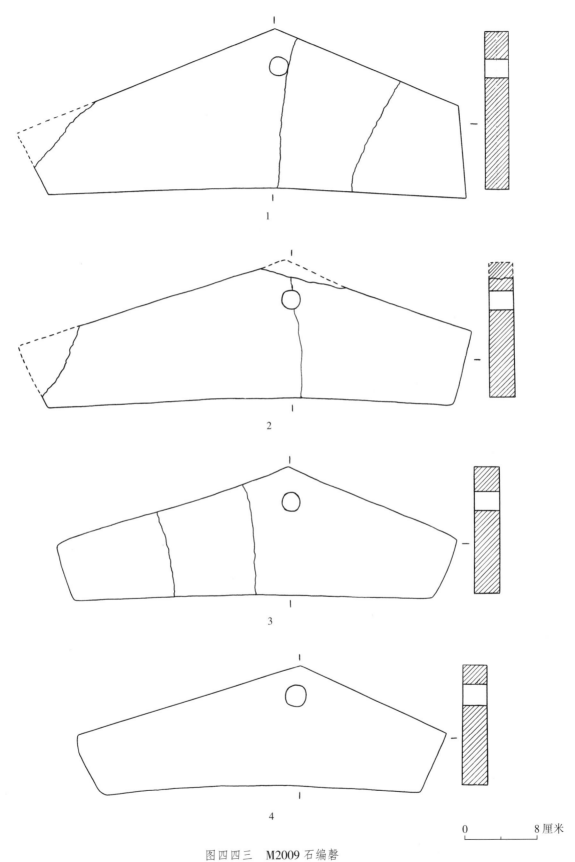

0   8厘米

图四四三　M2009 石编磬

1. M2009：290　2. M2009：268　3. M2009：278　4. M2009：304

长 15.3、股端（股博）宽 8、鼓边残长 21、鼓端（鼓博）残宽 1.4、残高 14.6、厚 2.8 厘米。倨度 139°（图四四三，2）。

M2009：278，断裂为三块。底边长 39.2、股边长 20.6、股端（股博）宽 6.8、鼓边长 26.8、鼓端（鼓博）宽 6.2、高 14.2、厚 2.8 厘米。倨度 137°（图四四三，3）。

M2009：304，底边长 35、股边长 18、股端（股博）宽 7、鼓边长 26、鼓端（鼓博）宽 6.8、高 13.9、厚 2.8 厘米。倨度 137°（图四四三，4）。

M2009：292，断裂为二块。鼓边残损，整体腐蚀严重。底边长 33、股边长 17、股端（股博）宽 7、鼓边长 24、鼓端（鼓博）宽 6、高 13.5、厚 2.8 厘米。倨度 138°（图四四四，1）。

M2009：305，断裂为二块。底边长 25.8、股边长 13、股端（股博）宽 6、鼓边长 19.2、鼓端（鼓博）宽 6.4、高 10、厚 2.4 厘米。倨度 144°（图四四四，2）。

M2009：273，断裂为三块。鼓端（鼓博）和底边残损，整体腐蚀严重。底边残长 21.2、股边长 13.6、股端（股博）宽 6、鼓边残长 18.4、鼓端（鼓博）残宽 4.6、高 9.8、厚 2.1 厘米。倨度 141°（图四四四，3）。

M2009：310，底边长 19、股边长 10、股端（股博）宽 6.8、鼓边长 15、鼓端（鼓博）宽 6、高 8.4、厚 2.2 厘米。倨度 150°（图四四四，4）。

（2）B 组（明器）

8 件。皆石灰岩质，质较疏松。青灰色，部分泛白。出土时表面腐蚀严重，多数有浅凹坑与麻点，触之或有粉末状物（彩版三五七）。

M2009：269，顶部折角和鼓博上角残缺。底边长 28、股边残长 12.4、股端（股博）宽 6、鼓边残长 15.8、鼓端（鼓博）宽 6.4、高 10、厚 1 厘米。倨度 152°（图四四五，1）。

M2009：270，断裂为二块，鼓端（鼓博）和股端（股博）残缺。底边残长 21.2、股边残长 11、股端（股博）宽 5.2、鼓边残长 14、鼓端（鼓博）宽 5.4、高 10、厚 0.9 厘米。倨度 147°（图四四五，2）。

M2009：271，断裂为二块，股端（股博）残缺。底边残长 22、股边残长 9、股端（股博）宽 5.4、鼓边长 17、鼓端（鼓博）宽 4.6、高 8.4、厚 1.2 厘米。倨度 146°（图四四五，3）。

M2009：272，鼓端中上部和股端（股博）残缺。底边残长 19.6、股边残长 6、股端（股博）宽 6、鼓边残长 17.8、鼓端（鼓博）宽 5、高 8.4、厚 1 厘米。倨度 143°（图四四五，4）。

M2009：275，顶部折角、鼓端（鼓博）及股端（股博）上角残损。底边残长 18.2、股边残长 5.8、股端（股博）宽 4、鼓边残长 7、鼓端（鼓博）宽 4.6、高 7、厚 1 厘米。倨度 148°（图四四六，1）。

M2009：277，断裂为三块，顶部折角、鼓端（鼓博）及股端（股博）残坏。底边残长 19、股边残长 5.8、股端（股博）宽 3.5、鼓边残长 6.8、鼓端（鼓博）宽 4.4、高 6.2、厚 1 厘米。倨度 154°（图四四六，2）。

M2009：274，顶部折角和鼓端残缺。底边残长 15.8、股边残长 7.4、股端（股博）宽 4、鼓边残长仅 1.6、高 6.2、厚 1 厘米。倨度 140°（图四四六，3）。

M2009：276，底边长 14.8、股边长 7、股端（股博）宽 2.6、鼓边长 9.2、鼓端（鼓博）宽 1.8、高 4.4、厚 0.8 厘米。倨度 143°（图四四六，4）。

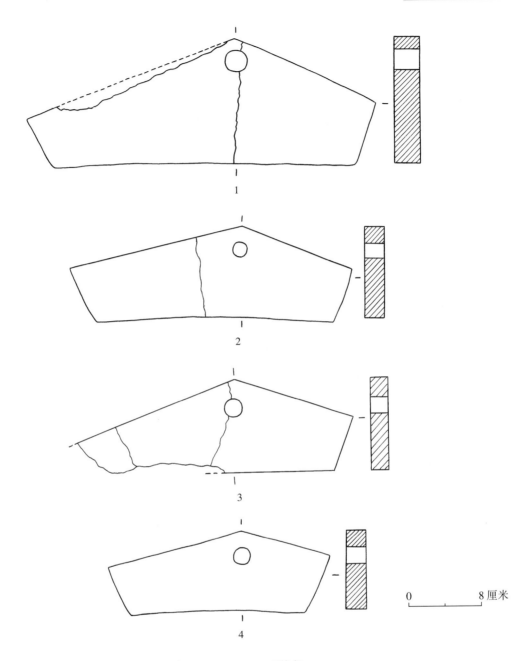

0　　　　　　8厘米

图四四四　M2009 石编磬

1. M2009：292　2. M2009：305　3. M2009：273　4. M2009：310

2. 贝

477 件。与铜铃、铜鱼、陶珠一起出于棺罩附近及棺外椁内。原本皆为棺罩上的缀饰，因棺木腐朽坍塌而散落。形制相似，大小略有差异。正面鼓起，上端有尖，下端呈弧状。背面为平面，中部纵向刻一道浅槽。近上端有一圆形穿孔，

标本 M2009：6-1，较宽大。青灰色。长 2.8、宽 2.1、厚 1 厘米（图四四七，1；彩版三五八，1）。

标本 M2009：6-2，较瘦长。青灰色。长 2.9、宽 1.9、厚 1 厘米（图四四七，2；彩版三五八，1）。

标本 M2009：6-3，较小。青灰色。长 2.35、宽 1.7、厚 0.8 厘米（图四四七，3；彩版三五八，1）。

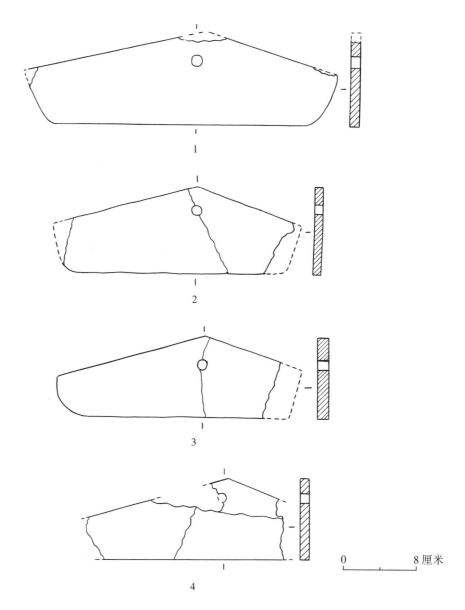

图四四五　M2009 石编磬（明器）

1. M2009：269　2. M2009：270　3. M2009：271　4. M2009：272

标本 M2009：6-4，较宽大。白色。长 2.6、宽 2.1、厚 1 厘米（图四四七，4；彩版三五八，1）。

标本 M2009：6-5，较瘦长。白色。长 2.7、宽 1.85、厚 0.9 厘米（图四四七，5；彩版三五八，1）。

标本 M2009：6-6，较瘦小。白色。长 2.4、宽 1.7、厚 0.8 厘米（图四四七，6；彩版三五八，1）。

标本 M2009：6-7，最小。白色。残长 2、宽 1.5、厚 0.7 厘米（图四四七，7；彩版三五八，1）。

3. 匕

1 件。

M2009：202，出于内棺盖板上。石灰岩质，较疏松。出土时因腐蚀严重，两侧边略有残损。体呈扁长条状。上端较厚，下端较薄，且有钝刃。长 15、宽 2.3、厚 0.8 厘米（图四四七，8；彩版三五八，2）。

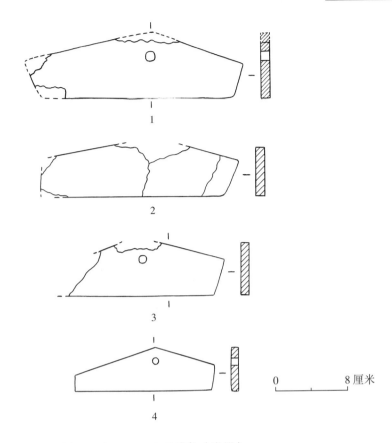

图四四六　M2009 石编磬（明器）

1. M2009：275　2. M2009：277　3. M2009：274　4. M2009：276

4. 砺石

2 件。出于棺椁之间东侧中部 M2009：604 麻制衣物之下，均呈扁长条形。

M2009：1059-1，深褐色。近长方体，上端稍窄，末端略宽。上端有一圆孔，断面呈长方形。长 8.3、上端宽 1.4、末端宽 1.6、厚 0.5 厘米（图四四七，9；彩版三五八，3）。

M2009：1059-2，上端因腐蚀残损严重。器表面有部分铜器的绿锈。上窄下宽，断面呈长方形。上端有一残圆孔。残长 6.1、末端宽 1.6、厚 0.5 厘米（图四四七，10；彩版三五八，4）。

5. 条形缀饰

2 组，38 件（有一些因腐朽过甚而无法统计）。出于外棺盖板上，和玉匕或玉柄形器伴出。每组由若干件条形石片按一定顺序整齐地排列，推测原是布帛上的缀饰。每件石片形制、大小基本相同，由质地疏松的白石块制成。呈扁薄的细长条形，表面腐蚀严重。

M2009：122-1 ～ M2009：122-23，灰黄色。由 23 枚条形石片大致排列成三行。石片的宽度与厚度基本相同，分别为 0.7 与 0.2 厘米左右；长度则不尽一致，为 6.5 ～ 1.1 厘米（图四四八，1；彩版三五九，1）。

标本 M2009：122-12，最长。长 4.2、宽 0.7、厚 0.2 厘米（图四四八，2）。

标本 M2009：122-5，较长。长 3.2、宽 0.6、厚 0.2 厘米（图四四八，3）。

标本 M2009：122-2，较长。长 2.6、宽 0.7、厚 0.2 厘米（图四四八，4）。

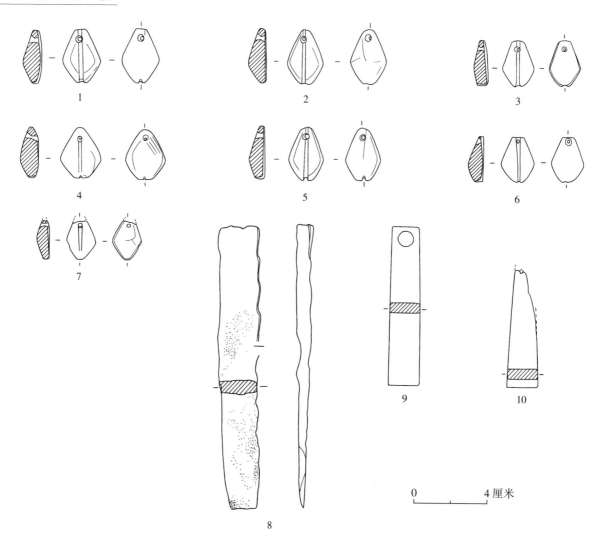

图四四七　M2009 石贝、匕，砺石

1. 石贝（M2009：6-1）　2. 石贝（M2009：6-2）　3. 石贝（M2009：6-3）　4. 石贝（M2009：6-4）　5. 石贝（M2009：6-5）
6. 石贝（M2009：6-6）　7. 石贝（M2009：6-7）　8. 石匕（M2009：202）　9. 砺石（M2009：1059-1）　10. 砺石（M2009：1059-2）

　　标本 M2009：122-7，最短。长 1.1、宽 0.7、厚 0.2 厘米（图四四八，5）。

　　M2009：131-1 ～ M2009：131-15，15 件。灰白色。均腐蚀严重。由 15 件条形石片大致排列成三行（图四四九，1；彩版三五九，2）。大部分表面刻二道或三道相平行的细横线或竖线。石片的宽度与厚度基本相同，分别为 0.6 与 0.2 厘米左右；长度则不尽一致，为 1.4 ～ 2.7 厘米。

　　标本 M2009：131-2，正面刻三道细横线。右侧中部有方形小豁口，左上角和右下角有小缺。长 2.7、宽 1、厚 0.3 厘米（图四四九，2）。

　　标本 M2009：131-4，两端残。正面刻二道竖线。残长 1.5、宽 0.6、厚 0.25 厘米（图四四九，3）。

　　标本 M2009：131-6，一端残。正面刻三道横线。长 2.2、宽 0.6、厚 0.2 厘米（图四四九，4）。

　　标本 M2009：131-8，素面。长 2.4、宽 0.5、厚 0.2 厘米（图四四九，5）。

　　标本 M2009：131-11，正面刻二道细横线。长 2.5、宽 0.6、厚 0.3 厘米（图四四九，6）。

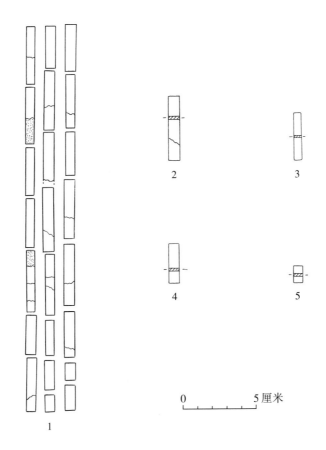

图四四八 M2009 条形石缀饰

1. M2009：122-1 ~ M2009：122-23 2. M2009：122-12 3. M2009：122-5 4. M2009：122-2 5. M2009：122-7

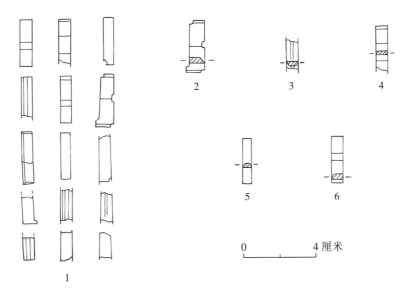

图四四九 M2009 条形石缀饰

1. M2009：131-1 ~ M2009：131-15 2. M2009：131-2 3. M2009：131-4 4. M2009：131-6 5. M2009：131-8
6. M2009：131-11

五　陶器

473件（颗）。可分为锥足鬲、高领罐和珠三种。

（一）锥足鬲

1件。

M2009：558，出于椁室西南角。口沿略残。夹砂灰褐陶。器体横宽，侈口，方唇，宽斜折沿，短束颈，鼓腹，断面作椭三角形，联裆，锥足内空。通体饰粗绳纹。高17、口径16.6、腹深12.6厘米（图四五〇，1、2；彩版三六〇）。

（二）高领罐

1件。

M2009：561，出于椁室西南角。口沿略残。泥质灰陶。敞口，圆唇，沿的周边起一周凸棱，高领，

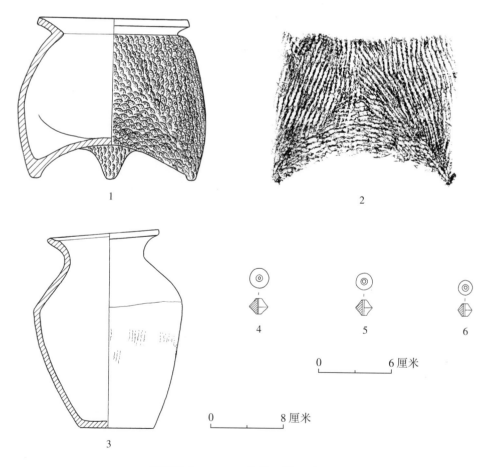

图四五〇　M2009 陶鬲、罐、珠

1.锥足鬲（M2009：558）　2.锥足鬲（M2009：558）纹样拓本　3.高领罐（M2009：561）　4.珠（M2009：8-1）
5.珠（M2009：8-2）　6.珠（M2009：8-3）

溜肩，腹壁呈微弧形略下收，平底。腹部饰经手抹的细绳纹。高 21、口径 12.4、腹径 16.4、底径 8 厘米（图四五〇，3；彩版三六一）。

（三）珠

471 颗。出土时多数位于棺罩附近，有些已散落于外棺与椁之间，为饰棺之用。皆为泥质灰黑陶。整体呈菱形。两端较尖，中部有凸起尖锐的外轮，中间有一细孔。断面为圆形。可分为大、中、小三种。

标本 M2009 ：8-1，大号珠。长 1.2、外轮直径 1.5 厘米（图四五〇，4；彩版三六二，1）。

标本 M2009 ：8-2，中号珠。长 1.1、外轮直径 1.4 厘米（图四五〇，5；彩版三六二，1）。

标本 M2009 ：8-3，小号珠。长 1、外轮直径 1.2 厘米（图四五〇，6；彩版三六二，1）。

六　骨器，象牙残器、皮甲、蚌饰，蛤蜊壳

124 件。大多数器物在出土时内外皆呈青绿色。

（一）骨器

43 件。计有棺钉、管状帽、小腰、管、锥形饰和残器六种。

1. 棺钉

7 枚。呈四棱锥体，断面呈长方形。分为大、中、小三种。

标本 M2009 ：7-111，为大号钉。长 3、末端长 0.7、宽 0.45 厘米（图四五一，1；彩版三六二，2）。

标本 M2009 ：7-112，为中号钉。长 2.8、末端长 0.5、宽 0.4 厘米（图四五一，2；彩版三六二，2）。

标本 M2009 ：7-113，为小号钉。长 2.1、末端长 0.5、宽 0.3 厘米（图四五一，3；彩版三六二，2）。

2. 管状帽

2 件。皆出于椁室东侧 M2009 ：604 之下。其中一件下部残坏。形状、大小相同。呈青绿色。外形似菌状，上端是圆形帽，下部为中空的圆形销体。

标本 M2009 ：1063-1，高 3.3、帽外径 2.2、销体外径 1.6、孔径 1.1 厘米（图四五一，4；彩版三六二，3）。

3. 小腰

31 件。皆出于椁室东中部。中段为细圆柱形，两端稍粗，或呈竹节状，或呈圆柱状。呈竹节状者计 13 件，呈圆柱状者 18 件。均各大小有别。

标本 M2009 ：587-1，两端呈竹节状。形体较粗大。长 3.8、中段直径 0.8 厘米（图四五一，5；彩版三六三，1）。

标本 M2009 ：587-2，两端呈竹节状。形体较粗大。长 3.9、中段直径 0.8 厘米（图四五一，6）。

标本 M2009 ：587-3，两端呈竹节状。形体较细长。长 3.7、中段直径 0.7 厘米（图四五一，7；

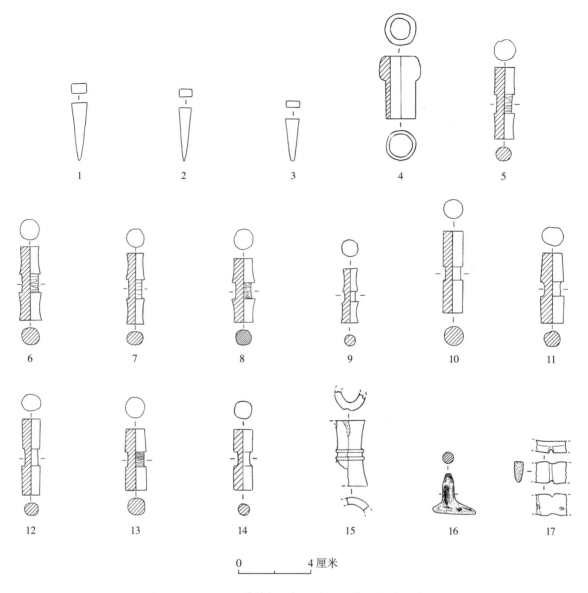

0   4厘米

图四五一　M2009 骨棺钉、帽、小腰、管、饰件、残器

1. 棺钉（M2009：7-111）　2. 棺钉（M2009：7-112）　3. 棺钉（M2009：7-113）　4. 管状帽（M2009：1063-1）　5. 小腰
（M2009：587-1）　6. 小腰（M2009：587-2）　7. 小腰（M2009：587-3）　8. 小腰（M2009：587-4）　9. 小腰（M2009：587-5）
10. 小腰（M2009：434）　11. 小腰（M2009：587-14）　12. 小腰（M2009：587-15）　13. 小腰（M2009：587-16）　14. 小腰
（M2009：587-17）　15. 管（M2009：1063-3）　16. 锥形饰（M2009：909）　17. 残器（M2009：984）

彩版三六三，1）。

标本 M2009：587-4，两端呈竹节状。形体较粗短。长 3.3、中段直径 0.8 厘米（图四五一，8；
彩版三六三，1）。

标本 M2009：587-5，两端呈竹节状。形体最小。长 2.8、中段直径 0.6 厘米（图四五一，9；
彩版三六三，1）。

标本 M2009：434，两端呈圆柱状。形体最长。长 4.3、中段直径 0.8 厘米（图四五一，10；
彩版三六三，1）。

标本 M2009：587-14，两端呈圆柱状。形体较粗大。长 3.7、中段直径 0.8 厘米（图四五一，11；彩版三六三，2）。

标本 M2009：587-15，两端呈圆柱状。形体较细长。长 4、中段直径 0.7 厘米（图四五一，12；彩版三六三，2）。

标本 M2009：587-16，两端呈圆柱状。形体较粗短。长 3.25、中段直径 0.9 厘米（图四五一，13；彩版三六三，2）。

标本 M2009：587-17，两端呈圆柱状。形体较细小。长 3.2、中段直径 0.6 厘米（图四五一，14；彩版三六三，2）。

4. 管

1 件。

M2009：1063-3，出于椁室东部。出土时残缺大半。短圆管，束腰，两端粗细相同。中部饰二周凸弦纹。长 3.6、外径 1.5 厘米（图四五一，15；彩版三六二，4）。

5. 锥形饰

1 件。

M2009：909，出于棺内殓衾之上。黄褐色。整体似圆锥形。长 2.1 厘米（图四五一，16；彩版三六二，5）。

6. 残器

1 件。

M2009：984，出于墓主人面部之上。出土时两端残损。黄褐色。正面略鼓，背面微凹。正面中部有一窄槽，两端各有一斜穿。残长 1.6、宽 1.1 厘米（图四五一，17；彩版三六二，6）。

（二）象牙残器、皮甲、蚌饰

21 件。计有象牙残器、皮甲与蚌饰三种。

1. 象牙残器

3 件。分别出于椁室东南角和西南角。因残碎严重，形状不明。其中 M2009：632-2 的象牙器残块，留有部分图案纹样。

2. 皮甲

2 件。出于椁室西侧中部。每两片为一件。由于皮甲腐蚀严重，无法全部采集。仅提取了部分样品。

M2009：1070-1，为皮甲残片。呈深褐色，周边残甚。残长 13.5、宽 6.2 厘米（图四五二，1；彩版三六四，1）。

M2009：1070-2，为皮甲残片。呈深褐色。残长 8、残宽 5 厘米（图四五二，2）。

3. 蚌饰

16 件。计有圆形蚌饰、方形蚌饰和长方形蚌饰三种。前二种出于椁室东侧中部，后一种出于椁室东南角。

（1）圆形蚌饰

14 件。用白色蚌壳加工制成。除少数保存完整外，多数腐朽严重，往往成层剥落或粉末化。

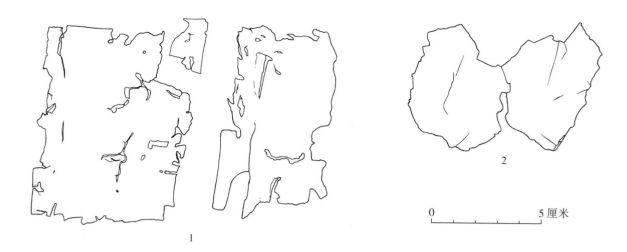

图四五二 M2009 皮甲残片
1. M2009：1070-1 2. M2009：1070-2

形状基本相同，大小不一。皆作扁圆形，正面上鼓，背面平。中心或有穿孔，或无穿孔。其中有穿孔者十三件，无穿孔者仅一件。

标本 M2009：603-1，形体较大，中心有一个单面钻圆穿。直径2.7、厚0.3厘米（图四五三，1；彩版三六四，2）。

标本 M2009：603-3，略残。形体较大，中心无穿孔。直径2.4、厚0.7厘米（图四五三，2；彩版三六四，3）。

标本 M2009：603-4，形体较小，中心有一个单面钻圆穿。因受铜锈沁蚀，已染成淡绿色。直径2.2、厚0.65厘米（图四五三，3；彩版三六五，1）。

（2）方形蚌饰

1件。

M2009：603-15，一角略残。方形，中部稍厚，四周较薄。边长2、最厚处0.65厘米（图四五三，4；彩版三六五，2）。

（3）长方形蚌饰

1件。

M2009：739，一角略残。呈长方形，正面有五道竖向浅凹槽，背面平。长4.8、宽3.7、厚0.4厘米（图四五三，5、6；彩版三六五，3）。

（三）蛤蜊壳

60件。皆出于椁室东侧。多数因受铜锈沁蚀，已染成淡绿色。形状相似，大小不一。皆扇形，蒂部磨有小圆孔，可系穿。

标本 M2009：592-1，形体较大。长3.95、宽3.45厘米（图四五三，7；彩版三六五，4）。

标本 M2009：592-2，形体较大。长3.7、宽2.9厘米（图四五三，8；彩版三六五，5）。

标本 M2009：592-3，形体较小。长2.75、宽2.3厘米（图四五三，9；彩版三六五，6）。

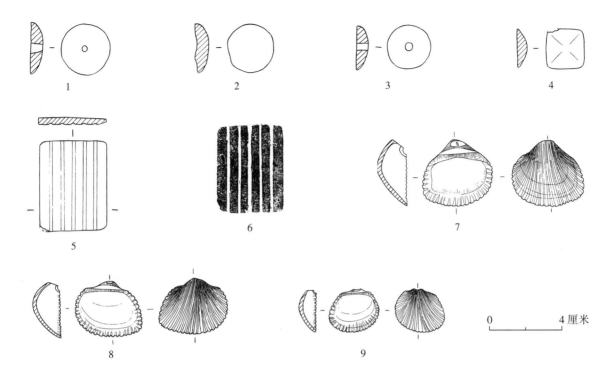

图四五三　M2009 蚌饰，蛤蜊壳及拓本

1. 圆形蚌饰（M2009：603-1）　2. 圆形蚌饰（M2009：603-3）　3. 圆形蚌饰（M2009：603-4）　4. 方形蚌饰（M2009：603-15）
5. 长方形蚌饰（M2009：739）　6. 长方形蚌饰（M2009：739）纹样拓本　7. 蛤蜊壳（M2009：592-1）　8. 蛤蜊壳（M2009：592-2）
9. 蛤蜊壳（M2009：592-3）

七　木器，苇、竹、麻与织物遗迹，枣刺

73件。

（一）木器

50件（不包括残存于铁工具与兵器中的残木质构件）。大多数已腐朽不存，少数尚存局部。计有簋、弓、镳、小腰、长方盒、条形木饰、椎形木器、彩绘残木器、木车轭和木构件十种。

1. 簋

1件。

M2009：1045，出于椁室东侧M2009：604麻制衣物之下。盖顶握手与耳部残缺，圈足略残。盖与器浑为一体，鼓腹，矮圈足，实心腔体。通高6、腹径7.3厘米（图四五四，1；彩版三六六，1）。

2. 弓

3件。腐朽残损严重。

M2009：637，出于椁室东南部。出土时仅剩四截残段。略呈弧形，中间宽扁，断面呈椭圆形；两端细圆，断面呈圆形。表面髹黑漆绘红彩。残长42.3、中部断面1.8厘米×1.2厘米（图四五四，2；彩版三六六，2）。

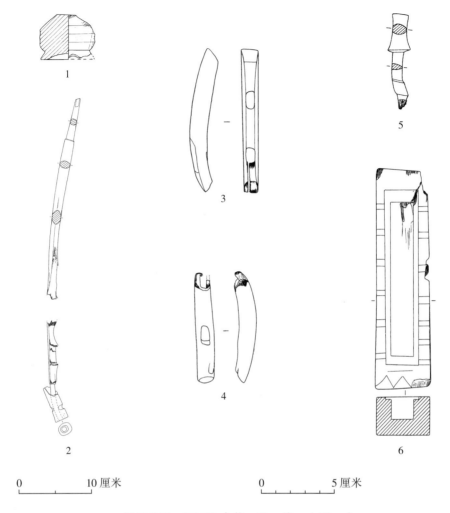

图四五四　M2009 木篷、弓、镳、小腰、盒

1.篷（M2009：1045）　2.弓（M2009：637）　3.镳（M2009：1061-1）　4.镳（M2009：1058-1）
5.小腰（M2009：92）　6.长方形盒（M2009：661）

M2009：449-1，出于椁室西侧中部。出土时仅剩一段，为表面髹黑漆绘红彩的圆木棒。弓一端较粗，另一端较细，断面呈椭圆形。残长 18、最粗处径 1.2 厘米 ×1 厘米。

M2009：449-2，出于椁室西北部。出土时仅剩四截残段。弓一端宽扁，断面呈椭圆形；一端细圆，断面呈圆形。表面髹黑漆绘红彩。残长 45、中部断面 3 厘米 ×1 厘米（彩版三六六，4）。

3.镳

4 件。可配成二副。出于椁室东侧 M2009：604 麻制衣物下，与铜车马器堆在一起。除一件基本完整外，其余均已残坏。皆由弯曲的木条制成。两端为斜面，一端稍粗，另一端略细。断面近长方形。器身中部有二个长方形穿孔。

标本 M2009：1061-1，一端略残。长 9.4、断面长 1.2、宽 1 厘米（图四五四，3；彩版三六六，3）。

标本 M2009：1058-1，一端残缺。残长 7.4、断面长 1.2、宽 1.1 厘米（图四五四，4；彩版三六七，1）。

4. 小腰

1件。

M2009：92，出于外棺盖板上。一端残损。整体呈竹节状，中段为细圆柱形，两端稍粗。残长 6.3、中段直径 0.5 厘米（图四五四，5；彩版三六七，2）。

5. 长方形盒

1件。

M2009：661，出于椁室南部。一端略残。整体呈长方形，正面刻有长方形深凹槽。槽口两边分别刻有六组和七组平行的细线纹。长 14.5、宽 3.6、高 2.5 厘米，槽长 11.5、宽 1.5、深 1.5 厘米（图四五四，6；彩版三六七，3）。

6. 条形片饰

13件。皆出于外棺盖板上。可分为长方形片饰和梯形片饰二种。

（1）长方形片饰

1件。

M2009：86，保存较为完整，局部略残。器呈长方形，上端有一方形榫，下端有一长方形豁口。通长 9、宽 2.6、厚 0.3 厘米（图四五五，1；彩版三六七，4）。

（2）梯形片饰

12件。形状基本相同，长短、宽窄不等。均呈扁梯形，上宽下窄，较窄的一端有一长方形豁口。表面髹黑漆或红彩。其中六件保存较为完好，另六件腐朽严重。

标本 M2009：105，体形较长。长 14.1、上宽 3.7、下宽 2.9、厚 0.4 厘米（图四五五，2；彩版三六八，1）。

标本 M2009：114，体形较长，表面髹黑漆和红彩。长 11.7、上宽 2.8、下宽 2.2、厚 0.4 厘米（图四五五，3；彩版三六八，2）。

标本 M2009：140-1，体形较短，外包三层麻布。长 9、上宽 3.5、下宽 2.9、厚 0.4 厘米（图

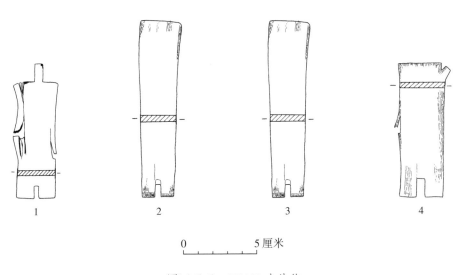

图四五五　M2009 木片饰

1. 长方形片饰（M2009：86）　2. 梯形片饰（M2009：105）　3. 梯形片饰（M2009：114）　4. 梯形片饰（M2009：140-1）

四五五，4；彩版三六八，3）。

7. 椎形饰

15 件。皆出于外棺盖板上。形状基本相同，长短、粗细不一。整体近似圆锥状。上粗下细，较细的一端有一短长方形榫。表面髹黑漆。其中二件保存完整，其余的或变形，或残损。

标本 M2009：121-1，为最长者。长 25 厘米（图四五六，1；彩版三六九，1）。

标本 M2009：77，较长。因变形稍弯曲。长 19 厘米（图四五六，2；彩版三六九，2）。

标本 M2009：121-2，较长。细端略残，因变形稍弯曲。残长 19.8 厘米（图四五六，3；彩版三六九，3）。

标本 M2009：121-3，为最短者。断裂三截，因变形呈弧形。长 14.5 厘米（图四五六，4；彩版三六九，4）。

8. 彩绘残器

3 件。出于椁室西北部。表面皆绘有红色与白色纹样。

M2009：461-1，断裂为四块。近长方形。残长 13、宽 5.8、厚 1.5 厘米（图四五七，1；彩版三七〇，1）。

M2009：461-2，长方形。因变形稍弯曲。长 8.8、宽 2.6、厚 1.4 厘米（彩版三七〇，2）。

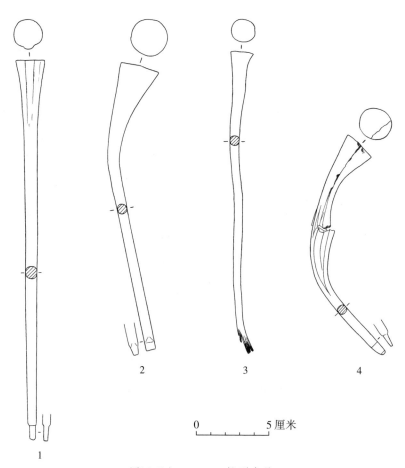

0   5 厘米

图四五六　M2009 椎形木饰

1. M2009：121-1　2. M2009：77　3. M2009：121-2　4. M2009：121-3

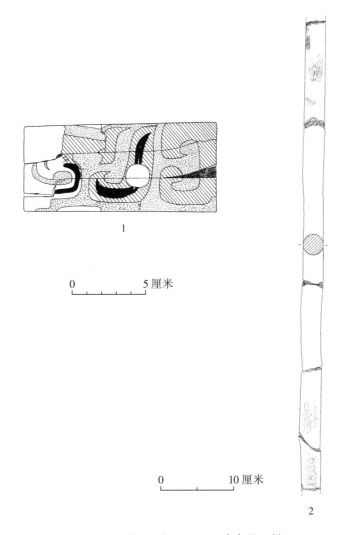

图四五七　M2009 残木器、棍

1. 彩绘残器（M2009：461-1）　2. 棍（M2009：462-1）

M2009：461-3，残甚。形状不明。

9. 轭构件

4件。皆为人字形木胎，出土时因腐朽严重均残甚。

10. 构件

5件。主要是指铜木结构的兵器与工具的柄部等。出土时大部分已经腐朽，有的尚残留木屑或木质腐朽痕迹，如戈柲等。有的因插在铜质的矛、斧、锛、钻、凿等的銎内而得以保存一小部分。这些木头皆呈深褐色，已脱水收缩。其中有一组五根平行放置且断为数截的圆木棍，从出土位置看，应为铜矛的木柄。在这五根圆木棍中，有一根最长并断为五截。

标本 M2009：462-1，残长 62.2、直径 2.7 厘米（图四五七，2）。

（二）苇、竹、麻与织物遗迹

22件。有箭矢苇杆、竹编残器、麻织品和殓衣衾四种。其中箭矢苇杆和殓衣衾均腐朽严重，仅存有遗迹，故数据未作统计。

1. 箭矢苇杆

多用作箭杆。如 M2009 ：579、M2009 ：244、M2009 ：638 等，部分仍保存较好。

2. 竹编器

13 件。出土时因腐朽过甚均已残坏。可分为帽、篮、圈、席残片和残竹编器五种。

（1）帽

4 件。出于椁室东侧中部。均残坏，仅能看出帽顶部和边部残片。形状基本相同。以稍宽的扁竹条为骨、以帽顶为中心呈放射状向四周散开，用细竹条盘旋编织而成。

标本 M2009 ：598-1，帽顶直径 14 厘米。

（2）篮

2 件。出于外棺盖板上。均残坏。其中一件保存相对较好。

标本 M2009 ：71-1，因积压成扁平状。整体呈倒圆台状，以稍宽的扁竹条为骨、以篮底为中心呈放射状向四周散开，用细竹条盘旋编织而成。残高 23.8、宽 25.6 厘米（图四五八；彩版三七一，1）。

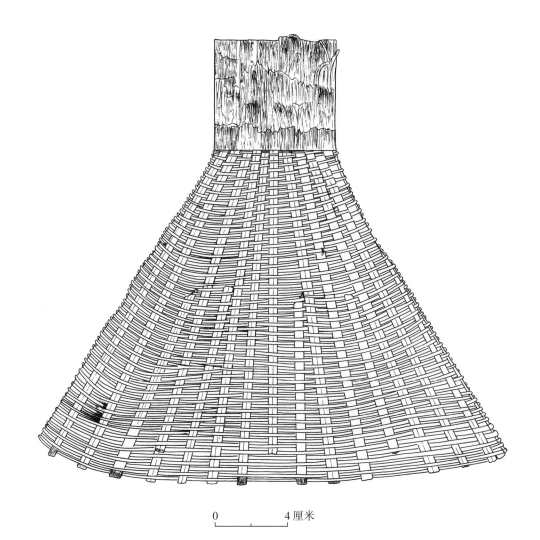

0   4 厘米

图四五八　M2009 竹篮（M2009 ：71-1）

（3）圈

4件。形状相同。皆呈近"n"字形的扁竹条。

标本 M2009：25-1，长 13、宽 11 厘米。

（4）席残片

2件。出于外棺盖板上。皆为人字形编织法编织而成。

M2009：26-1，残存范围约 28 厘米 ×28 厘米（图四五九；彩版三七一，2）。

M2009：26-2，残存范围约 48 厘米 ×27 厘米（彩版三七一，3）。

（5）残编器

1件。出于外棺盖板上。

M2009：26-3，为十字形编织法编织而成。残存范围约 15 厘米 ×8.5 厘米（图四六〇，1；彩版三七一，4）。

3. 麻织品

9件。可分为短裤、短褂、布与残麻绳四种。

（1）短裤

1件。

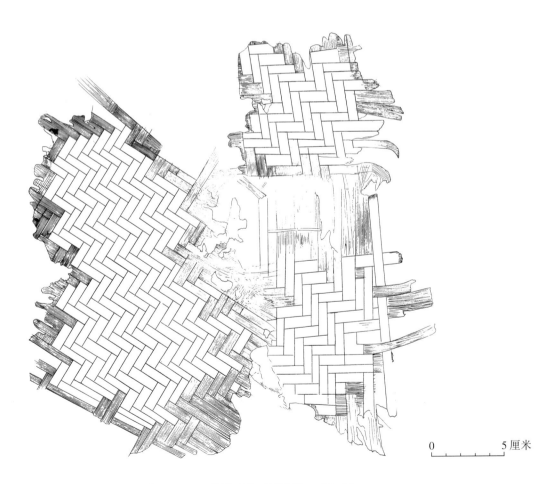

0　　　　　　　　5厘米

图四五九　M2009 竹席残片（M2009：26-1）

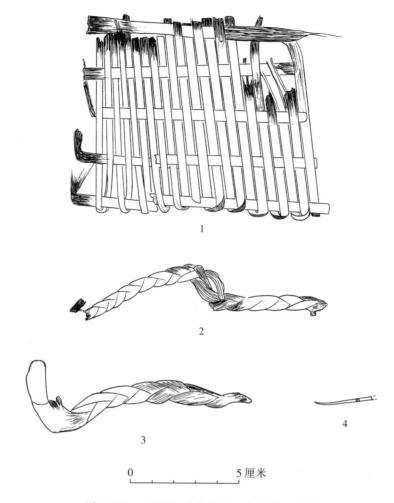

图四六〇　M2009残竹编器，残麻绳，枣刺

1.残竹编器（M2009：26-3）　2.残麻绳（M2009：53-2）　3.残麻绳（M2009：53-1）　4.枣刺（M2009：1073）

M2009：604-1，出于椁室东侧中部。出土时上部的裤腰部分已残损。裆部相连，裤腿平齐。由两层内、外不同颜色的麻布做成，外层为土黄色的粗麻布，每平方厘米经线与纬线均12根；内层为棕褐色的较细麻布，每平方厘米经线与纬线均14根。残长76、上宽81、下宽130厘米（彩版三七二，1、2）。

（2）短褂

1件。

M2009：604-2，出于椁室东侧中部。出土时除右侧外部的前襟保存较好外，其余部分残破为数十片。由两层内、外不同颜色的麻布做成，外层为土黄色的粗麻布，每平方厘米经线与纬线均11根；内层为浅黄褐色的细麻布，每平方厘米经线与纬线均16根。右侧外部的前襟长70、残宽40厘米；内层细麻布最大残片残长46、宽40厘米（彩版三七二，3）。

（3）布

1件。

M2009：604-3，出于椁室东侧中部。破裂为数片。呈土黄色。因破裂严重，已不知其原来形状和用途。麻布的经线与纬线均匀，织成密度较大。每平方厘米经线与纬线均 16 根。

此外，在少数铜鱼上尚粘有一些麻布痕迹。

（4）残麻绳

6 段。出于外棺盖板上。形状相同，长短、粗细不一。均为三股编织而成，像圆形或扁平状的发辫。

标本 M2009 ∶53-1，较粗短。残长 10.4、宽 1、厚 0.5 厘米（图四六〇，3；彩版三七一，5）。

标本 M2009 ∶53-2，较细长。残长 11.8、直径 0.7 厘米（图四六〇，2；彩版三七一，5）。

4. 棺衣与殓衣衾遗迹

在外棺盖与内棺盖上均覆盖有棺衣，仅有遗迹。尤其是棺内墓主人周身铺垫和覆盖有数十层红色或黄色殓衣衾物遗迹，残迹厚度近 11 厘米。另外，在内、外棺之间的东侧中部和东北部各填塞一团红色丝织物遗迹。

（三）枣刺

1 枚。

M2009 ∶1073，出于椁室东侧 M2009 ∶604 麻制衣物之下。末端略残。一头粗一头细，尖锐。残长 2.5 厘米（图四六〇，4；彩版三七一，6）。

第三节　小结

一　墓主

M2009 共出土铜礼乐器 171 件（含编钟钩 5 件），其中 75 件为实用器。在实用器中有 56 件铸有铭文，得铭文凡 77 篇，均言明作器人为虢仲。由此可知，本墓的墓主应为虢仲无疑。

二　墓主身份

本墓出土青铜器共计 2315 件。就实用器而言，其主要器种铜礼乐器的基本组合为：十二鼎、六簋、十一簋、八甬钟、八钮钟，盨、匜各四，甫、方壶、圆壶、盘、盉、爵各二，钲、方瓿、方彝、方尊、圆尊各一，另有编钟钩 5 件。依其组合虽明显高于本墓地已发掘的虢太子墓 M1052[1] 和 M2011[2] 以及山西天马—曲村北赵晋侯墓地的 M8、M64、M93 等晋侯墓[3] 所出，与本墓地已发

[1] 中国科学院考古研究所：《上村岭虢国墓地》，科学出版社，1959 年。

[2] 河南省文物考古研究所、三门峡市文物工作队：《三门峡虢国墓》（第一卷），文物出版社，1999 年。

[3] 北京大学考古学系等：《1992 年春天马—曲村遗址墓葬发掘简报》，《文物》1993 年 3 期。北京大学考古学系等：《天马—曲村遗址北赵晋侯墓地第二次发掘》，《文物》1994 年 1 期。山西省文物考古研究所等：《天马—曲村遗址北赵晋侯墓地第四次发掘》，《文物》1994 年 8 期。北京大学考古学系等：《天马—曲村北赵晋侯墓地第五次发掘》，《文物》1995 年 7 期。

掘的 M2001 虢季墓[1] 所出基本一致。

M2009 出土了有铭铜鼎 12 件，虽非同时同模之作，但也是有铭铜鼎。文献及先贤们均提到过陪葬十二件鼎之说，陪葬十二件鼎这种丧葬现象值得高度关注和研究。

M2009 出土玉器 1050 件（颗），且多件玉器上写有墨书或刻有铭文。而本墓地的虢太子墓 M1052 仅出土玉玦 2 件，项饰 1 组，口琀玉若干；虢太子墓 M2011 则出土有琮、璧、戈等玉礼器 4 件，项饰 1 组，玉腕形饰 2 组，玉玦 4 件，玉佩饰 24 件，手握玉和口琀玉 12 件。很明显，M2009 所出玉器的数量是这两座太子墓所无法相比的。M2009 所出玉器与 M2001 虢季墓及山西各晋侯墓所出相比，虽数量相差不多，但种类和做工则远远高于后者。

M2009 出土的玉器不仅数量多，而且制作多数精良、造型优美。其中尤为值得注意的问题如下：

1. 玉料的来源极其广泛。几乎涉及中国境内全区域的所有玉料。

2. 尤为重要的是：前朝旧玉是周人制玉用料的重要来源之一。M2009 所出玉器中有许多即是以前朝旧玉作为玉料而制作的。

3. 也有少部分原器的造型纹样极好或极为特殊。到了周人之手后，部分作了改动从而成为新器。因此，M2009 出土玉器的制作年代较为复杂。

4. 简而言之，有涉及史前红山文化或后红山文化时期之旧玉，还有石家河文化时期之旧玉。更多的为早于西周晚期和商代前后时期的旧玉。

5. 前朝旧玉中，被认为好的改动后而留其形，被认为差的则直接毁其原形而作为玉料用之。这是 M2009 玉器制作的重要特点之一。

6. 部分玉件上有墨书文字，当与"遣册"有关。也与墓主身份有关。这部分留存于玉器上的新的文字资料，值得高度关注。

7. M2009 所出玉器之用料、质量、纹样等诸方面，不仅质精、量大，而且数量众多，符合虢仲这位虢国国君的身份及地位。

由上可知，M2009 所出遗物的数量、种类、质量和做工不仅远远高于虢太子墓，而且其玉器的种类、做工也高于 M2001 虢季墓及山西各晋侯墓所出。因此可以看出，M2009 的墓主人身份应为虢国的某一代国君。

三 墓葬年代

M2009 作为虢国国君之墓，所出青铜器的总体风格与 20 世纪 90 年代发掘的 M2001 虢季墓以及山西天马—曲村北赵晋侯墓地 M8、M64、M93 各墓所出相同或相近。如此墓所出 12 件沿下饰"C"形平目窃曲纹、腹部饰变形凤鸟纹、耳部饰有珠重环纹的有铭虢仲鼎，均作半球状腹，立耳，三蹄足上下端较粗大。这同毛公鼎[2]、此鼎乙[3] 的形制基本相同，是西周晚期最流行的式样之一，

[1] 河南省文物考古研究所、三门峡市文物工作队：《三门峡虢国墓》（第一卷），文物出版社，1999 年。
[2] 王世民、陈公柔、张长寿：《西周青铜器分期断代研究》鼎 69，文物出版社，1999 年。
[3] 陕西省考古研究所、陕西省文物管理委员会、陕西省博物馆：《陕西出土商周青铜器》（一），文物出版社，1979 年，197 页。

其他各器种类也莫不如此。所出玉器与陕西周原、沣西张家坡墓地[1]、洛阳北窑西周墓地[2]、山西天马—曲村北赵晋侯墓地[3]所出同类器相同或相近。

在 M2009 出土的"墨书玉遣册"中发现有"南中（仲）"的名字，而"南中（仲）"是西周晚期周宣王时大夫级的著名人物。

综上所述，我们将 M2009 的入葬年代定在西周晚期晚段，即周宣王与幽王时期。

关于 M2009 的入葬年代，目前学术界大致有三种说法，即：西周晚期、两周之际以及春秋早期。三种说法的代表论述如下：

1. 上村岭虢国墓地的第二次发掘始于 20 世纪 90 年代初，结束于 90 年代末。1997 年曾在现场召开过全国性的专家组论证会，会上有多位专家，如马承源、李学勤、张长寿诸位先生均认为 M2009 的入葬年代为西周晚期，更有多位担任过西周墓葬考古发掘队队长和同仁们认同这一观点，即 M2009 的入葬年代为西周晚期晚段。如上所述：我们将 M2009 的入葬年代定在西周晚期的晚段，即周宣王与幽王时期。

2. 俞伟超先生认为："上村岭虢国墓地所出遗物，形态变化不大，可见时代是很接近的。上村岭以南的李家窑遗址，已基本可推定即为此虢的上阳故址，文化层堆积不厚，可见延续时间也不长。无论是墓地所出遗物或是遗址文化层所出陶片，皆属一般所推定的两周之际的东西。这些现象，都和古籍所载虢仲的西虢东迁于此的史实相符"[4]。

3. 赵世刚先生认为："上村岭 M2009，是一座比 M2001 更大、出土遗物更多的大型墓葬，出土的许多铜器上都有虢仲作器的铭文。其为虢国的一代国君是无可怀疑的。其时代我们在第二节中已指出它应当为春秋早期"[5]。

［1］中国社会科学院考古研究所：《张家坡西周墓地》，中国大百科全书出版社，1999 年。

［2］洛阳市文物工作队：《洛阳北窑西周墓》，文物出版社，1999 年。

［3］北京大学考古学系等：《1992 年春天马—曲村遗址墓葬发掘简报》，《文物》1993 年 3 期。北京大学考古学系等：《天马—曲村遗址北赵晋侯墓地第二次发掘》，《文物》1994 年 1 期。山西省文物考古研究所等：《天马—曲村遗址北赵晋侯墓地第四次发掘》，《文物》1994 年 8 期。北京大学考古学系等：《天马—曲村北赵晋侯墓地第五次发掘》，《文物》1995 年 7 期。

［4］俞伟超：《上村岭虢国墓地新发现所揭示的几个问题》，《中国文物报》1991 年 2 月 3 日。

［5］赵世刚：《虢国青铜器与虢国墓地的年代问题》，《河南文物考古论集》，河南人民出版社，1996 年。

第三章　孟姞墓（M2006）

第一节　墓葬概述

M2006 位于墓地北区的西部，东北与 M2119 相距 11.10、北与 M2120 相距 9.50、西北分别与 M2121 和 M2017MK5（原编号 M2014）相距 8.90 和 10.60 米（图五）。

一　墓葬形制

M2006 是一座长方形竖穴土坑墓。方向 4°。墓口位于耕土层下，距现地表仅 0.40 米。墓口南北长 4.65、东西宽 3.06 米；墓底略大于墓口，长 5、宽 3.30 米；墓底距现地表 9.70 米，墓深 9.30 米。墓室四壁修整平滑，底部平坦。在墓底靠近墓圹的南、北两端各有一道东西向的浅沟槽，长 3.2、宽 0.13、深 0.10 米，分别距南、北壁为 0.90 与 0.84 米，用以放置枕木。墓底四周有熟土二层台，东侧宽 0.44 ~ 0.46、西侧宽 0.34 ~ 0.36、南北两侧各宽 0.60、高 1.30 米。墓底中部设有一个椭圆形腰坑，长 0.56、宽 0.35、深 0.17 米。墓内填土略经夯打，夯窝直径 0.05 米，有的夯窝较深，如柱洞一般，深 0.50 ~ 0.60 米。填土内未见随葬器物。

二　葬具与葬式

（一）葬具

葬具均已腐朽，从残存的灰黑色木质朽痕可知为单椁单棺（图四六一、四六二）。

1. 木椁

木椁位于墓室中部略偏西，由底板、壁板、挡板和盖板四部分组成，长 3.8、宽 2.46、高 1.3 米。木椁室因腐朽与受压变形，两侧壁板向内作弧形凹陷，盖板中部坍塌，形成中间低四周高的锅

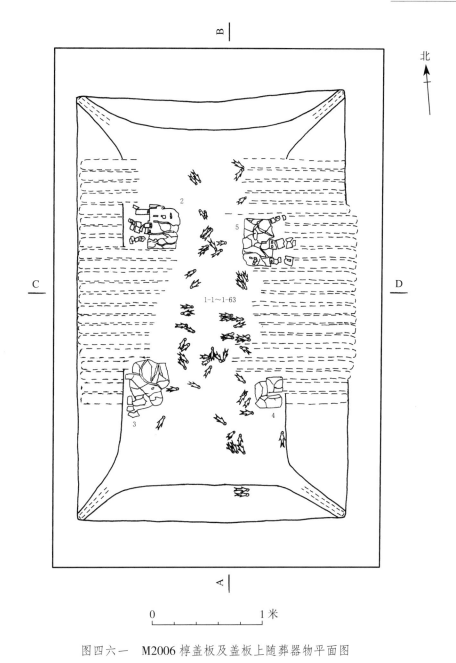

图四六一 M2006 椁盖板及盖板上随葬器物平面图
1-1 ~ 1-63. 铜鱼 2 ~ 5. 铜翣

底状。椁底板由长 3.80、厚 0.03 米左右的薄木板呈南北纵向平铺而成，木板的数量和宽度不详；椁壁板和挡板是由厚 0.03 米方木相围叠砌而成，方木的宽度和数量不明；椁盖板是由数块宽度为 0.06 ~ 0.08、厚度为 0.03 米的薄木板呈东西横向铺排而成，两端担于椁壁板上。在椁室四角内侧各有一边长约为 0.04 米的方形立木，用来固定木椁。此外，在二层台南、北两壁中部有插置木桩的洞孔，上下成排，其中北壁 3 个、南壁 2 个，向外打破墓壁。洞孔呈长方形，长 0.14 ~ 0.32、宽 0.12 ~ 0.16、深 0.16 ~ 0.2 米。孔内残存有木痕，当为固定椁挡板所用。

2. 木棺

木棺位于椁室的中部，平面呈长方形，长 2.06、宽 0.75、残高 0.16 米。因木棺腐朽过甚，且

图四六二　M2006横剖面图

与椁板相互叠压，结构不清。

（二）葬式

棺内葬有墓主一人，已腐朽成粉末状。在棺内北端尚有一些牙齿碎屑及覆盖于墓主面部的缀玉幎目，中部放置一组手握玉管等。由此可知墓主人头向北，面向上，仰身直肢。

三　殓衣

棺内墓主人身上覆盖一层红褐色且稍有弹性的粉状物，应为墓主人殓服腐朽后留下的痕迹。在棺内底部铺有成片的朱砂痕迹，这当与"周人尚赤"的信仰有着密切关系。

四　随葬器物的位置

墓内随葬器物比较丰富，出土时分别被置于墓内的不同位置。

（一）放在椁盖板上

椁盖板上放置有4件铜翣和许多铜鱼。其中铜翣两两对称地放置于椁盖板的东、西两侧；铜鱼则散置于椁盖板的上中部，且多两两成对地放在一起（图四六一）。

（二）放在棺盖板上

棺盖板上放置有铜马器和玉石器。其中铜马器计有衔、镳、铃、节约、带扣和小腰等，主要放置于棺盖板上的东侧和西北部；玉石器有玉匕、玉璋、条形玉饰和石圭等，放置于棺盖板的上中部和南部（图四六三）。

（三）放在椁与棺之间

在椁与棺之间放置有铜礼器、铜车马器、铜鱼、陶器、蚌饰和石贝等。其中铜礼器计有鼎、甗、鬲、匦、盨、圆壶、盘、盉、尊、爵、觯和方彝等，主要集中于椁室的西南角和西北部，仅一壶盖和一匦盖置于椁室东南角，甗箅置于椁室东北角，一方彝置于椁室西中部；铜车器计有軎、辖等，放置于椁室西北角；铜马器计有铃等，零星地散置于椁室北中部和南部；铜鱼、蚌饰和石贝则放置于椁室四周；陶器计有鬲和罐，放置于椁室东南角。此外在椁室西北角放置一件玉戈，中部偏南处放置一件玉戈（图四六四）。

（四）放在棺内

棺内主要放置玉器（图四六五；彩版三七三、三七四）。墓主耳部有玉玦2对，大小成双。据出土位置看，直径较大者在内，小者在外；颈部有一串项饰；面部有以鸟、虎、鱼、璜、龙、耳等组成的缀玉幎目；口内有口琀玉；头上有玉笄等饰物（图四六六）。胸部和腰际有以珠、管等组成的成组串饰及璜、鸟、虎、龙等玉佩饰；手部有手握玉；足部有2件长条形玉片。

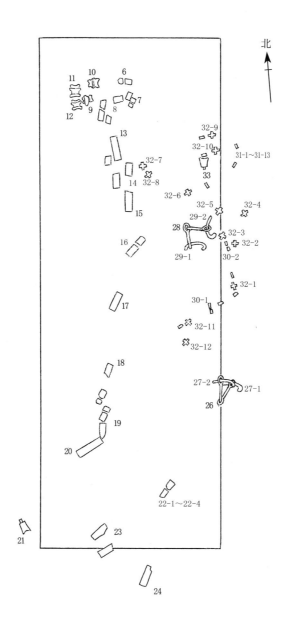

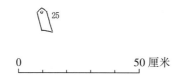

图四六三　M2006棺盖板上随葬器物平面图

6、8、14、16～18、22-2、22-3、23. 玉匕　7、13、19、20、22-4. 条形玉饰　15. 素面玉璋　9～12. 兽首形铜带扣　21、33. 云雷纹铜铃　22-1、24. 石圭　25. 石戈　26、28. 铜衔　27-1、27-2、29-1、29-2. 龙首铜镳　30-1、30-2. 竹节形铜扁小腰　31-1～31-13. 铜络饰　32-1～32-8. 十字形铜节约　32-9～32-12. "X"形铜节约

图四六四 M2006 随葬器物平面图

1-64 ~ 1-381. 铜鱼 34. 薄铜片饰 35、65、66、68. 云雷纹铜铃 36. 重环纹铜盉 37、39. 重环纹铜曹 38、40. 兽首形铜辖 41-1 ~ 41-22. 骨贝 42-1 ~ 42-50. 石贝 43-1 ~ 43-87. 蛤蜊壳 44-1 ~ 44-45. 圆形蚌饰 45. 玉戈 46. 敛口溜肩陶罐 47. 双耳铜尊 48. 素面铜觯 49. 菌柱铜爵 50. 素面铜方彝 51、56、62、63. "C"形窃曲纹铜鬲 52-1、53-1. 重环纹铜圆壶 52-2、53-2. 铜圆壶盖 54、59、60. 垂鳞纹铜列鼎 55、61-1、61-2. 孟姑铜盨 57. 波曲纹铜方甒 58. "C"形窃曲纹铜盘 64-1、64-2. 丰白铜匜 67. 锥足陶鬲

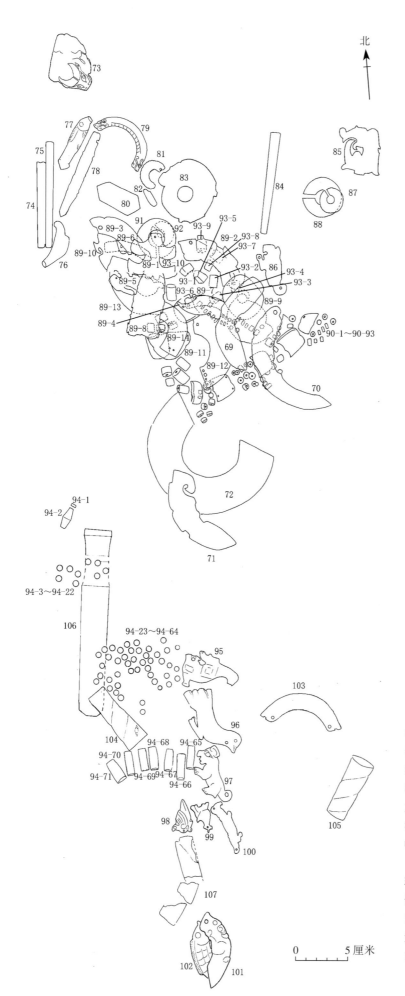

北

图四六五 M2006 棺内随葬器物平面图
69、70. 虎纹玉觿 71. 王白玉觿 72. 璜形玉
器 73. 牛形玉佩 74、75、84. 玉笄 76. 玉
笄首 77、78. 鱼形玉佩 79. 龙首璜形玉佩
80. 水晶 81、82. 蚕形玉佩 83、85. 衔尾盘
龙形玉佩 86. 虎形玉佩 87、92. 刻纹玉玦
88、91. 人纹及龙纹玉玦 89-1～89-14. 缀玉
幎目 90-1～90-93. 玛瑙珠、玉佩组合项饰
93-1～93-10. 口琀玉 94-1～94-71. 玛
瑙珠、管组合胸佩 95、101. 龙形玉佩 96.
鸽形玉佩 97. 狗形玉佩 98、99. 鸟形玉佩
100. 双人纹兽形玉佩 102. 鱼形玉佩 103.
素面玉璜 104、105. 手握玉 106. 玉柄形器
107. 残骨器

0 ___ 5 厘米

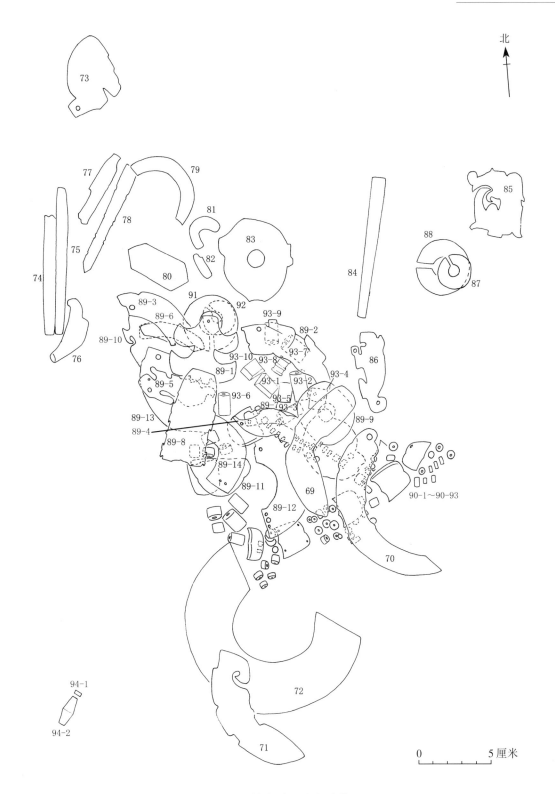

北

图四六六 M2006 棺内墓主头部随葬玉器平面图

69、70. 虎纹玉觿 71. 王白玉觿 72. 璜形玉器 73. 牛形玉佩 74、75、84. 玉笄 76. 玉笄首 77、78. 鱼形玉佩 79. 龙首璜形玉佩 80. 水晶 81、82. 蚕形玉佩 83、85. 衔尾盘龙形玉佩 86. 虎形玉佩 87、92. 刻纹玉玦 88、91. 人纹及龙纹玉玦 89-1 ~ 89-14. 缀玉幎目 90-1 ~ 90-93. 玛瑙珠、玉佩组合项饰 93-1 ~ 93-10. 口琀玉 94-1. 玛瑙珠 94-2. 玛瑙管

第二节　随葬器物

900 件（颗）。以质地可分为铜、玉、石、陶器及骨器、蚌饰与蛤蜊壳五类。现分述如下：

一　铜器

452 件。总重量 67.42 千克。依用途可分为礼器、车器、马器和椁饰四类。

（一）礼器

19 件。其中实用器重 55.62 千克，明器重 4.42 千克（含范土重量）。计有鼎、甗、方甒、盨、匜、圆壶、盘、盉、尊、爵、觯和方彝等 12 种，分为实用器和明器两类。其中实用器 14 件，明器 5 件。依用途可分为炊食器（鼎、甒、甗）、盛食器（匜、盨）、水器（圆壶、盘、盉）和酒器（方彝、尊、爵、觯）四类。现依用途分类叙述如下：

1. 垂鳞纹列鼎

3 件。总重量 10.78 千克。形制、纹样相同，大小以次递减（彩版三七五）。口微敛，窄沿微上折，方唇，立耳，半球形腹，蹄足，足内侧有竖向凹槽。口沿下饰一周有珠重环纹，腹部饰二周垂鳞纹，在两种纹样之间界以一周凸弦纹。三件鼎非同时制作，M2006 ∶ 54 和 M2006 ∶ 59 形制、纹样、锈色相同，铸造精细，底部及腹部有黑色烟炱，为同时制作的实用器。M2006 ∶ 60 位于列鼎之首，腹较前二者为浅，制作较为粗糙，蹄足略显肥大，足内侧凹槽内存有范土，无明显使用痕迹，当为以后配制。

M2006 ∶ 60，形体最大。通高 26.4、口径 24.8、腹径 24、腹深 12.6 厘米。重 5.04 千克（图四六七；彩版三七六）。

M2006 ∶ 54，形体较大。通高 22.2、口径 22、腹径 22、腹深 11 厘米。重 3.14 千克（图四六八；彩版三七七）。

M2006 ∶ 59，形体最小。通高 20.2、口径 20.8、腹径 20、腹深 10.8 厘米。重 2.6 千克（图四六九；彩版三七八）。

2. "C" 形窃曲纹甗

4 件。总重量 6.89 千克。形制、纹样、大小相同（彩版三七九）。甗皆矮体，宽平折沿，薄方唇，短直束颈，腹外鼓，断面呈椭三角形，平裆，三矮状蹄足，内侧有一道竖向凹槽，内存范土。腹与足相对处各有一个竖向扉棱。腹上部饰一周 "C" 形无目窃曲纹与斜角云纹相间组成的带状纹，下部饰竖向直线纹。

M2006 ∶ 51，通高 13、口径 15.4、腹深 7.8 厘米。重 1.77 千克（图四七○，1、2；彩版三八○）。

M2006 ∶ 56，通高 13、口径 15.3、腹深 7.6 厘米。重 1.62 千克（图四七○，3、4；彩版三八一）。

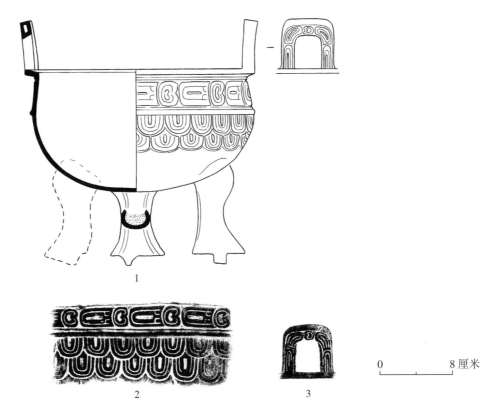

图四六七　M2006垂鳞纹铜鼎（M2006：60）及拓本
1.垂鳞纹鼎　2.沿下、腹部纹样拓本　3.耳部纹样拓本

M2006：62，通高13、口径15.3、腹深7.8厘米。重1.82千克（图四七一，1、2；彩版三八二）。

M2006：63，通高13、口径15.4、腹深7.8厘米。重1.68千克（图四七一，3、4；彩版三八三）。

3. 波曲纹方甗

1件。

M2006：57，连体浑铸。上甑下鬲。甑口呈长方形，敞口，斜方唇，附耳有梁，斜直腹下收，底部是一个活动箅，箅中部有半环状钮，十字形镂空。鬲口呈长方形，短束颈，腹略鼓，四等分，裆近平，四蹄足，足内侧各有一竖向凹槽。范痕明显，鬲颈部一侧有修补痕迹。甑腹上部饰一周"C"形无目窃曲纹，下部饰波曲纹，两种纹样之间界以一周凸弦纹。鬲素面。通高32、甑口长边23.2、短边18、甑高15.2、腹深12.8厘米；鬲高16.6、腹深8厘米。重5.9千克（图四七二、四七三；彩版三八四）。

4. 孟姑簠

2件。总重量10.36千克。大小、形制、纹样及铭文大致相同。皆有盖，盖口呈椭圆角长方形。盖面向上隆起，顶部有四个扁体扉棱支钮。器身子口内敛，薄方唇，腹壁略外鼓，两侧有一对龙首耳，龙舌向下向内弯曲作半环形，底近平，圈足的前、后两边中部各有一个横梯形豁口。盖顶中部饰夔龙纹，中心兽目突起，支钮两侧饰云纹，盖缘与器口沿各饰一周无珠重环纹，盖面与器腹各饰

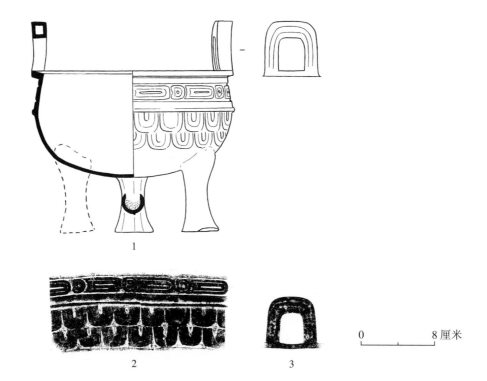

图四六八　M2006垂鳞纹铜鼎（M2006：54）及拓本
1.垂鳞纹鼎　2.沿下、腹部纹样拓本　3.耳部纹样拓本

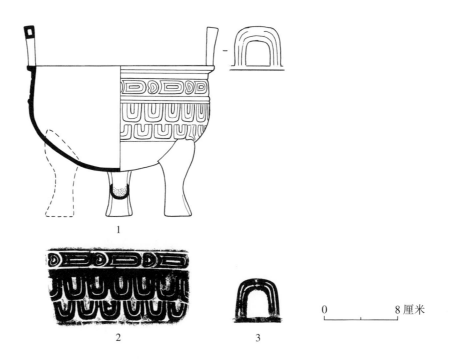

图四六九　M2006垂鳞纹铜鼎（M2006：59）及拓本
1.垂鳞纹鼎　2.沿下、腹部纹样拓本　3.耳部纹样拓本

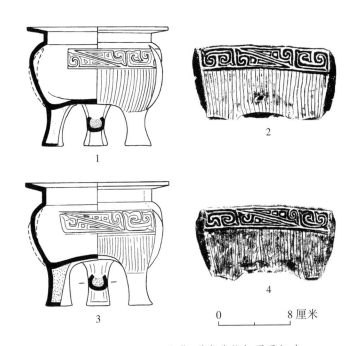

图四七〇　M2006 "C" 形窃曲纹铜鬲及拓本

1. "C" 形窃曲纹鬲（M2006：51）　2. "C" 形窃曲纹鬲（M2006：51）腹部纹样拓本　3. "C" 形窃曲纹鬲（M2006：56）

4. "C" 形窃曲纹鬲（M2006：56）腹部纹样拓本

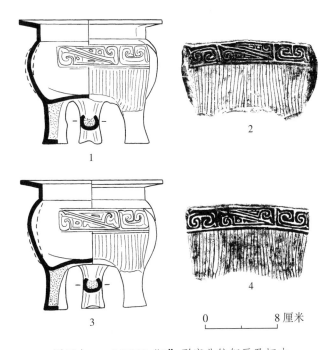

图四七一　M2006 "C" 形窃曲纹铜鬲及拓本

1. "C" 形窃曲纹鬲（M2006：62）　2. "C" 形窃曲纹鬲（M2006：62）腹部纹样拓本　3. "C" 形窃曲纹鬲（M2006：63）

4. "C" 形窃曲纹鬲（M2006：63）腹部纹样拓本

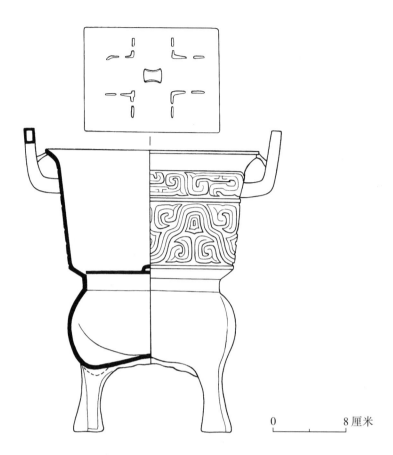

0   8厘米

图四七二　M2006 波曲纹铜方甗（M2006 ：57）

1

2

0   10厘米

图四七三　M2006 波曲纹铜方甗（M2006 ：57）拓本
1.甑部正面腹部纹样拓本　2.甑部侧面腹部纹样拓本

数周瓦垅纹，圈足上饰一周垂鳞纹，器底饰斜网格纹。

M2006：55，盖内上部和器内底部均铸有铭文。盖铭与器铭相同，均作竖款排列。铭文内容、字数相同，但字体、字形略有不同。自右向左四行33字（重文2字），即：

兽（单）盄（叔）央父乍（作）孟姑旅

盙，用饎（盛）熸（稻）糈需（糯）汈（梁）加（嘉）

宾用卿（飨），有飤则迈（万）人（年）

无疆，子＝孙＝永宝用。

通高 20.1、口部长 24、宽 17.6、腹深 9.3 厘米。重 4.86 千克（图四七四~四七六；彩版三八五~三八七）。

M2006：61-1、M2006：61-2，出土时器、盖分置。器盖内无铭文。在器内底部铸有竖款排列的铭文，自右向左四行33字（重文2字），即：

兽（单）盄（叔）央父乍（作）孟姑旅

盙，用饎（盛）熸（稻）糈需（糯）汈（梁）加（嘉）

宾用卿（飨），有飤则迈（万）人（年）

无疆，子＝孙＝永宝用。

通高 20.4、口部长 23.2、宽 17.6、腹深 10.2 厘米。重 5.5 千克（图四七七、四七八；彩版三八八、三八九）。

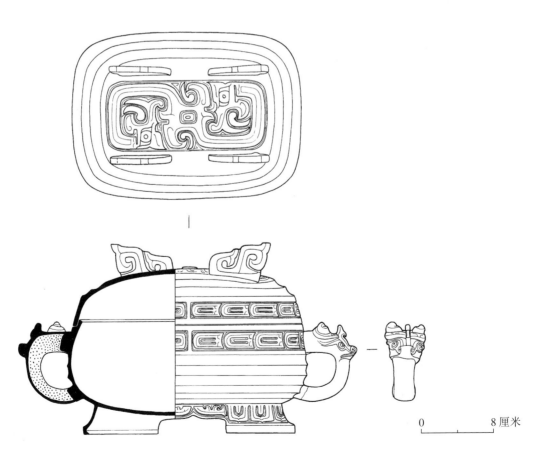

图四七四 M2006 孟姑铜盙（M2006：55）

0 ——————— 8 厘米

1　　　　　　　2

图四七五　M2006 孟姞铜盨（M2006：55）铭文拓本
1. 盖内　2. 器内底

5. 丰白盙（簠）

1 件。

M2006：64-1、M2006：64-2，出土时器、盖分置。器盖与器身相同。均为长方形，敞口，窄平折沿，厚方唇，斜直壁下收，两侧腹壁上有一对半环形龙首耳，平底，圈足（盖部称围栏式握手）的四边各有一长方形缺口。口沿下饰一周"C"形无目窃曲纹，腹壁四面各饰一组曲体龙纹，圈足饰一周"S"形无目窃曲纹，盖顶与器底饰连体蟠夔纹，中心兽目突起。盖内上部和器内底部均铸有竖款排列的铭文，且内容、字数相同，其字体、字形也大致相同。自右向左三行 14 字（重文 2 字），即：

　　　丰白（伯）盙父

　　　乍（作）盙（簠），其子 =

　　　孙 = 永宝用。

通高 20.5、口部长边 31.3、口部短边 26、腹深 7.3 厘米。重 5.21 千克（图四七九～四八二；彩版三九〇、三九一）。

6. 重环纹圆壶

2 件。总重量 13.09 千克。出土时器盖分置。其中 M2006：52-1（器）与 M2006：52-2（盖）相合，M2006：53-1（器）与 M2006：53-2（盖）相合。大小、形制及纹样相同。上有盖，盖顶有喇叭形握手，深子口。器身为母口，略外撇，方唇，长颈，颈部附一对龙首耳，龙首双角耸立，龙舌下弯衔一圆形环，垂腹，圜底，高圈足。盖顶饰盘龙纹，盖握手与器圈足饰垂鳞纹，盖面饰

图四七六　M2006孟姞铜盨（M2006 ：55）纹样拓本

1. 盖顶　2. 盖正面　3. 盖侧面　4. 沿下　5. 左耳侧面　6. 右耳侧面　7. 右耳正面　8. 圈足　9. 器外底

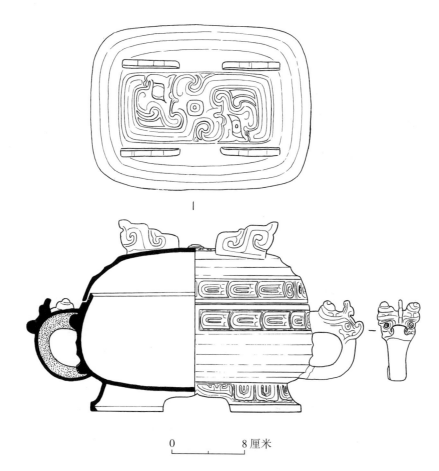

0   8厘米

图四七七　M2006孟姞铜盨（M2006：61）

一周棱形方格纹，颈上部饰波曲纹，颈下部饰一周"C"形无目窃曲纹，腹上部饰二周有珠重环纹，腹下部饰一周变形云纹。器身锈迹很少。

M2006：52-1、M2006：52-2，通高38、盖高10.4、口径13、腹径23.6、圈足直径19.4厘米。重6.54千克（图四八三、四八四；彩版三九二）。

M2006：53-1、M2006：53-2，通高37.2、盖高9、口径11.8、腹径22.6、圈足直径18.3厘米。重6.55千克（图四八五、四八六；彩版三九三）。

7."C"形窃曲纹盘

1件。

M2006：58，圈足略残。直口，窄平折沿，方唇，浅腹，附耳，近平底，高圈足。腹部饰一周"C"形平目窃曲纹。通高12.8、口径31.8、腹深5.4厘米。重3.39千克（图四八七；彩版三九四）。

8.重环纹盉（明器）

1件。

M2006：36，盖与器身浑铸为一体。上端为一凸起的方锥体，作为器盖。腹腔呈扁椭圆体，前有无孔实心管状流，曲而上扬，后有作龙首吐舌下弯成半环形的器鋬，无底，高圈足。腹腔内存有范土。腹腔正、背面各饰一周有珠重环纹。通高16.2、通长25.8厘米，腹腔长径15.2、短径9.4

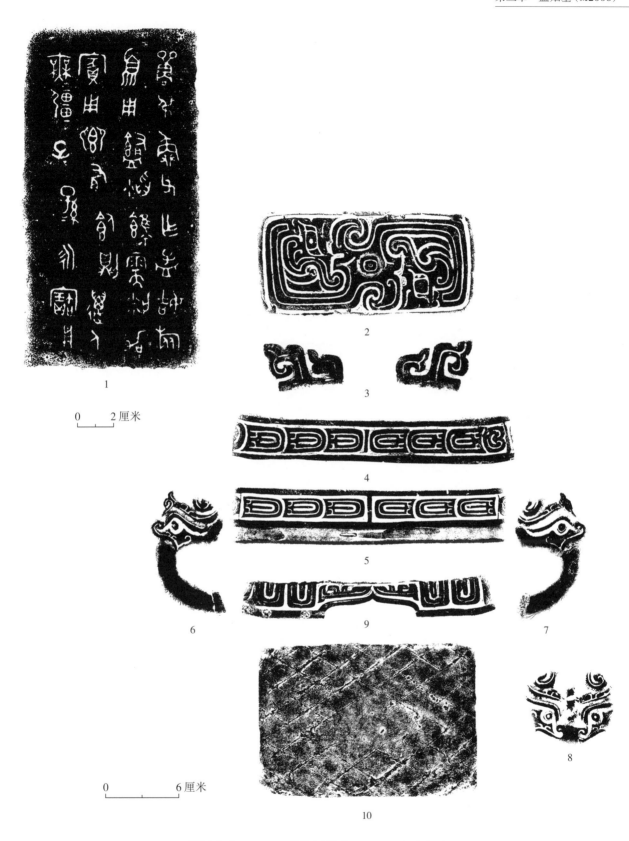

图四七八 M2006 孟姞铜𦥑（M2006：61）拓本

1. 器内底铭文拓本 2. 盖顶纹样拓本 3. 盖顶支钮纹样拓本 4. 盖缘纹样拓本 5. 沿下纹样拓本 6. 左耳侧面纹样拓本
7. 右耳侧面纹样拓本 8. 右耳正面纹样拓本 9. 圈足纹样拓本 10. 器外底纹样拓本

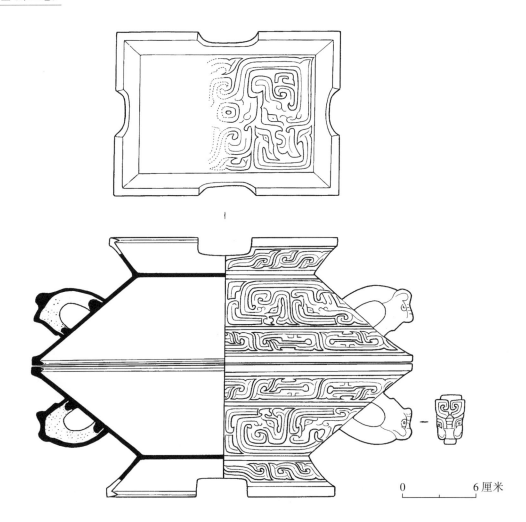

图四七九　M2006 丰白铜匜（M2006 ： 64）

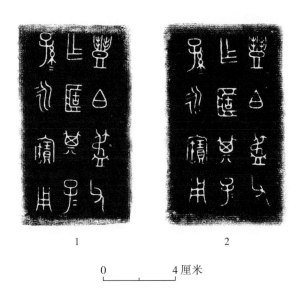

1　　　　　　　　2

图四八〇　M2006 丰白铜匜（M2006 ： 64）铭文拓本
1. 盖内　2. 器内底

0 _____ 8厘米

图四八一　M2006 丰白铜匩（M2006：64）纹样拓本

0 _____ 8厘米

图四八二　M2006 丰白铜匩（M2006：64）纹样拓本

1. 盖顶　2. 盖侧面　3. 器正面　4. 耳正面　5. 器外底

0　　　　　8厘米

图四八三　M2006重环纹铜圆壶（M2006：52-1、M2006：52-2）

厘米。重2.13千克（图四八八；彩版三九五，1）。

9. 素面方彝（明器）

1件。

M2006：50，四坡式屋顶盖与器身浑铸为一体。束颈，腹壁斜直，四角各有二个曲形扁扉棱，无底，圈足稍外撇。素面。腹腔内实范土。通高15厘米，腹上宽5.8、下宽7.4厘米，底长边7、短边6.6厘米。重0.94千克（图四八九，1；彩版三九五，2）。

10. 双耳尊（明器）

1件。

M2006：47，敞口，斜方唇，束腰，垂腹略鼓，腹两侧附一对扁平曲形耳，平底，圈足。素面。圈足处浇口疵尚存，腹腔内存范土，制作粗糙。通高13、口径9.7、腹径7.4、圈足径7厘米。重0.83千克（图四八九，2；彩版三九五，3）。

11. 菌柱爵（明器）

1件。

M2006：49，敞口，方唇，尖尾，短宽流，口沿上有一对菌状柱，腹壁下收，圜底，三棱形

0 ————————— 6厘米

图四八四 M2006 重环纹铜圆壶（M2006：52-1、M2006：52-2）纹样拓本

1.盖顶 2.盖握手 3.盖缘 4.颈部 5.腹上部 6.腹下部 7.圈足 8.左耳 9.右耳 10.右耳正面

0　　　　　8厘米

图四八五　M2006重环纹铜圆壶（M2006：53-1、M2006：53-2）

足外撇，腹外壁的一侧有一个半环形细鋬。素面。通高13.2、通长11.2、柱高2.6、足高4.8、腹深6.2厘米。重0.28千克（图四八九，3；彩版三九六，1）。

12. 素面觯（明器）

1件。

M2006：48，敞口，斜方唇，束颈，深腹下垂，圜底，圈足。腹壁尚存因浇铸不足而留下的孔洞，腹内存有范土。通高9.8、口径5.2、腹径4.2、腹深9、圈足径4.2厘米。重0.24千克（图四八九，4；彩版三九六，2）。

（二）车器

4件。总重量0.98千克。计有重环纹書和兽首形辖二种。

1. 重环纹書

2件。成对。形制、纹样及大小相同。圆筒状，开口端较粗，顶端封闭较细，近口端有长方形对穿辖孔。器身中部饰一周凹弦纹，末段饰有珠重环纹和变形蝉纹，顶端饰无珠重环纹。

M2006：37，长9.7、口径5.3、顶端直径4.4厘米，辖孔长2.5、宽1.2厘米（图四九○，1

图四八六　M2006 重环纹铜圆壶（M2006：53-1、M2006：53-2）纹样拓本
1. 盖顶　2. 盖握手　3. 盖缘　4. 颈上部　5. 颈下部　6. 腹上部　7. 腹下部　8. 圈足　9. 左耳　10. 右耳　11. 右耳正面

图四八七　M2006"C"形窃曲纹铜盘（M2006：58）及拓本

1."C"形窃曲纹盘　2.腹部纹样拓本

图四八八　M2006重环纹铜盉（M2006：36）（明器）及拓本

1.重环纹盉　2.腹部纹样拓本

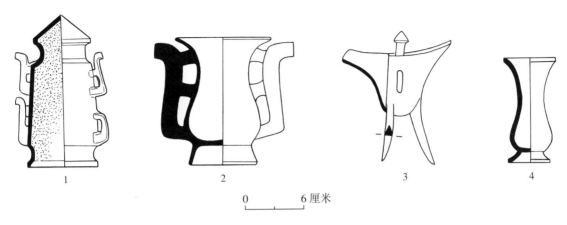

0   6厘米

图四八九 M2006铜方彝、尊、爵、觯（明器）

1.素面方彝（M2006：50） 2.双耳尊（M2006：47） 3.菌柱爵（M2006：49） 4.素面觯（M2006：48）

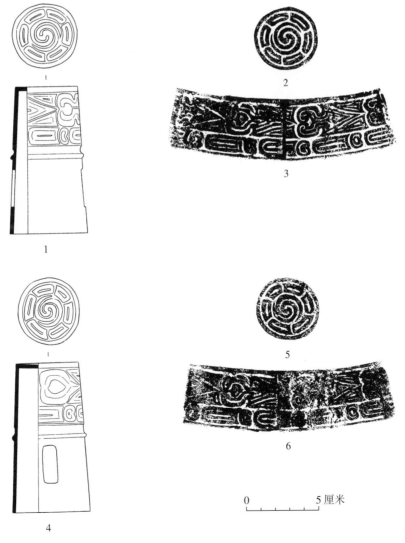

0   5厘米

图四九○ M2006重环纹铜害及拓本

1.重环纹害（M2006：37） 2.重环纹害（M2006：37）顶部纹样拓本 3.重环纹害（M2006：37）表面纹样拓本 4.重环纹害

（M2006：39） 5.重环纹害（M2006：39）顶部纹样拓本 6.重环纹害（M2006：39）表面纹样拓本

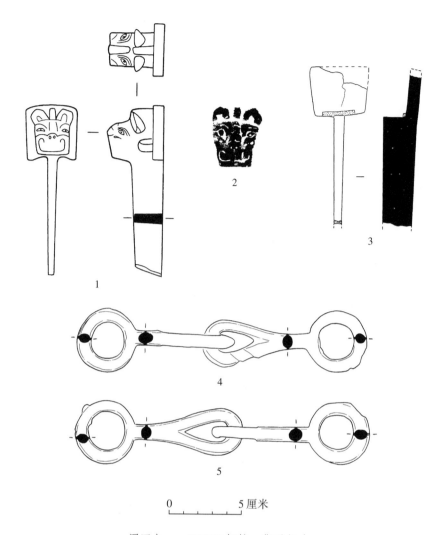

图四九一 M2006 铜辖、衔及拓本

1.兽首形辖（M2006：38） 2.兽首形辖（M2006：38）辖首纹样拓本 3.兽首形辖（M2006：40） 4.衔（M2006：26）
5.衔（M2006：28）

～3；彩版三九七，1）。

M2006：39，长9.8、口径5.3、顶端直径4.3厘米，辖孔长2.5、宽1厘米（图四九〇，4～
6；彩版三九七，2）。

2.兽首形辖

2件。成对。形制、大小相同。辖首正面呈半浮雕式兽首形，两侧面有对穿的近长方形孔，
背面平齐。辖键呈扁长条状，末端为斜边，断面呈长方形。

M2006：38，通长11、首宽3.6厘米，键长7.8、宽2.2、厚0.6厘米（图四九一，1、2；彩
版三九七，3）。

M2006：40，辖首及辖键下端残缺。残长10.4、首宽3.7厘米，键残长7.1、宽2.2、厚0.6
厘米（图四九一，3；彩版三九七，3）。

（三）马器

43件。总重量2.3千克。计有衔、龙首镳、云雷纹铃、节约、络饰、兽首形带扣和小腰七种。

1. 衔

2件。形制、大小相同。皆由两段近8字形的联环钮套接而成，端环呈圆形。

M2006：26，通长19.8、端环径4.2厘米（图四九一，4；彩版三九八，1）。

M2006：28，通长20.2、端环径4.2厘米（图四九一，5；彩版三九八，1）。

2. 龙首镳

4件。形制、纹样及大小相同。出土时二件镳与一件衔套在一起，且左右相对。每二件镳相配为一副，编为一个号。器身作弧形弯曲状，正面略鼓，背面中部有两个半环形钮。镳首卷曲成龙首形，末端饰侧视龙首纹，中部饰二组变形蝉纹。

M2006：27-1、M2006：27-2，为一副。M2006：27-1，长12.4、宽1.1、厚0.3厘米（图四九二，1、2；彩版三九八，2）；M2006：27-2，大小与M2006：27-1相同（彩版三九八，2）。

M2006：29-1、M2006：29-2，为一副。M2006：29-1，长12.1、宽1.1、厚0.3厘米（图四九二，3、4；彩版三九八，2）；M2006：29-2，大小与M2006：29-1相同（彩版三九八，2）。

3. 云雷纹铃

6件。形制、纹样相同，大小略有差异。器身上细下粗，横断面呈椭圆形。平顶上有长方形钮，钮下有一小穿孔与腹腔贯通，腔内有一个槌状铃舌，下口边缘呈弧形上拱，一面有二道竖向细长条镂空。正、背面各饰云雷纹。

标本M2006：21，形体略小。通高4.5、下口长径3.3、下口短径3.3、铃舌长3.8厘米（图四九三，1、2；彩版三九八，3）。

标本M2006：33，形体稍大。通高4.7、下口长径3.3、下口短径2.8、铃舌长3.7厘米（图四九三，3、4；彩版三九八，3）。

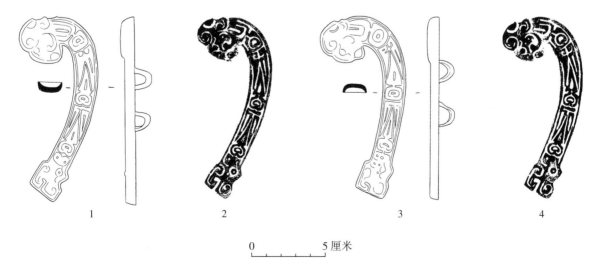

0   5厘米

图四九二 M2006龙首铜镳及拓本

1. 龙首镳（M2006：27-1）　2. 龙首镳（M2006：27-1）纹样拓本　3. 龙首镳（M2006：29-1）　4. 龙首镳（M2006：29-1）纹样拓本

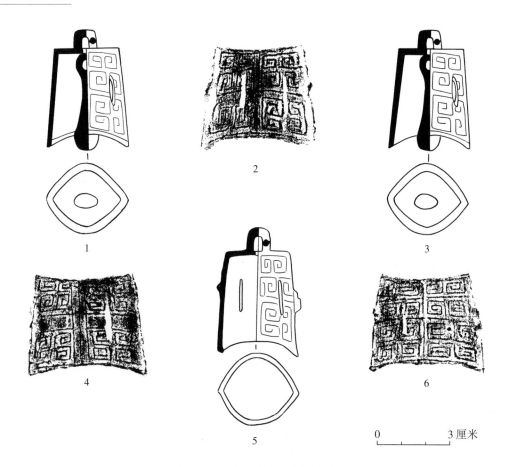

图四九三　M2006 云雷纹铜铃及拓本

1. 云雷纹铃（M2006：21）　2. 云雷纹铃（M2006：21）纹样拓本　3. 云雷纹铃（M2006：33）　4. 云雷纹铃（M2006：33）纹样拓本　5. 云雷纹铃（M2006：35）　6. 云雷纹铃（M2006：35）纹样拓本

标本 M2006：35，出土时铃舌遗失，形体较大。通高 4.9、下口长径 3.3、下口短径 2.8 厘米（图四九三，5、6；彩版三九八，3）。

4. 节约

12 件。皆呈双管交叉且相通的形状。可分为十字形节约和 "X" 形节约二种。

（1）十字形节约

8 件。分为蝉纹与兽面纹二种。

① 蝉纹十字形节约

4 件。形制、纹样、大小相同。表面纵向饰一蝉纹，背面有近方形穿孔。

标本 M2006：32-1，长 3、宽 3、管径 0.9 厘米（图四九四，1、2；彩版三九八，4）。

② 兽面纹十字形节约

4 件。形制、纹样、大小相同。正面中部饰一兽面纹，背面有近圆形穿孔。

标本 M2006：32-5，长 3、宽 3.1、管径 1 厘米（图四九四，3、4；彩版三九八，4）。

（2）"X" 形节约

4 件。形制、纹样、大小相同。正面中部饰一兽面纹，背面有近方形穿孔。

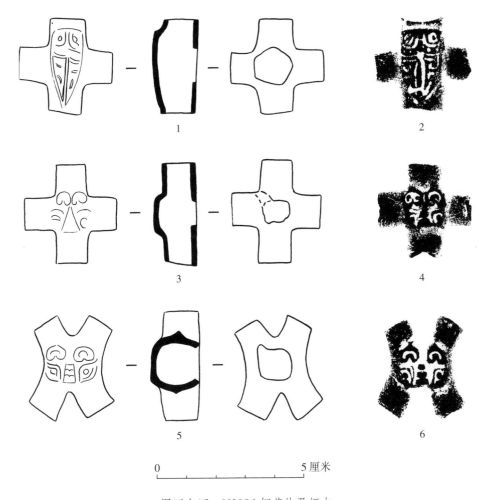

0 _____ 5厘米

图四九四　M2006 铜节约及拓本

1. 蝉纹十字形节约（M2006：32-1）　2. 蝉纹十字形节约（M2006：32-1）纹样拓本　3. 兽面纹十字形节约（M2006：32-5）
4. 兽面纹十字形节约（M2006：32-5）纹样拓本　5. "X"形节约（M2006：32-9）　6. "X"形节约（M2006：32-9）纹样拓本

标本 M2006：32-9，长 3.3、中部宽 1.8、管径 0.9 厘米（图四九四，5、6；彩版三九八，4）。

5. 络饰

13 件。均呈圆管状。长短、粗细不一。

标本 M2006：31-1，形体较长。长 2.6、管径 1.1 厘米（图四九五，1；彩版三九九，1）。

标本 M2006：31-4，形体较短。长 2、管径 1.1 厘米（图四九五，2；彩版三九九，1）。

6. 兽首形带扣

4 件。器身正面呈兽首形，并向上隆起；背面相应凹陷，且设一横梁。兽首上有犄角，梭形目，兽首口旁有一对獠牙。兽首双角间或有长条形穿孔，或有短梯形豁口，二者各为二件。凡为豁口者，背面横梁呈细圆柱状；而为穿孔者，背面横梁呈薄宽带状。

标本 M2006：10，兽首双角间为一短梯形豁口，器身背面横梁呈细圆柱状。长 5、中部宽 4.6、厚 1.4 厘米（图四九五，3、4；彩版三九九，2）。

标本 M2006：12，兽首双角间有一长条形穿孔，器身背面横梁呈薄宽带状。长 5、中部宽 4.6、

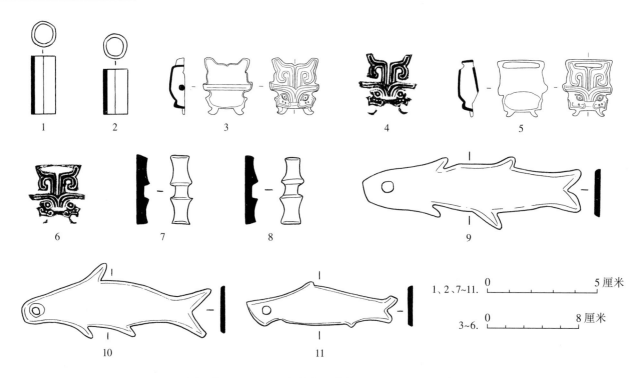

图四九五 M2006 铜络饰、带扣、小腰、鱼及拓本

1. 络饰（M2006：31-1） 2. 络饰（M2006：31-4） 3. 兽首形带扣（M2006：10） 4. 兽首形带扣（M2006：10）纹样拓本
5. 兽首形带扣（M2006：12） 6. 兽首形带扣（M2006：12）纹样拓本 7. 竹节形扁小腰（M2006：30-1） 8. 竹节形扁小腰
（M2006：30-2） 9. 鱼（M2006：1-1） 10. 鱼（M2006：1-2） 11. 鱼（M2006：1-3）

厚 1.9 厘米（图四九五，5、6；彩版三九九，3）。

7. 竹节形扁小腰

2 件。形状、大小相同。器身中段细而两端粗，两端的正面呈竹节形，背面平齐，断面呈半圆形。

M2006：30-1，长 3、中部宽 0.6、厚 0.3 厘米（图四九五，7；彩版三九九，4）。

M2006：30-2，长 2.9、中部宽 0.6、厚 0.3 厘米（图四九五，8；彩版三九九，4）。

（四）棺饰

386 件。总重量 4.1 千克。包括鱼、翣残片和薄片饰三种。

1. 鱼

381 件。形状大体相同，大小略有差异。鱼身作扁薄长条形，或肥硕，或瘦长，均以眼部为穿孔，可系缀。

标本 M2006：1-1，形体较长。背上、腹部各有二鳍。长 9.8、宽 2.1、厚 0.2 厘米（图四九五，9；彩版三九九，5）。

标本 M2006：1-2，形体稍长。腹部有二鳍，背上有一鳍。长 8.7、宽 2.1、厚 0.15 厘米（图四九五，10；彩版四〇〇，1）。

标本 M2006：1-3，形体短小。背上、腹部各有一鳍。长 6.9、宽 1.7、厚 0.2 厘米（图四九五，11；彩版四〇〇，2）。

2. 翠残片

4件。出土时已残破成若干碎片。形制、大小相同。皆为薄片，形状均呈山字形，长46、宽42、厚0.06厘米。

3. 薄片饰

1件。

M2006：34，因铜片极薄且锈蚀严重，故出土时已残破成若干小碎片。

二　玉器

240件（颗）。按用途分为礼器、佩饰、殓玉、用具、饰件和其他六类。

（一）礼器

6件。可分为璜、戈、素面璋与圭四种。

1. 璜

2件。可分为鱼形璜与素面璜二种。

（1）鱼形璜

1件。

M2006：102，出于墓主人腰部偏下处。青玉。玉质细腻，温润微透。鱼圆睛，用单阴线界出腮、脊鳍、腹鳍。首、尾各有一圆穿。鱼身饰双排鳞纹。长7.1、宽2、厚0.4厘米（图四九六，1、2；彩版四〇〇，3）。

（2）素面璜

1件。

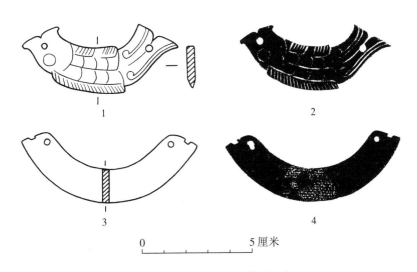

0　　　　　　5厘米

图四九六　M2006玉璜及拓本

1. 鱼形璜（M2006：102）　2. 鱼形璜（M2006：102）纹样拓本　3. 素面璜（M2006：103）　4. 素面璜（M2006：103）纹样拓本

M2006：103，出于墓主人身下腰坑内，原应在墓主人腰下。青玉。玉质较细，微透明。扁平体，两端似简化龙首，且各有一个圆穿。长8、宽1.5、厚0.3厘米（图四九六，3、4；彩版四〇〇，4）。

2.戈

1件。

M2006：45，出于椁室西北角，尖部略残。青玉。玉质细腻，微透明。三角形偏锋，援中部有脊线，两侧有刃。长方形内，内端一角斜杀。援末中部有一小穿孔，内末近上角处有一较大圆穿。残长13.8、援宽4.1、内长2.8、内宽3.6、厚0.4厘米（图四九七，1、2；彩版四〇一，1）。

3.素面璋

1件。

M2006：15，出于棺盖板上部。青玉。玉质较细，不透明。器身作扁平长条形，较厚，末端斜杀。长11.3、宽2.6～2.9、厚0.45厘米（图四九七，3；彩版四〇一，2）。

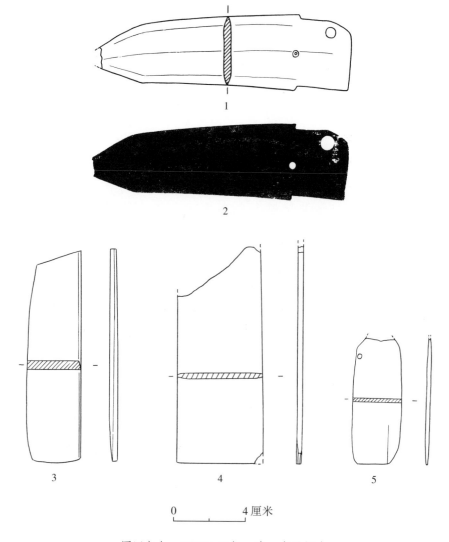

图四九七　M2006玉戈、璋、圭及拓本

1.宽援戈（M2006：45）　2.宽援戈（M2006：45）纹样拓本　3.素面璋（M2006：15）　4.圭（M2006：24）　5.圭（M2006：22-1）

4.圭

2件。均作扁平长条形。

M2006：24，出土于棺盖板上部。上半部残缺，一角略残。青玉。玉质较粗，不透明。器身中部较厚，两侧较薄。残长11.5、宽4.6、厚0.3厘米（图四九七，4；彩版四〇一，3）。

M2006：22-1，出土于棺盖板上部，锋部残缺。青玉。玉质较细，微透明。器身较薄，一侧有一个小圆孔。残长6.6、宽2.7、厚0.2厘米（图四九七，5；彩版四〇一，4）。

（二）佩饰

189件。可分为组佩饰、发饰和单佩饰三类。

1.组佩饰

2组，164件（颗）。计有玛瑙珠、玉佩组合项饰1组，玛瑙珠（管）组合胸佩1组。

（1）玛瑙珠、玉佩组合项饰

1组，93件（颗）。出于墓主人颈部。

M2006：90，由1件团身龙形玉佩，8件马蹄形玉佩与84颗红色、紫色或橘红色玛瑙管形珠相间串联而成（图四九八）。经整理复原，联缀方法如下：以团身龙形佩为结合部，八件马蹄形佩之间以双行玛瑙珠相间。每行玛瑙珠少则二颗，多则七颗不等（图四九九；彩版四〇二）。用以串系的各器分别介绍如下。

① 团身龙形玉佩

1件。

M2006：90-1，出于墓主人头后。青白玉。玉质较细，微透。杂玉质。整体近半圆形，扁

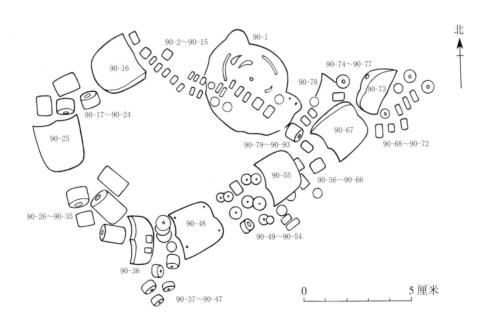

图四九八 M2006玛瑙珠、玉佩组合项饰（M2006：90）出土情况

90-1.团身龙形佩 90-16、90-25、90-36、90-48、90-55、90-67、90-73、90-78.马蹄形佩 90-2～90-15、90-17～90-24、90-26～90-35、90-37～90-47、90-49～90-54、90-56～90-66、90-68～90-72、90-74～90-77、90-79～90-93.玛瑙珠

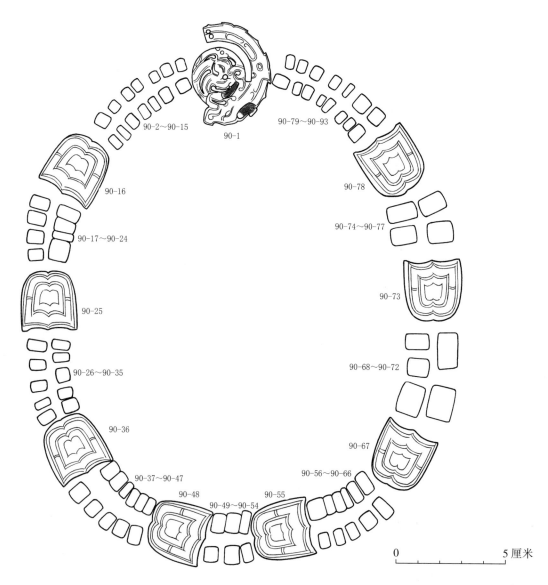

图四九九　M2006玛瑙珠、玉佩组合项饰（M2006：90）复原图

90-1.团身龙形佩　90-16、90-25、90-36、90-48、90-55、90-67、90-73、90-78.马蹄形佩　90-2～90-15、90-17～90-24、90-26～90-35、90-37～90-47、90-49～90-54、90-56～90-66、90-68～90-72、90-74～90-77、90-79～90-93.玛瑙珠

平体。局部透雕。单面饰阴线团身龙纹，外侧为盘龙臣字形目，长发披于脑后，龙身饰椭圆形目，为一简化龙首。外侧盘龙口衔另一团身盘龙；内侧盘龙臣字目，长鬃，团身。外侧盘龙尾端有二个单面钻圆穿，内侧盘龙目下一穿。高4.8、宽3.85、厚0.4厘米（图五〇〇，1～3；彩版四〇三，1、2）。

②马蹄形玉佩

8件。出于墓主人颈部偏左处。玉质、形制、纹样相同，大小略有差异，制作时可能是取材于同一块玉料。皆青白玉。玉质细腻，微透。八件玉佩均作马蹄状。正面饰二重双线重环纹和一重单线重环纹，背面上、下两端各有三个斜向小穿孔。

M2006：90-16，长2.8、宽2.6、厚0.3厘米（图五〇〇，4、5；彩版四〇三，3、4）。

M2006：90-25，长 2.7、宽 2.7、厚 0.3 厘米（图五〇〇，6、7）。

M2006：90-36，长 2.7、宽 2.6、厚 0.3 厘米（图五〇一，1、2）。

M2006：90-48，长 2.7、宽 2.6、厚 0.3 厘米（图五〇一，3、4）。

M2006：90-55，长 2.6、宽 2.6、厚 0.3 厘米（图五〇一，5、6）。

M2006：90-67，长 2.7、宽 2.7、厚 0.3 厘米（图五〇一，7、8）。

M2006：90-73，长 2.6、宽 2.6、厚 0.3 厘米（图五〇二，1、2）。

M2006：90-78，长 2.7、宽 2.7、厚 0.3 厘米（图五〇二，3、4）。

③ 玛瑙珠

84 颗。半透明。每颗皆作短圆管形，长短、粗细不同。长度 0.3 ~ 1.4、直径 0.5 ~ 1.1 厘米。

标本 M2006：90-68，为最长者。长 1.6、直径 0.9 厘米（图五〇二，5）。

标本 M2006：90-30，为最短者。长 0.5、直径 0.8 厘米（图五〇二，6）。

标本 M2006：90-69，为最粗者。长 1.5、直径 1.2 厘米（图五〇二，7）。

标本 M2006：90-3，为最小者。长 0.4、直径 0.5 厘米（图五〇二，8）。

（2）玛瑙珠（管）组合胸佩

1 组，71 件（颗）。出于墓主人胸腹上（图五〇三）。

M2006：94，由 1 颗紫红色玛瑙珠、1 件紫红色竹节形玛瑙管、20 颗蓝色鼓形碧石珠、42 颗球形青白色岫玉珠、7 件蓝绿色圆形或扁圆形碧石管相间串系而成。经整理复原，其联缀方法如下：最上端以一颗紫红色竹节形玛瑙珠及 1 件紫红色玛瑙管为纲，其下分缀七串珠、管。每串

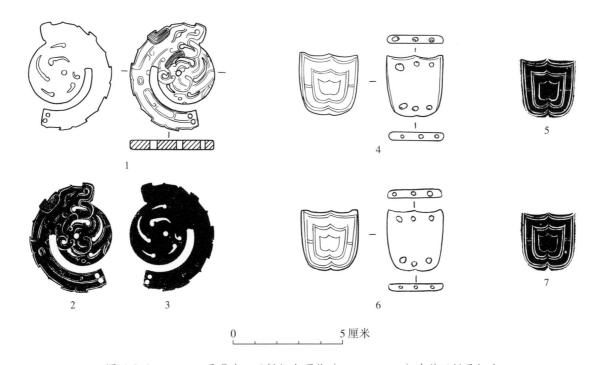

0　　　　　　5厘米

图五〇〇　M2006 玛瑙珠、玉佩组合项饰（M2006：90）中的玉佩及拓本

1. 团身龙形佩（M2006：90-1）　2. 团身龙形佩（M2006：90-1）正面纹样拓本　3. 团身龙形佩（M2006：90-1）背面拓本　4. 马蹄形佩（M2006：90-16）　5. 马蹄形佩（M2006：90-16）纹样拓本　6. 马蹄形佩（M2006：90-25）　7. 马蹄形佩（M2006：90-25）纹样拓本

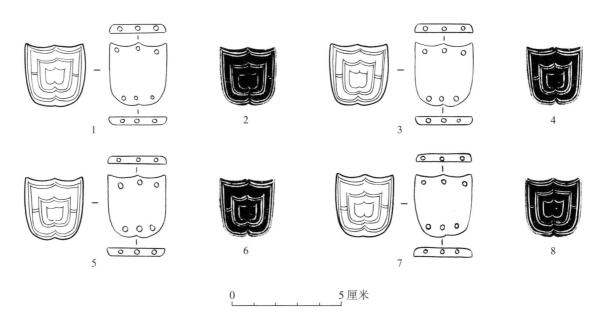

图五〇一　M2006玛瑙珠、玉佩组合项饰（M2006：90）中的玉佩及拓本

1.马蹄形佩（M2006：90-36）　2.马蹄形佩（M2006：90-36）纹样拓本　3.马蹄形佩（M2006：90-48）　4.马蹄形佩
（M2006：90-48）纹样拓本　5.马蹄形佩（M2006：90-55）　6.马蹄形佩（M2006：90-55）纹样拓本　7.马蹄形佩（M2006：90-67）
8.马蹄形佩（M2006：90-67）纹样拓本

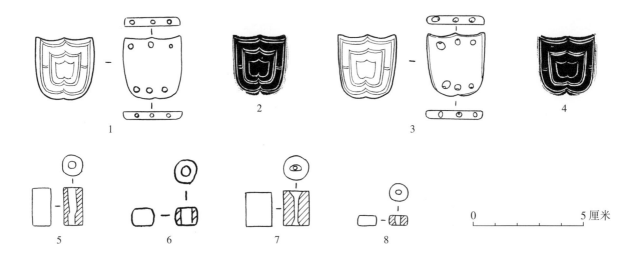

图五〇二　M2006玛瑙珠、玉佩组合项饰（M2006：90）中的玉佩、玛瑙珠及拓本

1.马蹄形佩（M2006：90-73）　2.马蹄形佩（M2006：90-73）纹样拓本　3.马蹄形佩（M2006：90-78）　4.马蹄形佩
（M2006：90-78）纹样拓本　5.玛瑙珠（M2006：90-68）　6.玛瑙珠（M2006：90-30）　7.玛瑙珠（M2006：90-69）　8.玛瑙
珠（M2006：90-3）

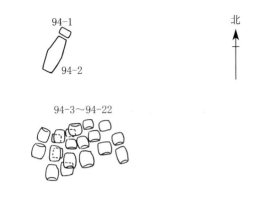

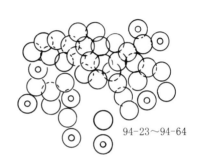

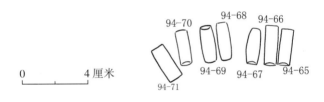

图五〇三　M2006 玛瑙珠、管组合胸佩（M2006：94）出土情况
94-1. 玛瑙珠　94-2. 玛瑙管　94-3 ～ 94-22. 碧石珠　94-23 ～ 94-64. 玉珠　94-65 ～ 94-71. 碧石管

以鼓形碧石珠、球形岫玉珠、碧石管相间串系而成。其中纲下正中一串的排列方法为：由 2 颗鼓形碧石珠、6 颗球形岫玉珠、1 件碧石管相间组合而成。余者六串的排列方式均为 3 颗鼓形碧石珠、6 颗球形岫玉珠、1 件圆形或扁圆形碧石管相间组合而成（图五〇四；彩版四〇四）。

　① 玛瑙管

　1 件。

　M2006 ：94-2，紫红色。半透明。作竹节形管状。长 2.2、直径 1 厘米（图五〇五，1）。

　② 玛瑙珠

　1 颗。

　M2006 ：94-1，紫红色。半透明。作短圆管状。长 0.4、直径 0.65 厘米（图五〇五，2）。

　③ 玉珠

　42 颗。玉质、形制、大小相同。岫玉。微透。皆圆球形。

　标本 M2006 ：94-23，直径 1.1 厘米（图五〇五，3）。

　④ 碧石管

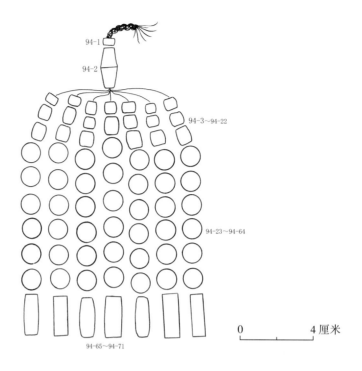

图五○四　M2006 玛瑙珠、管组合胸佩（M2006∶94）复原图

94-1. 玛瑙珠　94-2. 玛瑙管　94-3 ~ 94-22. 碧石珠　94-23 ~ 94-64. 玉珠　94-65 ~ 94-71. 碧石管

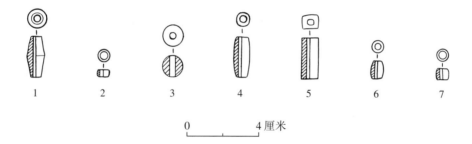

图五○五　M2006 玛瑙珠、管组合胸佩（M2006∶94）中的管、珠

1. 玛瑙管（M2006∶94-2）　2. 玛瑙珠（M2006∶94-1）　3. 玉珠（M2006∶94-23）　4. 碧石管（M2006∶94-69）
5. 碧石管（M2006∶94-68）　6. 碧石珠（M2006∶94-3）　7. 碧石珠（M2006∶94-4）

7 件。均作短管状。皆为碧绿色，不透明。其中六件为圆管，一件为长方管。

标本 M2006∶94-69，为圆管中最短者。长 2.1、直径 0.8 厘米（图五○五，4）。

标本 M2006∶94-67，为圆管中最长者。长 2.4、直径 0.8 厘米。

标本 M2006∶94-71，为圆管中最细者。长 2.1、直径 0.7 厘米。

标本 M2006∶94-68，为长方管。长 2.2、宽 0.9、厚 0.7 厘米（图五○五，5）。

⑤ 碧石珠

20 颗。皆为碧绿色，不透明。皆作鼓形，大小不一，制作不甚规整。高 0.4 ~ 0.9、直径 0.5 ~ 0.8 厘米。

标本 M2006 ：94-3，为较大者。高 1、直径 0.7 厘米（图五〇五，6）。

标本 M2006 ：94-4，为较小者。高 0.9、直径 0.7 厘米（图五〇五，7）。

2. 发饰

14 件。均出于墓主人头部（图五〇六、五〇七；彩版四〇五）。计有衔尾盘龙形佩、龙首璜形佩、牛形佩、虎形佩、鱼形佩、蚕形佩、笄、笄首和水晶。

（1）衔尾盘龙形佩

2 件。大小、形状、纹样不同。

M2006 ：83，出于墓主人头部上方。青玉。玉质细腻，微透。片雕。器近圆形，周边有齿棱。正、背面纹样相同，均饰阴线盘龙纹。云形长角后披，臣字目，前眼角下勾，卷鼻，单爪，首尾相衔。中部为圆形穿孔。外径 5.8 ~ 6、内径 1.5、厚 0.35 厘米（图五〇八，1、2；彩版四〇六，1、2）。

M2006 ：85，出于墓主人面部右侧偏上处。青玉。玉质较细，微透。器近方形，扁平体，周边有齿棱。器作衔尾盘曲状龙形。正、背面纹样相同。龙首上唇外卷，下唇下勾，臣字形目，大眼角带勾，长角贴后披。身饰重环纹，尾部饰锐角云纹。中部有一个单面钻圆穿，角上侧有一个小斜穿。高 4.4、宽 4、厚 0.8 厘米（图五〇八，3 ~ 5；彩版四〇六，3、4）。

（2）龙首璜形佩

1 件。

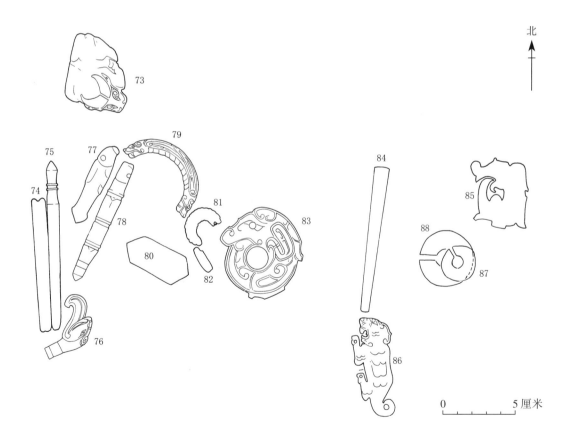

北

图五〇六　M2006 玉发饰出土情况

73. 牛形佩　74、75、84. 笄　76. 笄首　77、78. 鱼形佩　79. 龙首璜形佩　80. 水晶　81、82. 蚕形佩　83、85. 衔尾盘龙形佩
86. 虎形佩　87. 刻纹玦　88. 人纹及龙纹玦

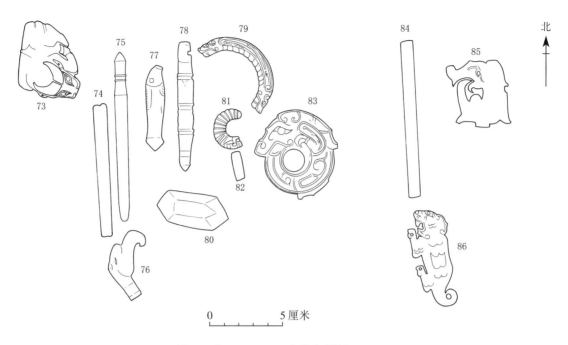

图五〇七　M2006 玉发饰复原图

73. 牛形佩　74、75、84. 笄　76. 笄首　77、78. 鱼形佩　79. 龙首璜形佩　80. 水晶　81、82. 蚕形佩　83、85. 衔尾盘龙形佩　86. 虎形佩

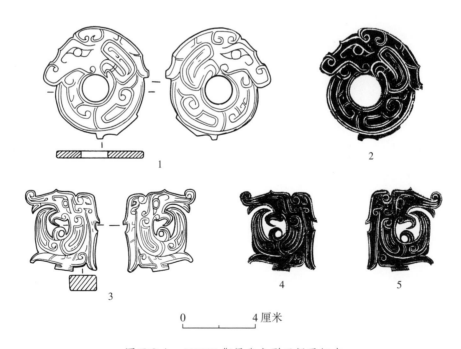

图五〇八　M2006 衔尾盘龙形玉佩及拓本

1. 衔尾盘龙形佩（M2006：83）　2. 衔尾盘龙形佩（M2006：83）纹样拓本　3. 衔尾盘龙形佩（M2006：85）　4. 衔尾盘龙形佩

（M2006：85）正面纹样拓本　5. 衔尾盘龙形佩（M2006：85）背面纹样拓本

M2006：79，出于墓主人头部右上方。青白玉。玉质细腻，微透明。圆雕。半环状扁圆体，断面呈半圆形。正、背面纹样相同。两端为龙首，臣字形目，卷角，长须。身饰大斜角云纹及鳞纹，腹部为平行线纹。长6.1、截面径0.9厘米（图五〇九，1～5；彩版四〇七，1）。

（3）牛形佩

1件。

M2006：73，出于墓主人头部右侧偏上处。青玉。玉质较细，不透明。圆雕。臣字目，侧首于前，双角弯曲脊上，双腿曲卧，短尾附臀。全器神态宁静。嘴部有一斜穿。长5.2、宽4.1、高2.2厘米（图五〇九，6～8；彩版四〇七，2）。

（4）虎形佩

1件。

M2006：86，出于墓主人面部左侧偏上处。青玉。玉质较细，不透明。片雕。扁平体。虎垂首卷尾，蛰伏于地。正、背面纹样相同。虎身以单阴线饰虎斑。虎目圆睁，云纹大耳，张口露齿，作咆哮状。前爪及卷尾处各一穿。高2.7、长6.5、厚0.5厘米（图五一〇，1、2；彩版四〇七，3）。

（5）鱼形佩

2件。皆出于墓主人头部右侧。大小、形状、纹样互不相同。正、背面纹样相同。皆为圆雕，直条形。嘴部有一斜穿。

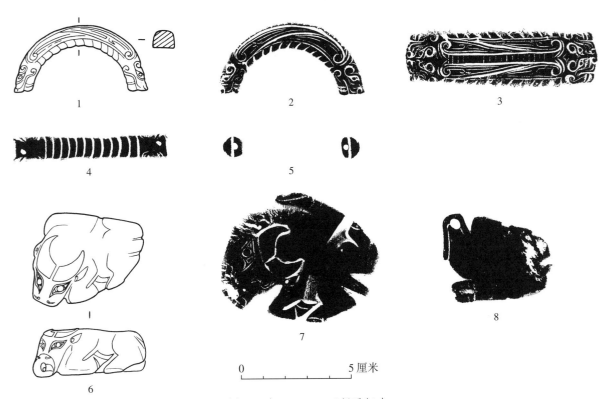

图五〇九 M2006玉佩及拓本

1. 龙首璜形佩（M2006：79） 2. 龙首璜形佩（M2006：79）侧面纹样拓本 3. 龙首璜形佩（M2006：79）正面纹样拓本 4. 龙首璜形佩（M2006：79）背部纹样拓本 5. 龙首璜形佩（M2006：79）两端面纹样拓本 6. 牛形佩（M2006：73） 7. 牛形佩（M2006：73）正面纹样拓本 8. 牛形佩（M2006：73）底部纹样拓本

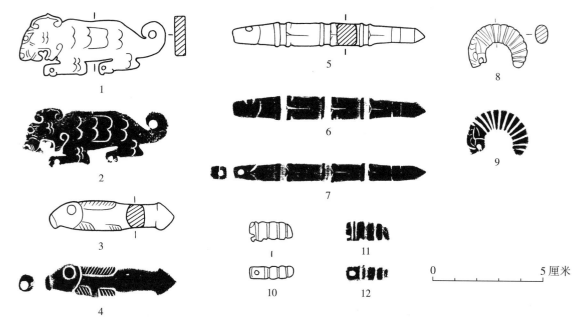

图五一〇 M2006 玉佩及拓本

1. 虎形佩（M2006：86） 2. 虎形佩（M2006：86）纹样拓本 3. 鱼形佩（M2006：77） 4. 鱼形佩（M2006：77）纹样拓本
5. 鱼形佩（M2006：78） 6. 鱼形佩（M2006：78）正面纹样拓本 7. 鱼形佩（M2006：78）侧面纹样拓本 8. 蚕形佩（M2006：81）
9. 蚕形佩（M2006：81）纹样拓本 10. 蚕形佩（M2006：82） 11. 蚕形佩（M2006：82）侧面纹样拓本 12. 蚕形佩（M2006：82）
底部纹样拓本

　　M2006：77，青玉。玉质细腻，半透明。鱼圆睛突吻，以单阴线界出腮、背鳍、腹鳍，尾有三角形钝尖。长 5.6、宽 1.3、厚 1 厘米（图五一〇，3、4；彩版四〇七，4）。

　　M2006：78，青玉。玉质较细，微透。系用柄形器改制而成，鱼身仍保留原柄形器的原状。首端雕成鱼首，圆目平鳃，尖尾直身。器身有分节状的凹弦纹。嘴下有一斜穿。长 8.6、宽 1.1、厚 0.9 厘米（图五一〇，5～7；彩版四〇八，1）。

　　（6）蚕形佩

　　2 件。皆出于墓主人头部右侧。大小、形状、纹样互不相同。皆为圆雕。

　　M2006：81，青玉。玉质致密，润而微透。虎形首，蚕身弯曲，角、目俱全，体做 12 节。口部有一圆穿。长 2.6、高 0.9、厚 0.5 厘米（图五一〇，8、9；彩版四〇八，2）。

　　M2006：82，青玉。玉质较粗，微透。蚕直身，圆眼突出，张口，体做 5 节。口下有一斜穿。长 2、高 0.8、厚 0.5 厘米（图五一〇，10～12；彩版四〇八，3）。

　　（7）笄

　　3 件。出于墓主人头上部两侧。长短、粗细及纹样不同。

　　M2006：74，出于墓主人头部偏右上处。青白玉。玉质细腻，温润微透。圆形管状。一端略细，截面为圆形；另一端略粗，且有缺口，截面为椭圆形。长 8.95、径 0.75～1 厘米（图五一一，1、2；彩版四〇九，1）。

　　M2006：75，出于墓主人头部偏右上处。青白玉。玉质致密，温润微透。圆柱体。首端微束，端头作圆锥形，中部略粗，尾端平齐。首端饰一周凹弦纹和二周凸弦纹。长 11.3、径 0.9 厘米（图五一一，3、4；彩版四〇九，2）。

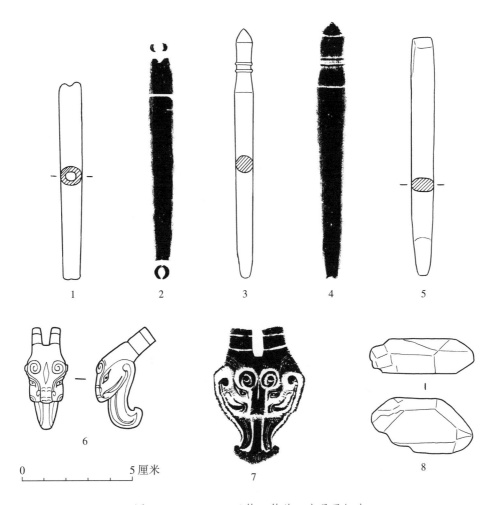

图五一一　M2006 玉笄、笄首，水晶及拓本

1. 玉笄（M2006：74）　2. 玉笄（M2006：74）纹样拓本　3. 玉笄（M2006：75）　4. 玉笄（M2006：75）纹样拓本
5. 玉笄（M2006：84）　6. 玉笄首（M2006：76）　7. 玉笄首（M2006：76）纹样展开图拓本　8. 水晶（M2006：80）

M2006：84，出于墓主人头部偏左上处。青玉。玉质较粗，微透明。扁圆柱体，一端稍有钝尖。长 10.6、径 0.8 ~ 1.1 厘米（图五一一，5；彩版四〇九，3）。

（8）笄首

1 件。

M2006：76，出于墓主人头部右侧，与笄放在一起，应为笄首。原笄之部分应为其他材质，但已腐朽无存。青白玉。玉质细腻，温润微透。圆雕。体作龙首形。螺旋状盘角，臣字目，长须后卷，隆鼻，张口，口吐长舌，舌尖下勾，颈中部有长方形榫。颈部饰二周凹弦纹。高 4.6、宽 1.9 厘米（图五一一，6、7；彩版四〇九，4）。

（9）水晶

1 件。

M2006：80，出于墓主人头部偏右上处。无色。透明。呈不规则多面体，无加工痕迹。长 4.8、宽 1.5 ~ 2.2、高 1.5 厘米（图五一一，8；彩版四〇八，4）。

3. 单佩

11 件。计有玦、夔龙形佩、龙形佩、双人纹兽形佩、狗形佩、鸽形佩、鸟形佩七种。

（1）玦

4 件。出于墓主人颈部两侧。每二件玉质、大小、纹样相同者为一对。皆作圆形扁平体，有缺口，断面呈长方形。依纹样不同，可分为人纹及龙纹玦和刻纹玦二种。

① 人纹及龙纹玦

2 件。成对。皆青玉。玉质细腻，半透明。正面饰人纹，其主体纹样为侧视人首，椭圆形目，隆鼻，云纹大耳，无下颚。头上有细长发，长发前有刘海与额发平齐，后长披至肩上。人首纹下与一龙形单爪相接；背面饰连体龙纹，其主体纹样为一卷鼻吐舌、大眼角、臣字目的顾首龙纹。其下与另一组椭方形目、吐长舌之相背龙纹连接，龙身上饰有细丝纹。

M2006：88，出于墓主人颈部右侧。外径 4.8、内径 1.8、厚 0.4 厘米（图五一二；彩版四一〇，1、2）。

M2006：91，出于墓主人颈部左侧。背面有墨斑。外径 4.8、内径 1.8、厚 0.4 厘米（图五一三，1～3；彩版四一〇，3、4）。

② 刻纹玦

2 件。成对。皆青玉。玉质细腻，微透明。系用旧玉改制而成。两件玦的正面均留有原器的部分刻纹，背面为素面。

M2006：87，出于墓主人颈部右侧。正面饰斜刻纹。外径 3.1、内径 1、厚 0.4 厘米（图五一三，4、5；彩版四一一，1）。

M2006：92，出于墓主人颈部左侧。正面饰圆角刻纹。外径 3.1、内径 1、厚 0.4 厘米（图五一三，6、7；彩版四一一，2）。

（2）夔龙形佩

1 件。

M2006：95，出于墓主人腰部。尾部略残。青玉。玉质细腻，半透明。片雕。体扁平，作夔龙状。椭方形目，菌状柱角，垂首大口，躬背屈身，单爪著地，粗长尾上扬。双面均饰简单线刻纹，腿上部饰单线回纹。口部有一个单面钻圆穿。高 3.6、长 5.7、厚 0.4 厘米（图五一四，1、2；

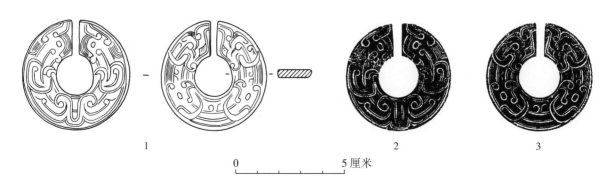

1　　　　　　　　　　　　　　　　　2　　　　　　　3

0　　　　　　　5厘米

图五一二　M2006 人纹及龙纹玉玦（M2006：88）及拓本

1. 人纹及龙纹玦　2. 正面纹样拓本　3. 背面纹样拓本

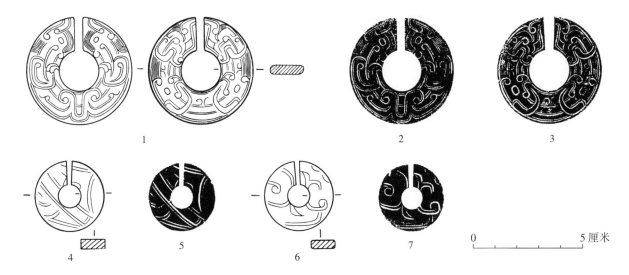

图五一三　M2006 玉玦及拓本

1. 人纹及龙纹玦（M2006：91）　2. 人纹及龙纹玦（M2006：91）正面纹样拓本　3. 人纹及龙纹玦（M2006：91）背面纹样拓本
4. 刻纹玦（M2006：87）　5. 刻纹玦（M2006：87）纹样拓本　6. 刻纹玦（M2006：92）　7. 刻纹玦（M2006：92）纹样拓本

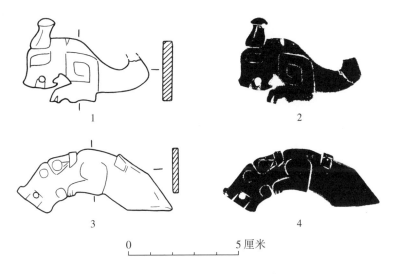

图五一四　M2006 玉佩及拓本

1. 夔龙形佩（M2006：95）　2. 夔龙形佩（M2006：95）纹样拓本　3. 龙形佩（M2006：101）　4. 龙形佩（M2006：101）纹样拓本

彩版四一一，3）。

（3）龙形佩

1件。

M2006：101，出于墓主人腰部。青玉，有黄白斑和灰白斑。玉质细腻，润而微透。体扁平，双面片雕。正、背面纹样相同。龙圆睛大口，宝瓶状角贴脊后披，单爪前屈著地，尾部为三角形锋尖。嘴部有一个圆穿。长7、宽2、厚0.25厘米（图五一四，3、4；彩版四一一，4）。

（4）双人纹兽形佩

1件。

M2006：100，出于墓主人腰下偏左处。青白玉。玉质细腻，微透。片雕。长条形扁平体。正、背面纹样相同。兽作垂首平视，曲腿扬尾状。兽身饰缠体双人首纹，人首作侧视状，细丝长发，扁额，臣字目，双眼角下垂，圆蒜头鼻，阔口。一侧人首之长发直而上扬，另一侧人首之长发曲而上扬；曲而上扬者用作兽首，直而上扬者用作兽尾。两端各有一个圆穿。长5.2、高1.6、厚0.3厘米（图五一五，1～3；彩版四一二，1、2）。

（5）狗形佩

1件。

M2006：97，出于墓主人腰下偏左处。青玉。玉质细腻，微透。片雕。体扁平。正、背面纹样相同。垂首，臣字目，张口露齿，塌腰屈腿，尾上卷。均以单阴线界出各部位轮廓。口及尾处各有一穿。长5.3、高2.9、厚0.4厘米（图五一五，4、5；彩版四一二，3）。

（6）鸽形佩

1件。

M2006：96，出于墓主人腰下略偏上处。青白玉，有灰白斑。玉质致密而微透。片雕。正、背面纹样相同。昂首短喙，单爪后曲，宽岔尾。眼与颈部各有一圆穿。长7.5、高3.9、厚0.5厘米（图五一六，1、2；彩版四一二，4）。

（7）鸟形佩

2件。出于墓主人腰下。大小、形状、纹样互不相同。皆为片雕。

M2006：98，青玉。玉质较细，微透明。正、背面纹样相同。凸睛短喙，昂视于天，挺胸敛翅，曲爪著地，长尾后翘。皆以单阴线界出各部位轮廓。胸部有一圆穿。长3.2、宽1.95、厚0.6厘米（图五一六，3、4；彩版四一二，5）。

M2006：99，青玉。质地致密，微透明。正、背面纹样相同。圆睛突喙，首上有冠，垂胸翘翅，单爪曲于前，鱼形尾垂于后。眼睛处为一圆穿。长1.9、高2.8、厚0.5厘米（图五一六，5、6；

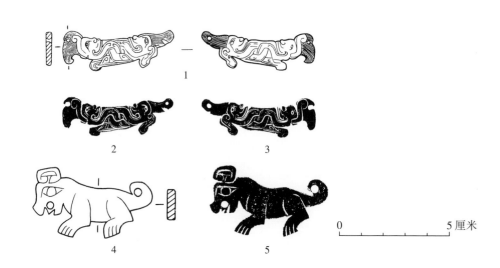

图五一五　M2006玉佩及拓本

1. 双人纹兽形佩（M2006：100）　2. 双人纹兽形佩（M2006：100）正面纹样拓本　3. 双人纹兽形佩（M2006：100）背面纹样拓本
4. 狗形佩（M2006：97）　5. 狗形佩（M2006：97）纹样拓本

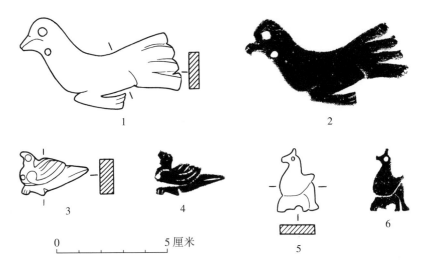

图五一六 M2006 玉佩及拓本

1. 鸽形佩（M2006：96） 2. 鸽形佩（M2006：96）纹样拓本 3. 鸟形佩（M2006：98） 4. 鸟形佩（M2006：98）纹样拓本
5. 鸟形佩（M2006：99） 6. 鸟形佩（M2006：99）纹样拓本

彩版四一二，6）。

（三）殓玉

26 件。有缀玉幎目、口琀玉（即玉琀）、手握玉三种。

1. 缀玉幎目

1 组，14 件。出于墓主人面部（图五一七、五一八）。

M2006：89，由 14 件仿似人面部器官形状的各形玉佩组合联缀成人的面部形象（彩版四一三）。计有额、眉、眼、下眼睑、耳、鼻、腮、口、下颚共九种。

（1）额

1 件。

M2006：89-1，青玉，有灰白斑。玉质细密，微透明。片雕。全器似一简化鸟形，首、尾俱全。首部有一个斜穿。高 4.4、宽 4.6、厚 0.3 厘米（图五一九，1、2；彩版四一四，1）。

（2）眉

2 件。大小、形状、纹样互不相同。皆为扁平片雕，正、背面所饰纹样相同。

M2006：89-2，左眉。为一虎形佩，尾尖残缺。青玉。玉质细腻，微透明。虎作蹲伏状，全器以单阴线界出各部轮廓。云形耳，椭方形目，双腿前屈，塌腰躬身，昂首前视，粗尾卷扬。嘴及尾部各有一圆穿。长 7.3、高 2.9、厚 0.35 厘米（图五一九，3、4；彩版四一四，2）。

M2006：89-3，右眉。为一龙纹璜，一端略残。青玉。玉质细腻，微透明。两端饰简化的曲体龙纹，龙首为阴刻，云纹大角，臣字形目，双眼角曲而下勾，卷鼻吐舌，单爪，爪尖内勾。两端有单面钻圆孔。残长 6.1、宽 1.8、厚 0.4 厘米（图五一九，5、6；彩版四一四，3）。

（3）眼

2 件。大小、形状、纹样互不相同。皆为双面片雕。

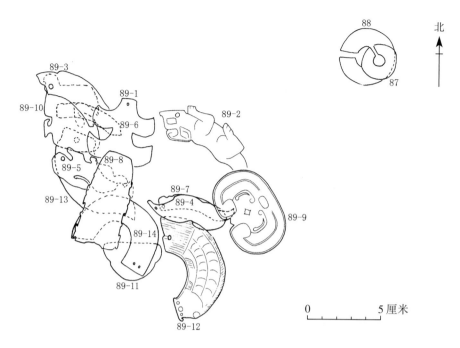

图五一七　M2006 缀玉幎目（M2006：89）出土情况

87. 刻纹玦　88. 人纹及龙纹玦　89-1. 额　89-2. 左眉　89-3. 右眉　89-4. 左眼　89-5. 右眼　89-6. 左下眼睑　89-7. 右下眼睑
89-8. 鼻　89-9. 左耳　89-10. 右耳　89-11. 口　89-12. 左腮　89-13. 右腮　89-14. 下腭

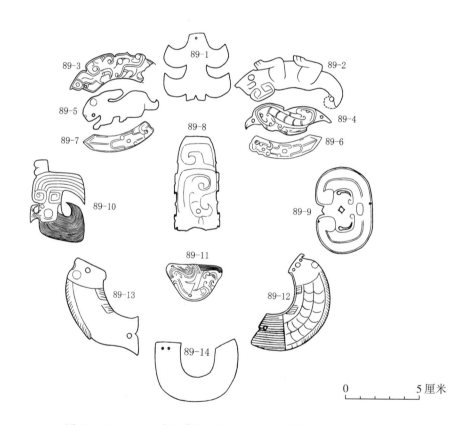

图五一八　M2006 缀玉幎目（M2006：89）复原图

89-1. 额　89-2. 左眉　89-3. 右眉　89-4. 左眼　89-5. 右眼　89-6. 左下眼睑　89-7. 右下眼睑　89-8. 鼻　89-9. 左耳　89-10. 右耳
89-11. 口　89-12. 左腮　89-13. 右腮　89-14. 下腭

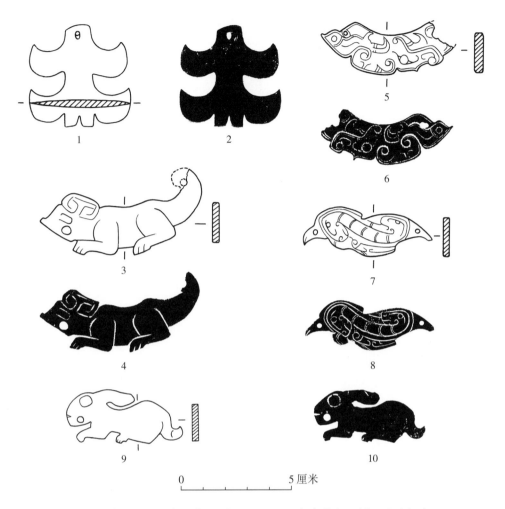

图五一九　M2006 缀玉幎目（M2006：89）中的额、眉、眼及拓本

1. 额（M2006：89-1）　2. 额（M2006：89-1）纹样拓本　3. 左眉（M2006：89-2）　4. 左眉（M2006：89-2）纹样拓本　5. 右眉（M2006：89-3）　6. 右眉（M2006：89-3）背面纹样拓本　7. 左眼（M2006：89-4）　8. 左眼（M2006：89-4）纹样拓本　9. 右眼（M2006：89-5）　10. 右眼（M2006：89-5）纹样拓本

　　M2006：89-4，左眼。为一双龙纹鸟形佩。青玉。玉质细腻，微透明。两面所饰纹样相同。鸟勾喙伸颈，颈下有垂囊，单爪回曲，长尾下垂。身上饰双顾首连体龙纹，曲爪处饰斜角云纹。喙、尾处各有一个单面钻圆穿。长 5.9、高 2.05、厚 0.3 厘米（图五一九，7、8；彩版四一四，4）。

　　M2006：89-5，右眼。为一兔形佩。青玉，有黄白斑。玉质细腻，半透明。兔圆眼前视，长耳贴背，耸臀曲腿，短尾微翘。嘴部一穿。长 5.2、高 2.3、厚 0.3 厘米（图五一九，9、10；彩版四一五，1）。

　　（4）下眼睑

　　2 件。为一对龙纹佩。大小、形状、纹样基本相同，皆为双面片雕。青玉。玉质细腻，微透明。体作长条弧形，器表饰阴线顾首龙纹。方圆目，卷鼻，张口，有角，尾部为三角形锋尖。龙身饰一简化龙首纹，椭圆形目。上端有一个圆穿。

　　M2006：89-6，左下眼睑。长 5、宽 1.1、厚 0.2 厘米（图五二〇，1、2；彩版四一五，2）。

　　M2006：89-7，右下眼睑。长 5、宽 1.1、厚 0.2 厘米（图五二〇，3、4；彩版四一五，3）。

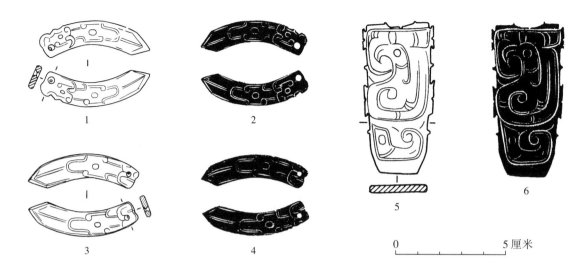

图五二〇　M2006 缀玉幎目（M2006：89）中的下眼睑、鼻及拓本

1. 左下眼睑（M2006：89-6）（上为正面，下为背面。下同）　2. 左下眼睑（M2006：89-6）纹样拓本　3. 右下眼睑（M2006：89-7）
4. 右下眼睑（M2006：89-7）纹样拓本　5. 鼻（M2006：89-8）　6. 鼻（M2006：89-8）纹样拓本

（5）鼻

1件。

M2006：89-8，为一凤鸟纹璋。青玉，有灰白斑和黄褐斑。玉质细而密，微透明。片雕。扁平条状，顶部略宽，底部稍斜收，周边有"钮牙之饰"。正、背面所饰纹样相同，皆饰龙凤合纹。上为一凤，高冠，勾喙，圆目，长尾上卷；下为一简化龙，椭圆睛，曲体卷尾。高6.7、宽1.7～3.2、厚0.3厘米（图五二〇，5、6；彩版四一五，4）。

（6）耳

2件。大小、形状、纹样互不相同。皆为片雕。

M2006：89-9，左耳。为一龙纹玉耳。青玉，有浅黄斑和灰白斑。玉质较细，微透明。单面饰单阴线俯视简化龙纹，椭圆形目，两侧为曲体龙身。中部有十字形芽形透雕孔，外侧边缘部有二个细小穿孔。高5.7、宽3.9、厚0.2厘米（图五二一，1、2；彩版四一六，1）。

M2006：89-10，右耳。为一鹦鹉形佩。青白玉。玉质细密，润而微透。两面所饰纹饰相同。圆睛巨冠，勾喙挺胸，长尾后摆，单足直立。冠上饰细如发丝的阴线纹，胸部饰回纹，尾部饰阴线羽纹。勾喙处有一圆穿。高5.2、宽3.8、厚0.55厘米（图五二一，3、4；彩版四一六，2）。

（7）口

1件。

M2006：89-11，一面为人面纹，一面为龙纹佩。青白玉，有灰白斑。玉质温润细腻，半透明。片雕。器呈圆角三角形。正面饰团身人面纹，人面仰首前视，前额扁平，细长发丝起于额前披于脑后，宽眉圆睛，圆角下垂，隆鼻阔口，嘴角上翘，云形方耳，挺胸团身，单臂上伸，手似利爪抚于肩上，爪分四指，一指微屈前伸，余三指并拢，手中似抓有物；背面饰曲体相背的阴线双龙纹，龙作椭方形目，首上有角，曲体卷尾，身饰鳞纹。人面纹下腹部处有一个单面钻圆穿。长4.1、高2.5、厚0.5厘米（图五二一，5、6；彩版四一五，5）。

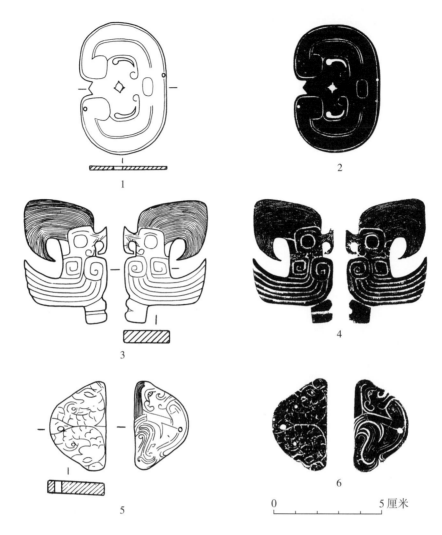

图五二一 M2006 缀玉幎目（M2006∶89）中的耳、口及拓本

1. 左耳（M2006∶89-9） 2. 左耳（M2006∶89-9）纹样拓本 3. 右耳（M2006∶89-10）（左为背面，右为正面。下同）
4. 右耳（M2006∶89-10）纹样拓本 5. 口（M2006∶89-11） 6. 口（M2006∶89-11）纹样拓本

（8）腮

2件。形状相似，大小、纹样有别。皆为鱼形璜。鱼身扁平，拱背，圆睛，首、尾处各有圆穿。正、背面纹样相同。

M2006∶89-12，左腮。青玉。玉质较细，微透明。鱼的眼、鳃、鳍、尾俱全，身饰三排鳞纹。嘴部有一行三穿，尾部一穿。长7.1、宽2.5、厚0.4厘米（图五二二，1、2；彩版四一六，3）。

M2006∶89-13，右腮。青白玉。玉质细腻，透明。鱼尾分岔，并用单阴线界出脊鳍、腹鳍等。首、尾处各有一圆穿。长7.7、宽2.6、厚0.25厘米（图五二二，3、4；彩版四一六，4）。

（9）下腭

1件。

M2006∶89-14，系用旧器改制而成。青白玉。玉质细腻，微透明。璜形，扁平体，外侧边缘处为斜杀。一端有两个细小圆穿。径6、宽1.7、厚0.2厘米（图五二二，5、6；彩版四一六，5）。

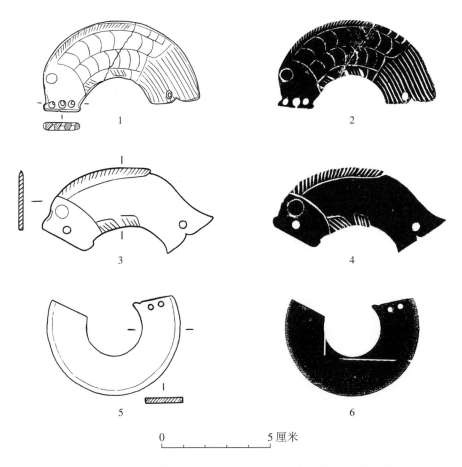

图五二二　M2006 缀玉幎目（M2006：89）中的腮、下腭及拓本

1. 左腮（M2006：89-12）　2. 左腮（M2006：89-12）纹样拓本　3. 右腮（M2006：89-13）　4. 右腮（M2006：89-13）纹样拓本

5. 下腭（M2006：89-14）　6. 下腭（M2006：89-14）纹样拓本

2. 口琀玉（即玉琀）

1 组，10 件。出于墓主人口内（图五二三、五二四）。

M2006：93，由 10 件形状、大小不同的小玉管串系而成。青白玉或青玉。质地细腻，润而微透。体或作圆形，或作扁圆形，或作椭方形，或作长方形。其中三件器表饰有纹饰，饰龙纹者 1 件，饰弦纹者 1 件，饰弦纹与几何纹者 1 件（彩版四一七）。

M2006：93-1，青玉，有大量的灰黑斑。椭方形管，表面饰龙纹。长 1.4、宽 1.3、厚 0.6 厘米（图五二五，1、2）。

M2006：93-2，青玉，有灰黑斑。扁圆形管，素面。长 2、径 1.3 厘米 ×0.6 厘米（图五二五，3）。

M2006：93-3，青玉，有较多的灰黑斑。长方形管，素面。长 1.7、宽 1、厚 0.6 厘米（图五二五，4）。

M2006：93-4，青玉，有少量的灰黑斑。扁方形管，素面。长 1.4、宽 1.1、厚 0.7 厘米（图五二五，5）。

M2006：93-5，青玉，有灰黑斑。长方形管，素面。长 1.2、宽 0.9、厚 0.5 厘米（图

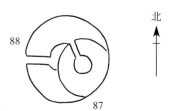

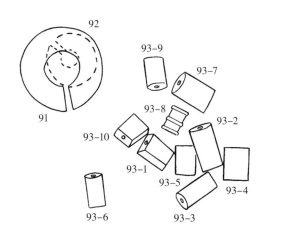

图五二三 M2006 口琀玉（M2006：93）出土情况

87、92.刻纹玦 88、91.人纹及龙纹玦 93-1、93-6.椭方形管 93-2.扁圆形管 93-3、93-5.长方形管 93-4、93-7、93-10.扁方形管 93-8、93-9.圆形管

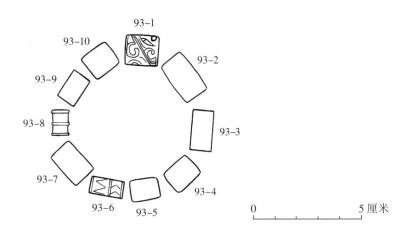

图五二四 M2006 口琀玉（M2006：93）复原图

93-1、93-6.椭方形管 93-2.扁圆形管 93-3、93-5.长方形管 93-4、93-7、93-10.扁方形管 93-8、93-9.圆形管

五二五，6）。

M2006：93-6，青白玉。圆形管，表面饰弦纹与几何纹。长 1.5、直径 0.75 厘米（图五二五，7、8）。

M2006：93-7，青玉，有灰黑斑。近扁方形管，素面。长 1.6、宽 1.1、厚 0.8 厘米（图五二五，9）。

M2006：93-8，青玉，有灰黑斑。圆形管，表面饰三周凸弦纹。长 1、直径 0.8 厘米（图五二五，10）。

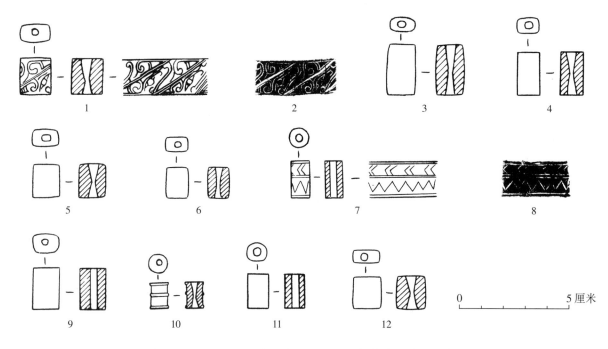

图五二五　M2006 口玲玉（M2006：93）中的玉管及拓本

1.椭方形管（M2006：93-1）　2.椭方形管（M2006：93-1）纹样拓本　3.扁圆形管（M2006：93-2）　4.长方形管（M2006：93-3）
5.扁方形管（M2006：93-4）　6.长方形管（M2006：93-5）　7.圆形管（M2006：93-6）　8.圆形管（M2006：93-6）纹样拓本
9.扁方形管（M2006：93-7）　10.圆形管（M2006：93-8）　11.圆形管（M2006：93-9）　12.扁方形管（M2006：93-10）

M2006：93-9，青玉，有灰黑斑。圆形管，素面。长 1.4、直径 0.8 厘米（图五二五，11）。

M2006：93-10，青玉。扁方形管，素面。长 1.3、宽 1.2、厚 0.5 厘米（图五二五，12）。

3.手握玉

2 件。出于墓主人左、右手部。形制、纹饰相同，大、小略异。皆青玉。玉质细腻，微透明。管状，两端平齐。一端略粗，另一端较细，中部束腰。器表面饰阴线螺旋状龙纹，龙首前出，卷鼻，龙身饰重环纹。中部单面钻一天地孔。

M2006：105，出于左手处。长 6.3、径 1.8 ~ 2.3、孔径 0.5 ~ 1 厘米（图五二六，1、2；彩版四一八，1）。

M2006：104，出于右手处。长 6.35、径 1.9 ~ 2.4、孔径 0.7 ~ 1.2 厘米（图五二六，3、4；彩版四一八，2）。

（四）用具

12 件。可分为觿和匕二种。

1.觿

3 件。或为坠饰。皆作角状弧形，中部束腰。首端有穿孔，末端有钝尖或锐尖。正、背面纹样相同。可分为王伯觿和虎纹觿二种。

（1）王白觿

1 件。

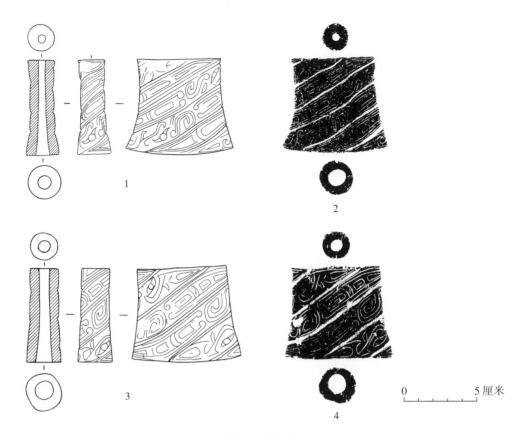

图五二六　M2006 手握玉及拓本

1. 左手握玉（M2006：105）　2. 左手握玉（M2006：105）纹样拓本　3. 右手握玉（M2006：104）　4. 右手握玉（M2006：104）
纹样拓本

M2006：71，出于墓主人颈部之上。青玉。玉质细腻，温润而微透。上部以双勾阴线雕作龙形，龙首前伸，臣字目，斜眼角，张口躬身，宝瓶状角，贴脊，龙腿前曲，双爪著地，龙尾上卷。龙身饰回纹，龙尾饰单排重环纹；下部饰三组变形蝉纹，间以二周平行线纹。龙卷尾处有一圆穿。器下部刻有竖款排列的文字一行 2 字，即：

王白（伯）。

"白"字曾重刻，之前刻"白"字较小，笔画亦较细浅；后刻"白"字形体较大，且下部压于原"白"字之上。长 9.2、宽 2.5、厚 0.7 厘米（图五二七；彩版四一八，3、4）。本器的制作年代为商。

（2）虎纹觿

2 件。

M2006：69，出于墓主人面部偏左处。青玉。玉质细腻，微透明。片雕。体较厚重。上部饰单线虎纹，虎巨口大张，躬身曲腿，团尾状；下部饰单体蕉叶纹，间有二周平行线纹。尾处有一圆穿。长 10.8、宽 2.2、厚 0.8 厘米（图五二八，1、2；彩版四一九，1、2）。

M2006：70，出于墓主人面部偏左处。青玉。玉质细腻，微透明。体极厚重。上部饰虎纹，椭方形目，前爪伏地，短躯，尾部向上回卷。下部无纹饰。尾部有一圆穿。长 9.1、宽 2.6、厚 1.2 厘米（图五二八，3、4；彩版四一九，3、4）。

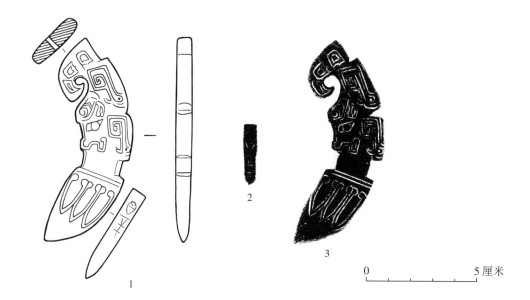

图五二七　M2006 玉柄玉觿（M2006：71）及拓本
1. 玉柄觿（左为正面，右为侧面）　2. 铭文拓本　3. 纹样拓本

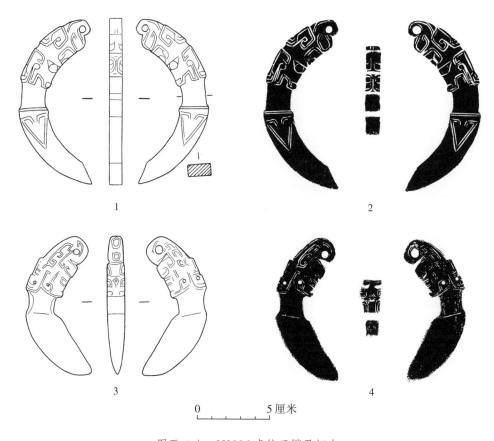

图五二八　M2006 虎纹玉觿及拓本

1. M2006：69（左为背面，中为侧面，右为正面）　2. M2006：69 纹样拓本（左为背面，中为内侧面，右为正面）　3. M2006：70（左为背面，中为内侧面，右为正面）　4. M2006：70 纹样拓本（左为背面，中为内侧面，右为正面）

2. 匕

9件。皆出于棺盖板上。均作扁薄长条形，两端基本平齐，宽窄略有差异。可分为平刃匕与角刃匕二种。

（1）平刃匕

6件。扁平条状。首端稍宽，末端略窄，且有平齐的刃部。

M2006：17，青白玉。玉质较细，微透明。系用旧玉改制而成，末端一角有原器的残孔部分。首端一角有角刃，且有使用时遗留下来的崩疤，末端有钝厚双面刃。一面有线状切割痕，两面遗存有一层经纬分明的麻布痕迹。长11.5、宽3.1、厚0.4厘米（图五二九，1；彩版四二〇，1）。

M2006：18，已断裂为三块。青玉。玉质较粗，不透明。器身较厚，两侧较薄，末端有双面钝刃。长12.6、宽2.8、厚0.4厘米（图五二九，2；彩版四二〇，2）。

M2006：23，已断裂为二块，末端一角残损。青玉，有少量黄褐斑。玉质较粗，不透明。器身较厚，末端较薄似刃。背面留有朱砂痕迹。长12、宽2.5、厚0.4厘米（图五二九，3；彩版四二〇，3）。

M2006：8，已断裂为三块，首端一侧残缺。青玉，有黄褐斑。玉质较粗，不透明。器身较厚，末端磨出双面锐刃，且有使用时遗留下来的崩疤。长11、宽2.5、厚0.4厘米（图五三〇，1；彩版四二一，1）。

M2006：14，已断裂为二块，末端一角残损。青玉，有黄褐斑。玉质较粗，微透明。器身较厚，首端两角与末端磨出单面锐刃。长13.5、宽2.5、厚0.35厘米（图五三〇，2；彩版四二一，2）。

M2006：22-2，已断裂为三块，首端残缺。青玉。玉质较细，不透明。器身较薄，末端磨出单面锐刃。残长11.7、宽2.4、厚0.2厘米（图五三〇，3；彩版四二一，3）。

（2）角刃匕

3件。扁平条状。在匕的首端或末端的一角磨出钝刃或锐刃。

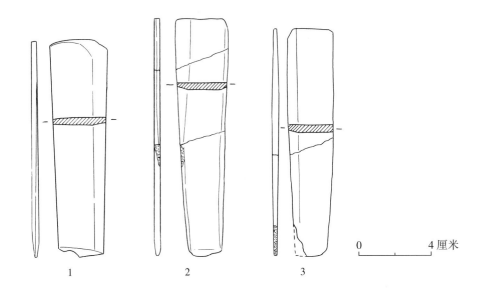

图五二九　M2006 平刃玉匕
1. M2006：17　2. M2006：18　3. M2006：23

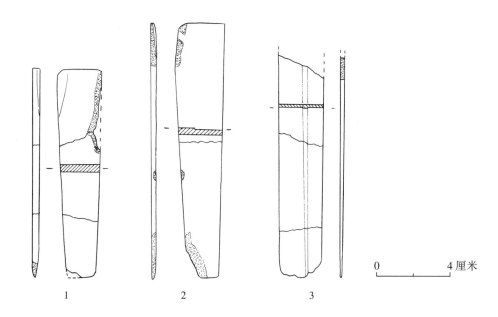

图五三〇　M2006 平刃玉匕
1. M2006：8　2. M2006：14　3. M2006：22-2

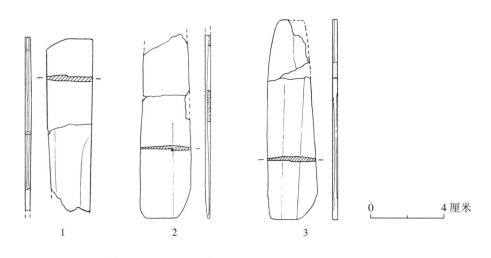

图五三一　M2009 角刃玉匕
1. M2006：6　2. M2006：16　3. M2006：22-3

M2006：6，已断裂为二块，末端略残。青玉，有黄褐斑。玉质较粗，不透明。器身较薄，首端稍宽，首端一角为斜角，末端一角磨出锐刃。长9.1、宽2.5、厚0.3厘米（图五三一，1；彩版四二二，1）。

M2006：16，已断裂为二块，器身一侧中部和首端残缺。青玉，有黄褐斑。玉质较粗，微透明。器身较薄，首端稍窄，末端一角有单面锐刃，背面有线状切割痕。残长9.7、宽2.8、厚0.3厘米（图五三一，2；彩版四二二，2）。

M2006：22-3，已断裂为二块，末端一角残缺。青玉。玉质较粗，微透明。器身较薄，首端稍窄，末端一角有钝刃，背面有线状切割痕。长10.4、宽2.6、厚0.3厘米（图五三一，3；彩版四二二，3）。

（五）饰件

6件。分为柄形器和条形饰二种。

1. 柄形器

1件。

M2006：106，出于墓主人腰下偏右处。出土时两面皆有红色或褐色丝织品痕迹。青白玉。玉质致密，微透明。体作扁长方形，首端为柄部，平顶，柄两侧边略内束，末端两角斜杀平收。柄部阴刻二周平行凸线纹。长17.6、宽2.6、厚0.4厘米（图五三二，1、2；彩版四二二，5）。

2. 条形饰

5件。皆出于棺盖板上。均作扁薄长条形，首端稍宽，末端略窄。

M2006：13，已断裂为二块，首端和末端各有一角残缺。青玉。玉质较粗，不透明。器身较薄，正、背面有线状切割痕。长10.7、宽2.9、厚0.3厘米（图五三二，3；彩版四二二，4）。

M2006：19，已断裂为三块，首端一角和末端均略残。青玉。玉质较粗，不透明。器身较薄，一侧边较薄如刃。背面有线状切割痕，局部有一片经纬分明的麻布痕迹。长11.8、宽2.8、厚0.2厘米（图五三三，1；彩版四二三，1）。

M2006：7，已断裂为四块，末端一角残缺。青玉，有黄褐斑。玉质较粗，微透明。器身较薄，首端一角为斜角。正、背面有线状切割痕。长12、宽2.7、厚0.3厘米（图五三三，2；彩版四二三，2）。

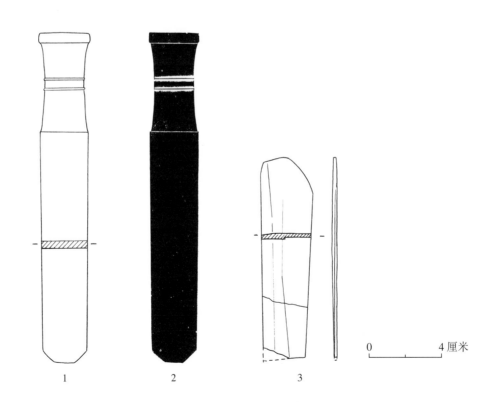

0 _____ 4厘米

　　　　　　　1　　　　　　　　2　　　　　　　　3

图五三二　M2006玉柄形器、条形饰及拓本

1.柄形器（M2006：106）　2.柄形器（M2006：106）纹样拓本　3.条形饰（M2006：13）

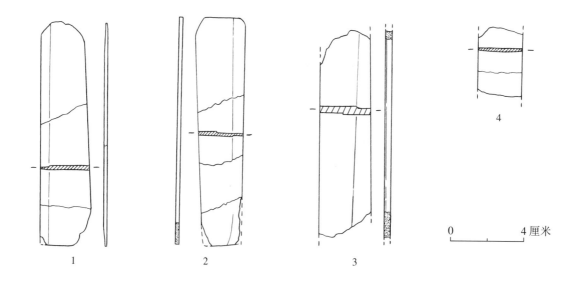

图五三三　M2006 条形玉饰

1. M2006 ：19　2. M2006 ：7　3. M2006 ：20　4. M2006 ：22-4

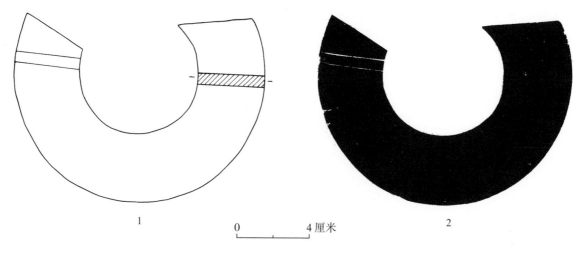

图五三四　M2006 璜形玉器（M2006 ：72）及拓本

1. 璜形器　2. 纹样拓本

M2006 ：20，首端和末端均残缺。青玉，有墨斑。玉质较细，微透明。器身较厚，背面有线状切割痕。残长 11、宽 2.8、厚 0.4 厘米（图五三三，3；彩版四二三，3）。

M2006 ：22-4，残甚，仅存二小截。正面遗存有一层经纬分明的麻布痕迹。青玉。玉质较粗，不透明。器身较薄。残长 3.6、宽 2.4、厚 0.2 厘米（图五三三，4；彩版四二四，1）。

（六）其他

1 件。璜形器。

M2006 ：72，出于墓主人颈部偏下。青玉。玉质细腻，微透明。璜形，扁平体。外侧边缘处

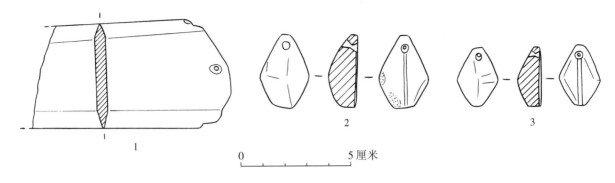

图五三五 M2006 石戈、贝

1. 戈（M2006：25） 2. 贝（M2006：42-1） 3. 贝（M2006：42-2）

为斜杀。一端饰两条阴线平行直线纹。径13.8、宽3.7、厚0.6厘米（图五三四；彩版四二四，2）。

三 石器

51件。计有戈和贝二种。

（一）戈

1件。

M2006：25，出于椁室东南部。残甚。石质。援有刃无脊，短内，内端一侧斜收缺角。内末中部有一小穿孔。残长9、援宽4.6厘米，内长1.3、宽4.3、厚0.5厘米（图五三五，1；彩版四二四，3）。

（二）贝

50枚。出土时散落于椁室四周。形制相似，大小不一。仿贝形，上端有尖，下端略呈弧状。正面上鼓，背面平。中部纵向刻一道浅槽，尖部钻有一单面圆穿。

标本M2006：42-1，为最大者。长3.2、宽2.2、最厚处1.3厘米（图五三五，2；彩版四二五，1）。

标本M2006：42-2，为最小者。长2.6、宽1.9、最厚处1.1厘米（图五三五，3；彩版四二五，1）。

四 陶器

2件。计有锥足鬲和敞口溜肩罐二种。

（一）锥足鬲

1件。

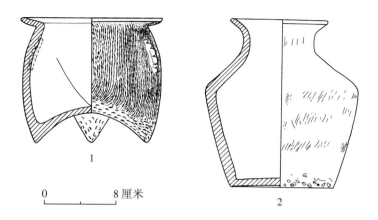

0 _____ 8 厘米

图五三六　M2006 陶鬲、罐

1. 锥足鬲（M2006：67）　2. 敞口溜肩罐（M2006：46）

M2006：67，夹砂陶。陶色呈灰褐色。侈口，斜折沿，束颈，鼓腹，联裆近平，锥足内孔。腹部与三足对应处有三道竖向凸棱。通体饰绳纹。高 13、口径 15.5、腹深 9.4 厘米（图五三六，1；彩版四二六，1）。

（二）敞口溜肩罐

1 件。

M2006：46，泥质浅灰陶。喇叭形敞口，高领，溜肩，腹壁较直略下收，大平底。肩腹部饰经手抹的细绳纹。高 17.5、口径 10.6、腹径 16.5、底径 11.2 厘米（图五三六，2；彩版四二六，2）。

五　骨器、蚌饰、蛤蜊壳

155 件。计有骨器、蚌饰与蛤蜊壳三种。

（一）骨器

23 件。计有贝和残骨器。

1. 贝

22 枚。形制相似，大小略有差异。上端较尖，下端略呈弧状。正面鼓起，背面平面。尖部钻有一单面圆穿。

标本 M2006：41-1，长 2.9、宽 1.7、厚 1 厘米（图五三七，1；彩版四二五，2）。

标本 M2006：41-2，长 2.9、宽 1.9、厚 0.9 厘米（图五三七，2；彩版四二五，2）。

2. 残器

1 件。

M2006：107，出土于墓主人腿部。仅残存三小截。作扁平的薄长条状。最长段残长 3.7、宽 1.6、厚 0.4 厘米。

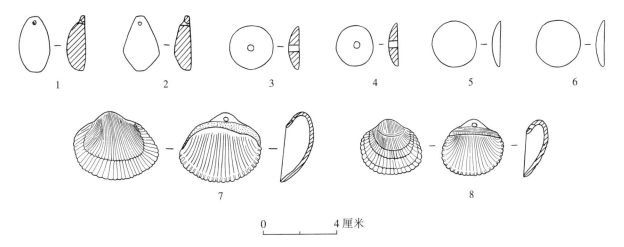

图五三七 M2006 骨贝，蚌饰，蛤蜊壳

1. 骨贝（M2006：41-1） 2. 骨贝（M2006：41-2） 3. 圆形蚌饰（M2006：44-1） 4. 圆形蚌饰（M2006：44-2） 5. 圆形蚌饰（M2006：44-3） 6. 圆形蚌饰（M2006：44-4） 7. 蛤蜊壳（M2006：43-1） 8. 蛤蜊壳（M2006：43-2）

（二）蚌饰

45 件。形状相同。但大小、颜色不一。多数呈白色，少数呈青灰色。皆作扁圆形，正面上鼓，背面平。有的中部有一个圆形穿孔，其中有穿孔者 13 件，无穿孔者 32 件。

标本 M2006：44-1，为较大之有穿孔者。直径 2.3、厚 0.6 厘米（图五三七，3；彩版四二五，3）。

标本 M2006：44-2，为较小之有穿孔者。直径 2.1、厚 0.5 厘米（图五三七，4；彩版四二五，3）。

标本 M2006：44-3，无穿孔。直径 2.4、厚 0.45 厘米（图五三七，5；彩版四二五，3）。

标本 M2006：44-4，无穿孔。直径 2.4、厚 0.4 厘米（图五三七，6；彩版四二五，3）。

（三）蛤蜊壳

87 枚。灰白色。皆扇形，形状相似，大小不一。蒂部磨有小圆孔，可系穿。

标本 M2006：43-1，形体较大。长 4.6、宽 3.5 厘米（图五三七，7；彩版四二五，4）。

标本 M2006：43-2，形体较小。长 3.3、宽 2.9 厘米（图五三七，8；彩版四二五，4）。

第三节 小结

一 铭文简释与墓主认定

M2006 出土有铭器物共 4 件。其中铭文相同者有兽叔父铜盨 2 件，另有丰伯盄父铜匿（簠）1

件，王伯玉觿 1 件。

1. 兽叔父铜盨

盖、器同铭，在盖内上部和器内底部均铸有竖款排列的铭文四行 33 字（含重文 2 字）：

兽（单）盨（叔）夋父乍（作）孟姞旅

盨，用饎（盛）熖（稻）糯需（糯）汤（梁）加（嘉）

宾用卿（飨），有飤则迈（万）人（年）

无疆，子＝孙＝永宝用。

"兽"在金文中与单为一字，应为西周诸侯国名或氏族名。相传单国为成王少子臻所封，地在今山东单县境或单城，春秋中晚期盛极一时。

"叔夋父"为作器者的字。

"孟姞"应是姞姓国君或贵族单叔父的长女。

2. 丰白盨父铜匦（簋）

盖、器同铭，均在盖内上部和器内底部铸有铭文三行 14 字（含重文 2 字）：

丰白（伯）盨父

乍（作）匦（簋），其子＝

孙＝永宝用。

"丰"为国名。有学者认为丰国有姬姓、姜姓和戎狄之分[1]。由室叔簋铭"室叔作丰姞□旅簋"可知，可能另有一个姞姓丰国。

"白（伯）盨父"为作器者的字。

3. 王白玉觿

在器下部刻有竖款铭文 2 字：

王白（伯）。

"王白"应为纪名性质的刻辞，在商周玉石器铭文中常见。从铭文、器形及纹饰可判，此器的制作年代为商晚期。

由上可知，王白玉觿为商器，兽叔父铜盨和丰白盨父铜匦（簋）虽出自虢国墓地，但作器者单叔父和丰伯盨父均非虢国人。故推断 M2006 的墓主是嫁于虢国单叔父之女孟姞，其铜盨和铜匦（簋）则是孟姞作为陪嫁之物带至虢国的。

二　墓主身份

首先，从铜礼器看，孟姞墓出土的 452 件青铜器中有铜礼器 19 件，计有列鼎 3 件、鬲 4 件、盨和圆壶各 2 件、甗、匦（簋）、盘、盉、尊、方彝、爵、觯各 1 件。由此可知该墓为三鼎墓，墓主身份较高。其次，从兽叔父铜盨铭文看，孟姞生前是作为姞姓国君或贵族单叔父之女嫁入虢国的，其身份较高。此外，从孟姞墓内所出铜车马器看，正好配一辆车、两匹马使用。这辆车应是供孟姞平日出行所乘之车。以上这些都表明孟姞的身份应为大夫级贵族夫人。

[1] 蔡运章：《丰国铜器及姬姓丰国史迹初探》，《甲骨金文与古史研究》，中州古籍出版社，1993 年。

三 墓葬年代

从 M2006 出土器物的组合、形制及纹饰等方面考察，其年代应为西周晚期。

此墓的铜礼器组合为鼎、鬲、甗、盨、匜、壶、盘、盉、爵、尊、觯、方彝，为食器、水器、酒器各一套。总体来看，是流行于西周晚期的铜礼器组合形式。其中爵、觯、尊、方彝等酒器的配套组合盛行于殷末周初，到西周中期已不多见。此墓出土这些酒器的组合形式当是西周中期传统的延续，但从其形体较小、素面无纹、制作粗糙、均已为明器的情形来看，显然已不为人们所重视；盘、盉水器的组合也是西周中期较为固定的配套组合形式，晚期多为匜所代替，此墓虽有盉，但已为明器；以盨代簋，及匜的出现又都是西周晚期多见的新形式；三件鼎为列鼎，而列鼎制度是西周中期以后的产物，至晚期才普遍流行。

从随葬青铜礼器、陶器的形制来看，此墓出土的鼎与西周晚期的虢文公鼎[1]、毛公鼎[2]、颂鼎[3]等形制相似；鬲与伯先父鬲[4]等相似；甗上下尚未分体，与叔硕父甗[5]形制相似；盨与伯多父盨[6]相近；匜与虢国墓地 M1820 出土的匜[7]相似；壶与三年疢壶[8]相仿，但稍晚。两件陶器也与沣西西周晚期墓出土的同类器相似，如鬲与张家坡 M157 出土的 IV 式陶鬲、罐与张家坡 M437 出土的罐[9]形制相似。这些都表明该墓的年代应在西周晚期。

M2006 出土的青铜礼器饰有垂鳞纹、重环纹、卷体龙纹、波曲纹等，也是西周晚期流行的纹饰。

M2006 出土的众多玉器，也均符合西周晚期玉器的特点。

综上所述，M2006 出土的铜礼器从组合、形制、纹饰等方面均表明为西周晚期遗物，但其铸造时间略有早晚，其中实用器早于明器。实用器早、晚也有不同，如盨等的铸造年代可早到宣王前后；壶、匜（簋）等与西周晚期的同类器物相似，同时又与春秋早期的一些同类器物接近。可见，此墓的入葬年代应在西周末年。

---

[1] 郭沫若：《两周金文辞大系图录考释》，科学出版社，1958 年。

[2] 郭沫若：《两周金文辞大系图录考释》，科学出版社，1958 年。

[3] 陕西省考古研究所、陕西省文物管理委员会、陕西省博物馆：《陕西出土商周青铜器》（一），文物出版社，1979 年。

[4] 陕西省考古研究所、陕西省文物管理委员会、陕西省博物馆：《陕西出土商周青铜器》（二），文物出版社，1980 年。

[5] 容庚：《商周彝器通考》，哈佛燕京学社出版，1941 年。

[6] 陕西省考古研究所、陕西省文物管理委员会、陕西省博物馆：《陕西出土商周青铜器》（一），文物出版社，1979 年。

[7] 中国科学院考古研究所：《上村岭虢国墓地》，科学出版社，1959 年。

[8] 陕西省考古研究所、陕西省文物管理委员会、陕西省博物馆：《陕西出土商周青铜器》（二），文物出版社，1980 年。

[9] 中国社会科学院考古研究所：《沣西发掘报告》，文物出版社，1962 年。

第四章 大夫墓（M2010）

第一节 墓葬概述

M2010 位于墓地北区的西部，西北与 M2011 相距 6.75 米，西与 M2001CHMK3（原编为 M2004）相距 27.50 米，西南与 M2011 相距 6.25 米（图五）。

一 墓葬形制

M2010 是一座长方形竖穴土坑墓。方向 1°。墓口位于耕土层下，距现地表 0.60 米。墓口南北长 5.40、东西宽 3.90 ~ 3.95 米；墓底略小于墓口，长 4.86、宽 3.63 ~ 3.71 米，墓深 9.60 米。墓壁平滑规整，南北壁基本垂直，东西壁向下斜直外张。墓底四周有生土二层台，宽度不一，北宽 0.28、南宽 0.26、东宽 0.25 ~ 0.40、西宽 0.14 ~ 0.28、高 1.92 米。墓底紧贴墓壁环绕一周浅沟槽，宽 0.16、深 0.06 米，疑是作为排水沟用。在墓底近南、北两端各有一道东西向的浅沟槽，沟槽长 3.50、宽 0.20、深 0.16 米，距南、北壁分别为 0.40 与 0.50 米，用以放置枕木。墓底中部有一椭圆形腰坑，长径 0.80、短径 0.50、深 0.25 米，坑内有两段残兽骨和一块陶片。填土稍加夯打，较硬，夯窝与夯层不明显（图五三八 ~ 图五四〇）。

二 葬具与葬式

（一）葬具

葬具均已腐朽，且坍塌于墓底，从残存的灰白色与灰褐色木质朽痕可知为重棺单椁与一棺罩（图五三八 ~ 五四〇）。

1. 木椁与殓席

木椁位于墓底中部，由盖板、壁板、挡板与底板四部分组成。椁室的壁板和挡板紧挨环形浅

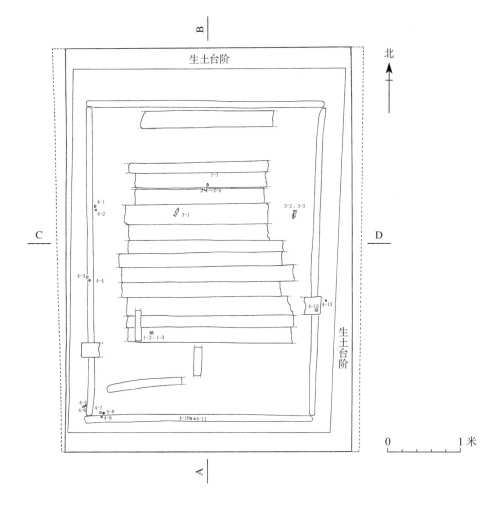

图五三八 M2010 椁盖板及盖板上的随葬器物平面图
1-1 ～ 1-3. 石贝 2-1 ～ 2-5. 陶珠 3-1 ～ 3-3. 铜鱼 4-1 ～ 4-13. 圆形蚌饰

沟槽内侧建成，呈长方形，长 4.30、宽 3.16、高 1.92 米。椁盖板是 28 块长约 3.30、宽 0.14 ～ 0.26、厚约 0.06 ～ 0.07 米的木板东西横向平铺而棚于椁壁板上；四周的壁板和挡板各由 10 ～ 14 块宽约 0.08 ～ 0.10、厚 0.10 ～ 0.20 米的方木相围叠垒而成，其中南、北壁板略长，遮挡于东、西壁板的两端；椁底板是由南北长约 4.80、东西宽 0.15 ～ 0.20、厚约 0.03 米的薄木板以南北纵向平铺于墓底枕木之上，因其长短不齐，有的伸出南北挡板之外。在椁底板下的沟槽内各放置一根枕木，以承托椁体。枕木断面为矩形，长 3.50、宽 0.20、厚 0.16 米（图五四一、五四二）。

椁室内底部铺有一层席子，局部尚有席纹印痕。

2. 棺罩与棺饰

棺为内、外重棺，外棺外尚有棺罩。因塌陷严重，棺罩结构不明。仅在外棺上发现三道呈东西向放置的长木棒痕迹，应为棺罩遗痕。在此痕迹之下及两侧散置有许多铜鱼、陶珠、石贝，原本是柳车（丧车）上的装饰物；其下放置的带有木柄的山字形铜片应是棺饰铜翣（图五四一）。

3. 外棺与棺衣

棺罩之下为外棺，置于椁室中部略偏北，底部长 2.72、宽 1.30、残高 0.10 ～ 0.60 米。盖板是

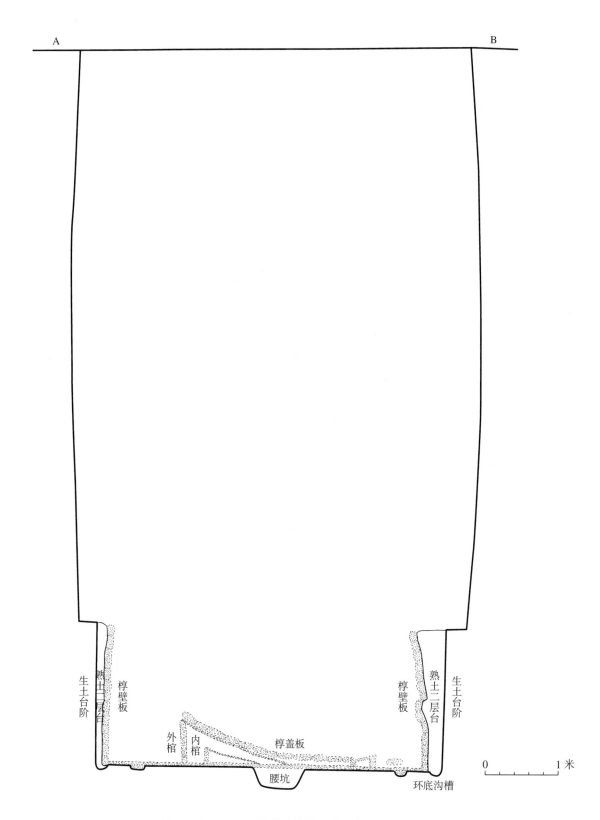

图五三九　M2010 墓葬及棺椁结构纵剖面图

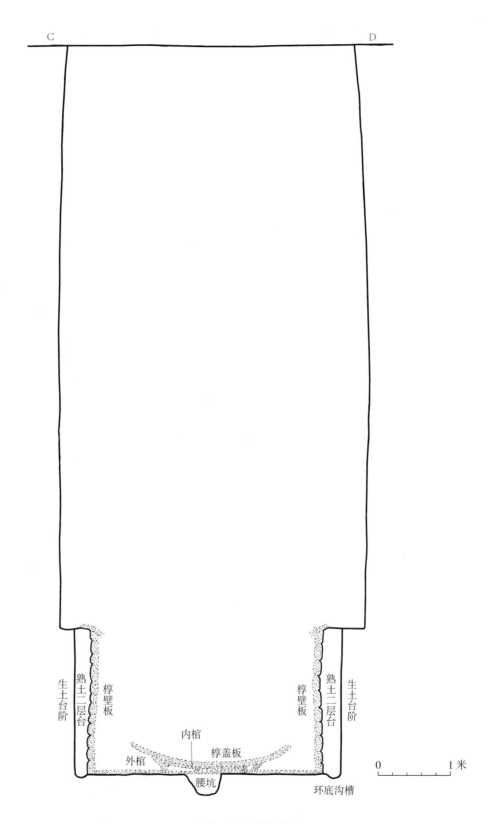

图五四〇　M2010墓葬及棺椁结构横剖面图

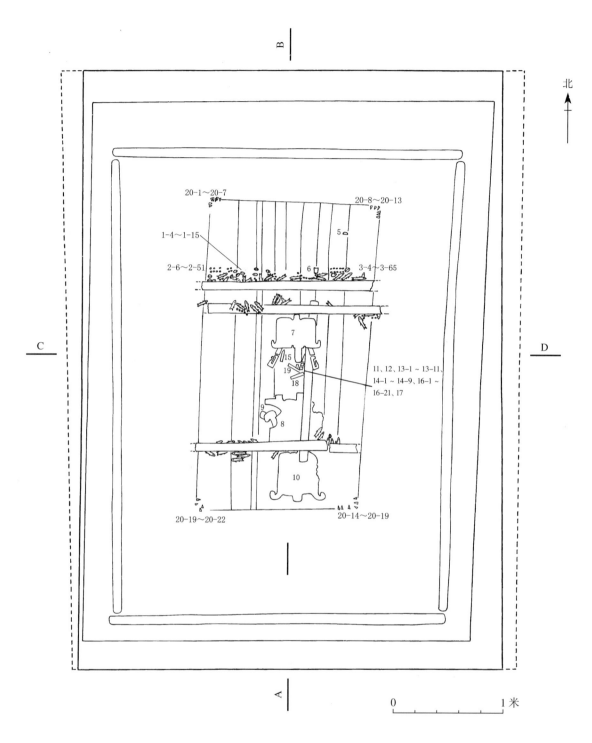

图五四一　M2010棺罩与外棺盖板上随葬器物平面图

1-4 ~ 1-15. 石贝　2-6 ~ 2-51.陶珠　3-4 ~ 3-65. 铜鱼　5. 半圆形玉片　6. 小铜铃　7 ~ 10. 铜翣　11、14-1、17、19. 玉匕
12、13-1、16-1.石匕　13-2 ~ 13-11、16-2 ~ 6-21.条形石缀饰　14-2 ~ 14-9.象牙缀饰　15.石戈　18.玉戈　20-1 ~ 20-22.骨棺钉

由八块纵向放置的薄木板拼成，表面髹黑漆；壁板和挡板皆向外倾斜，南、北挡板的下半部保存稍好，厚约 0.06 米；底板是南北向放置的木板，因与椁底板叠压在一起而难以分辨。

在外棺上覆盖有四层织物，上面三层为丝帛，其上有零星朱砂，应为文献记载中所谓的"荒"，最下一层为麻布，应是棺衣。外棺四角有骨钉，用以固定棺衣。

4. 内棺

内棺位于外棺中部略偏西，底部长 2.1、宽 0.72、壁板厚 0.05 米，高度不祥。底板与顶板因与外棺板相叠压而难以分辨。

（二）葬式

内棺有人骨架一具，已腐朽成粉末状，仅残存部分肋骨、脊椎骨和几颗牙齿。据此推知，墓主人葬式为仰身直肢，头向北。

三 随葬器物的位置

随葬器物因用途差异而被放在墓室内的不同位置，大致有五处：

（一）放在椁盖板上

椁盖板上放置有少量铜鱼、石贝、陶珠、圆形蚌饰等，其中圆形蚌饰放在椁盖板四周（图五三八）。

（二）放在棺罩上

在棺罩的东西向横木两侧及下面放置有许多铜鱼、石贝、陶珠等。其中铜鱼往往每两个放在一起，且头向一致，或相互交叉；陶珠大多数成行排列，显然曾用线绳串连，推测它们原来都是缀在棺罩上的（图五四一）。

（三）放在椁与外棺之间

在椁与外棺之间主要放置铜礼器、兵器、工具、车马器等，还有部分从棺罩上散落下来的铜鱼、石贝、陶珠等。铜礼器集中放在椁室西北角、西南角和东南角，计有鼎、簋、壶、盘、匜、甗等；兵器放置在椁室东侧和南部，计有戈、矛、镞、箭箙、盾鍚等，其中戈、矛多被人为折断或致弯而分置两处，镞分三组放置，每组近 10 件；工具放在椁室东南角，计有斧、锛、凿等；车马器集中在椁室东南部，计有軎、辖、銮、衔、镳、环、络饰、节约、带扣、小腰等（图五四二；彩版四二七）。

（四）放在外棺盖上

在外棺中部放置四件装有木柄的山字形铜翣，其下的棺衣上面放置有戈、匕、刀缀饰等玉石器（图五四三）。此外，在外棺四角外侧各有一些骨钉，用以固定棺衣。

图五四二　M2010墓底随葬器物平面图

1-16 ～ 1-360. 石贝　2-52 ～ 2-492. 陶珠　3-66 ～ 3-310. 铜鱼　20-23 ～ 20-41. 骨棺钉（钉在外棺外四角棺板上）　21. 窃曲纹铜盘　22、29. 重环纹铜鼎　23-1、24-1、25-1、26-1. "S"形窃曲纹铜簋　23-2、24-2、25-2、26-2. "S"形窃曲纹铜簋盖　27、140. 玉匕　28. 波曲纹铜方甗　30、75. 铜矛　31、33、34、45、111、114、123 ～ 129. 铜铃　32-1 ～ 32-9、92-1 ～ 92-10、112-1 ～ 112-9. 铜镞　35-1与35-2合、110. 铜戈　36 ～ 42. 长方钮铜合页　43、46、119. "C"形窃曲纹铜鼎　44. 石戈　47-1、117-1. 波曲纹铜方壶盖　47-2、117-2. 波曲纹铜方壶　48、49、108、109. 铜环　50. "C"形窃曲纹铜匜　51、52、106、107. 多棱形铜害　53、54、81、83、89、91. 素面铜辖　55-1、55-2、56-1、56-2、72-1、72-2、102-1、102-2. 无首铜镳　57-1、57-2、63-1、63-2、65-1、65-2、68-1、68-2. 圆首铜镳　58、59、62、64、66、67、71、86 ～ 88、98 ～ 101. 铜衔　60、103 ～ 105. 铜銮铃　61、76、78、79、93 ～ 97、133. 兽首形铜带扣　69-1 ～ 69-15. 十字形铜节约　69-1 ～ 69-23. "X"形铜节约　70-1 ～ 70-228. 铜络饰　73-1 ～ 73-8. 铜小腰　74-1 ～ 74-9. 牛首形铜带扣　77、80. "S"形窃曲纹铜害　82、90. 重环纹铜害　84、85. 兽首形铜辖　113. 铜箭箙　115、116. 扁筒形铜带扣　118-1、118-2. 铜盾錫　120. 铜锛（在119下）　121. 铜斧（在119下）　122. 铜凿（在119下）　130、131. 蛤蜊壳　132. 小铜环　134、135. 玉玦　136. 管状玉饰　137-1 ～ 137-8. 口琀玉　138. 玉璜　139. 鹦鹉形玉佩　140. 角刃玉匕　141. 柄形玉器　142、143. 手握玉　144-1 ～ 144-4. 薄铜片饰

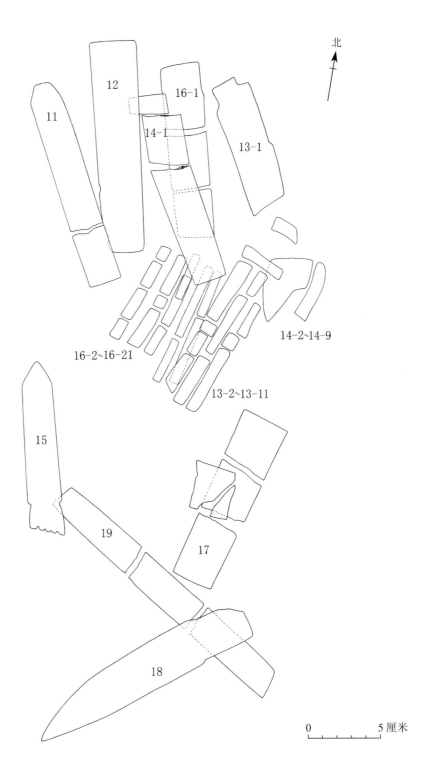

北

16-2~16-21

14-2~14-9

13-2~13-11

0　　　　　　　5 厘米

图五四三　M2010 外棺盖板上玉器、石器、象牙器平面图
11、14-1、17、19.玉匕　12、13-1、16-1.石匕　13-2 ～ 13-11、16-2 ～ 16-21.条形石缀饰　14-2 ～ 14-9.象牙缀饰
15.石戈　18.玉戈

（五）放在内棺内

内棺内主要放置玉器，内棺西部有一件鹦鹉形佩，墓主人头部有一件玉管和二件玉玦，口内有八件口琀玉，胸部有一件玉璜，腹部有一件角刃玉匕和一件玉柄形器，盆骨处有二件手握玉。

第二节　随葬器物

1701 件（颗）。计有铜、玉、石、陶、骨、蚌、木、苇、麻、丝帛十类，以下按质地分类介绍。

一　铜器

726 件。总重量 93.73 千克。依用途的不同，分为礼器、兵器、工具、车器、马器、棺饰与其他七类。

（一）礼器

14 件。总重量 73.26 千克。计有鼎、甗、簋、壶、盘、匜六种。

1. 鼎

5 件。总重量 31.42 千克。其中有列鼎 3 件，另有二件为后配（彩版四二八）。可分为 "C" 形窃曲纹鼎和重环纹鼎两种。

（1） "C" 形窃曲纹列鼎

3 件。总重量 24.95 千克。形制、纹样相似，大小依次递减，为一组列鼎。口微敛，平折沿，方唇，立耳，浅腹略外鼓，圜底，蹄足下端肥大，内侧面有竖向凹槽并裸露范土。口沿下饰一周 "C" 形无目窃曲纹，腹部饰一周凸弦纹，耳外侧饰重环纹。

M2010：43，为形体最大者。耳外侧饰有珠重环纹。通高 35、口径 36.4、腹深 15.2 厘米。重 12.43 千克（图五四四；彩版四二九）。

M2010：46，形体稍小。耳外侧饰无珠重环纹。通高 31.2、口径 31.6、腹深 13.4 厘米。重 8.06 千克（图五四五；彩版四三〇）。

M2010：119，为形体最小者。耳外侧饰无珠重环纹。通高 25.2、口径 27.2、腹深 12.8 厘米。重 4.46 千克（图五四六；彩版四三一）。

（2）重环纹鼎

2 件。总重量 6.47 千克。形制、纹样、大小均有差异。

M2010：29，口微敛，平折沿，方唇，立耳，深腹，圜底，蹄足下端较小，内侧有一平面。腹部饰二周简易无珠重环纹，并界以一周凸弦纹。通高 24.8、口径 23.2、腹深 13.6 厘米。重 2.73 千克（图五四七；彩版四三二，1）。

M2010：22，直口，斜折沿，斜方唇，立耳稍外撇，浅腹，底近平，柱状足。足下端略显蹄形，内侧有一平面，呈现出由柱足向蹄足过渡的形态。腹上部饰一周无珠重环纹，纹样内重以繁

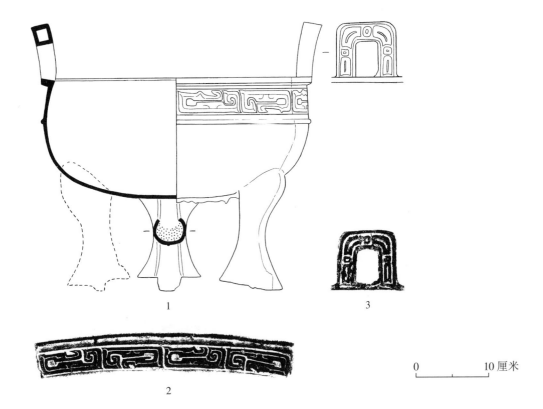

图五四四　M2010"C"形窃曲纹铜鼎（M2010：43）及拓本
1. "C"形窃曲纹鼎　2. 沿下纹样拓本　3. 耳部纹样拓本

图五四五　M2010"C"形窃曲纹铜鼎（M2010：46）及拓本
1. "C"形窃曲纹鼎　2. 沿下纹样拓本　3. 耳部纹样拓本

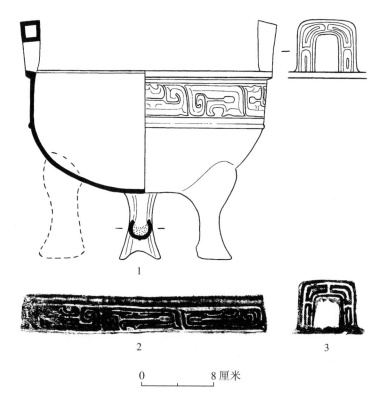

图五四六 M2010"C"形窃曲纹铜鼎（M2010：119）及拓本
1."C"形窃曲纹鼎 2.沿下纹样拓本 3.耳部纹样拓本

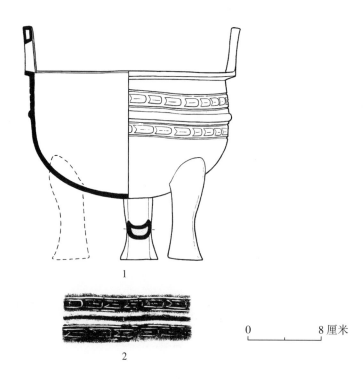

图五四七 M2010重环纹铜鼎（M2010：29）及拓本
1.重环纹鼎 2.腹部纹样拓本

饰，其上下与腹中部各饰一周凸弦纹，耳外侧饰二道平行凹弦纹。底部有烟炱痕。通高25.6、口径25.2、腹深11.6厘米。重3.74千克（图五四八；彩版四三二，2）。

2. 波曲纹方甗

1件。

M2010：28，上甑下鬲，合体浑铸。甑侈口，斜尖唇，附耳有梁，腹壁斜直下收。甑底四边中部各有一个横出的小支钉，当用以承托甑箅（甑箅已失）。鬲短束颈，鼓腹被四等分，平裆，四柱足，足内侧为平面，局部裸露范土。甑腹部饰相连波曲纹，每个鬲足上方各有二个相对称的椭圆形凸饰象征双眼，并与柱足组成简易象首纹。通高32、口长24、口宽18.3、甑腹深12.4、鬲腹深7.2厘米。总重6.71千克（图五四九；彩版四三三）。

3. "S"形窃曲纹簋

4件。总重量17.98千克。出土时器、盖分置。其中M2010：23-1（器）与M2010：23-2（盖）合，M2010：24-1（器）与M2010：24-2（盖）合，M2010：25-1（器）与M2010：25-2（盖）合，M2010：26-1（器）与M2010：26-2（盖）合。形制、纹样、大小相同（彩版四三四）。有盖，中部上隆，顶有喇叭形握手。器身为子口内敛，方唇，垂腹，兽首吐舌环形耳下垂珥。圈足下附三个兽爪形支足。盖缘与口沿各饰一周"S"形凸目窃曲纹，盖面与腹部饰瓦垅纹，圈足饰一周垂鳞纹，支足根部饰浮雕状兽面纹。

M2010：23-1、M2010：23-2，通高19.6、口径15.5、腹径20.4、腹深9.5厘米。重4.33千克（图五五〇；彩版四三五，1）。

M2010：24-1、M2010：24-2，通高20、口径16、腹径20.6、腹深9.9厘米。重4.54千克（图

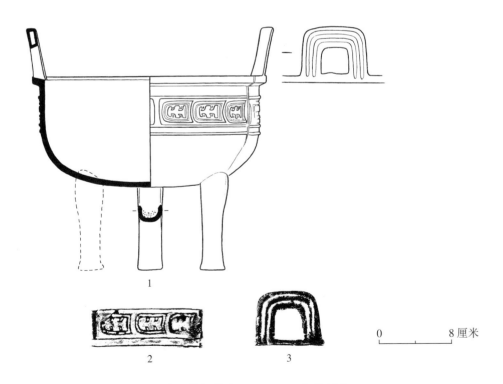

图五四八　M2010重环纹铜鼎（M2010：22）及拓本
1. 重环纹鼎　2. 腹部纹样拓本　3. 耳部纹样拓本

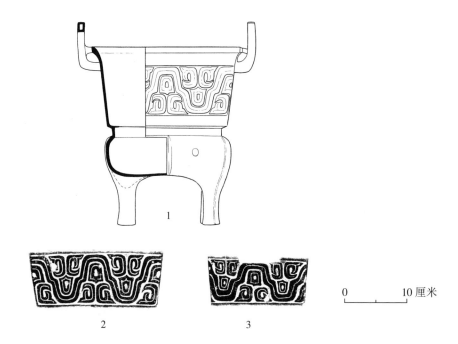

图五四九 M2010 波曲纹铜方甗（M2010：28）及拓本

1.波曲纹方甗 2.甑部正面纹样拓本 3.甑部侧面纹样拓本

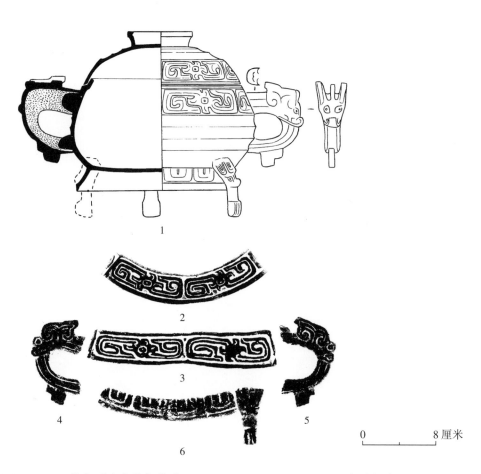

图五五〇 M2010 "S"形窃曲纹铜簋（M2010：23-1、M2010：23-2）及拓本

1."S"形窃曲纹簋 2.盖缘纹样拓本 3.器沿下纹样拓本 4.左耳纹样拓本 5.右耳纹样拓本 6.圈足纹样拓本

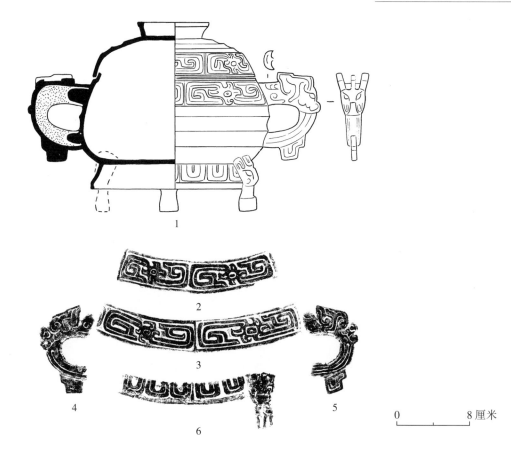

图五五一　M2010 "S" 形窃曲纹铜簋（M2010：24-1、M2010：24-2）及拓本
1. "S" 形窃曲纹簋　2. 盖缘纹样拓本　3. 器沿下纹样拓本　4. 左耳纹样拓本　5. 右耳纹样拓本　6. 圈足纹样拓本

五五一；彩版四三五，2）。

　　M2010：25-1、M2010：25-2，通高 19.7、口径 15.3、腹径 20.8、腹深 9.4 厘米。重 4.4 千克（图五五二；彩版四三六，1）。

　　M2010：26-1、M2010：26-2，通高 20.2、口径 16.7、腹径 20.6、腹深 9.6 厘米。重 4.71 千克（图五五三；彩版四三六，2）。

　　4. 波曲纹方壶

　　2 件。总重量 11.07 千克。出土时器、盖分置。其中 M2010：117-1（盖）与 M2010：117-2（器）合，M2010：47-1（盖）与 M2010：47-2（器）合。形制、大小、纹饰基本相同。有盖，深子口，盖顶有圈顶式握手。器身为敞口，方唇，长颈，颈部附一对称的兽首衔环形耳，垂腹外鼓，方圈足。盖缘与颈上部各饰一周 "S" 形平目窃曲纹，握手饰一周倒鳞纹，腹部饰一周波曲纹。

　　M2010：117-1、M2010：117-2，通高 31.8、口长 12.7、口宽 10.1、腹深 19.4、底长边 17、底短边 13、盖高 10.8 厘米。重 6 千克（图五五四、五五五；彩版四三七）。

　　M2010：47-1、M2010：47-2，通高 31.6、口长 12.8、口宽 9.5、腹深 19.8、底长边 17.6、底短边 13.1、盖高 11.4 厘米。重 5.07 千克（图五五六、五五七；彩版四三八）。

　　5. "C" 形窃曲纹盘

　　1 件。

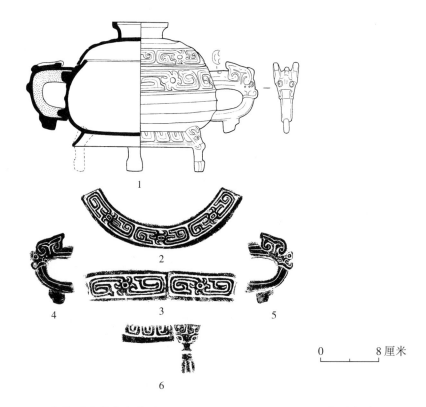

图五五二　M2010 "S" 形窃曲纹铜簋（M2010：25-1、M2010：25-2）及拓本

1. "S" 形窃曲纹簋　2.盖缘纹样拓本　3.器沿下纹样拓本　4.左耳纹样拓本　5.右耳纹样拓本　6.圈足纹样拓本

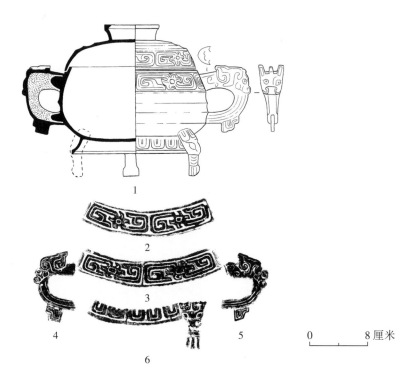

图五五三　M2010 "S" 形窃曲纹铜簋（M2010：26-1、M2010：26-2）及拓本

1. "S" 形窃曲纹簋　2.盖缘纹样拓本　3.器沿下纹样拓本　4.左耳纹样拓本　5.右耳纹样拓本　6.圈足纹样拓本

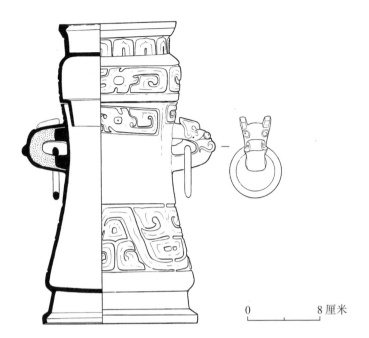

0   8厘米

图五五四　M2010 波曲纹铜方壶（M2010：117-1、M2010：117-2）

0   6厘米

图五五五　M2010 波曲纹铜方壶（M2010：117-1、M2010：117-2）纹样拓本
1.握手　2.盖缘　3.器沿下　4.腹部　5.左耳　6.右耳　7.右耳正面

0 _____ 8厘米

图五五六　M2010 波曲纹铜方壶（M2010 ： 47-1、M2010 ： 47-2）

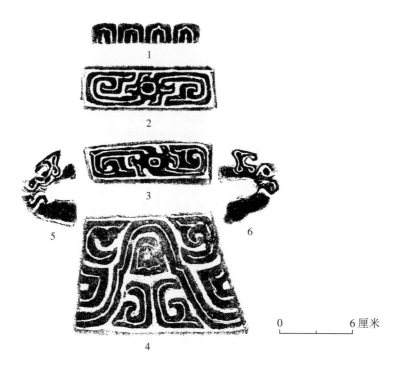

0 _____ 6厘米

图五五七　M2010 波曲纹铜方壶（M2010 ： 47-1、M2010 ： 47-2）纹样拓本
1.握手　2.盖缘　3.器沿下　4.腹部　5.左耳　6.右耳

M2010：21，敞口，窄平折沿，方唇，附耳，浅腹，底近平，高圈足，下附三支足。腹部饰一周"C"形无目窃曲纹，耳外侧饰有珠重环纹，圈足饰垂鳞纹。通高14、口径32.5、腹深4.5厘米。重4.48千克（图五五八；彩版四三九，1）。

6. "C"形窃曲纹匜

1件。

M2010：50，直口，方唇，前有槽状流，后有曲体龙形錾手，弧腹，底近平，下附四扁体兽形足。口外与流下部饰一周"C"形无目窃曲纹，腹部饰瓦纹。通高13.7、通长28、口宽12.6、流宽3.4、腹宽12.8、腹深7厘米。重1.6千克（图五五九；彩版四三九，2）。

（二）兵器

35件。总重量1.72千克。有戈、矛、镞、盾錫、箭箙五种，其中戈与矛在出土时有因人为毁坏而致残或致弯的现象。

1. 戈

2件。形制基本相同，皆为中胡四穿戈。锋部呈等腰三角形，援部微上扬，无脊，锋刃与援刃都很锐利。直内，下角内凹，栏侧四穿，内上一穿。

M2010：35-1、M2010：35-2，入殓时援部被人为折断两截，且分置两处。通长23.1、援长15、援宽3.4、栏长12、内长8.1、内宽3.7、厚0.55厘米（图五六○，1；彩版四四○，1）。

M2010：110，锋端稍残，器身被人为弯曲。通长23.2、援长15.2、援宽3.3、栏长12.2、内长8、内宽3.8、厚0.6厘米（图五六○，2；彩版四四○，2）。

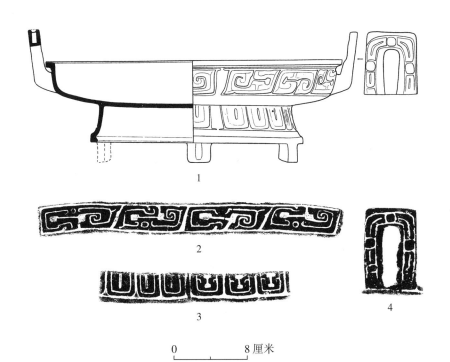

图五五八　M2010 "C"形窃曲纹铜盘（M2010：21）及拓本

1. "C"形窃曲纹盘　2.腹部纹样拓本　3.圈足纹样拓本　4.耳部纹样拓本

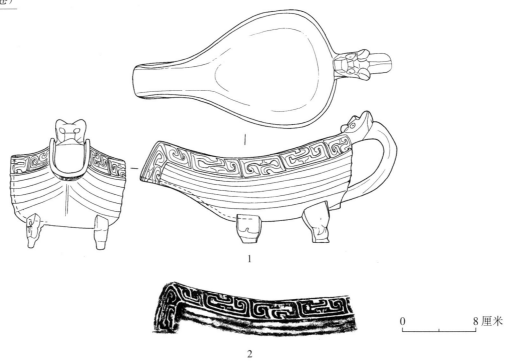

图五五九　M2010 "C" 形窃曲纹铜匜（M2010：50）及拓本
1. "C" 形窃曲纹匜　2.沿下纹样拓本

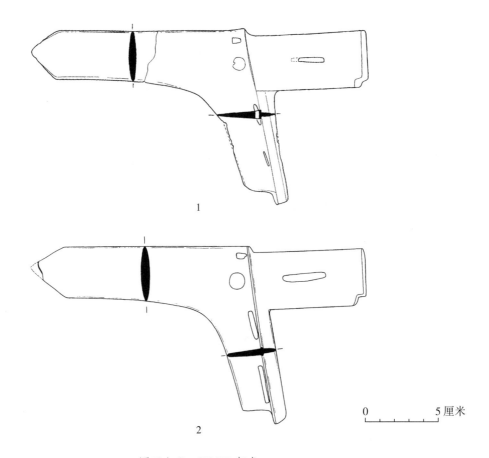

图五六○　M2010 铜戈
1. M2010：35-1、M2010：35-2（合）　2. M2010：110

2. 矛

2 件。锋端皆被人为折断并折弯。大小、形制基本相同。器身呈柳叶形，尖锋与叶刃锐利，中脊隆起，长骹圆銎自下向上渐细延至叶身前段，一侧有一个环形钮，骹上有一小孔。

M2010：75，折断为两截。通长 25.1、叶长 13.3、叶宽 4.2、骹口径 2.7 厘米（图五六一，1；彩版四四一，1）。

M2010：30，折断为两截。通长 25、叶长 13.5、叶宽 4.1、骹口径 2.5 厘米（图五六一，2；彩版四四一，2）。

3. 盾鍚

2 件。出土于椁室东南角，原是盾牌表面的装饰物。出土时盾牌与多数铜鍚已腐朽不存，仅剩二件铜鍚尚能看出轮廓。形制、大小相同。器身很薄，作圆形上隆，周边有数个钉孔。表面压印数个同心圆纹。

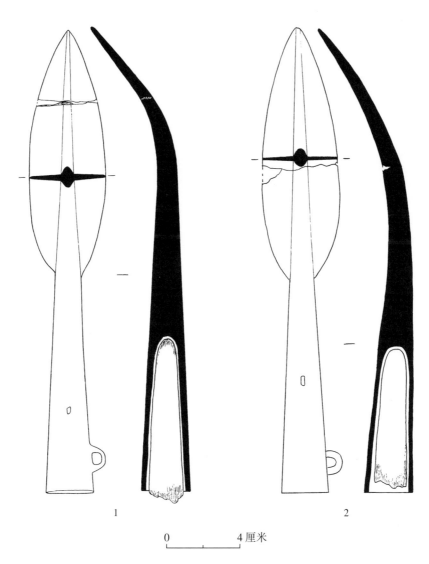

1　　　　　　　　　2

0 ⊢——⊣ 4 厘米

图五六一　M2010 铜矛
1. M2010：75　2. M2010：30

标本 M2010：118-1，直径 13、厚 1.2 厘米（图五六二，1）。

4. 镞

28 件。分置三处。其中一处有 10 件，带芦苇箭杆；另外两处各有 9 件，箭杆已腐朽。大小、形制基本相同，皆为双翼内收形镞，尖锋，双翼贴近镞身且有锐刃，棱状高脊，近圆柱状铤。

标本 M2010：32-1，无箭杆。镞长 3.3、双翼宽 1.7、铤长 2.4、直径 0.5 厘米（图五六二，2；彩版四四一，3）。

标本 M2010：32-2～M2010：32-4，形状、大小尺寸均与 M2010：32-1 同（彩版四四一，3）。

标本 M2010：92-1，带有箭杆。通长约 44.7、镞长 3.5、铤长 2.6、直径 0.6、箭杆断面直径约 0.8 厘米（图五六二，3；彩版四四一，4）。

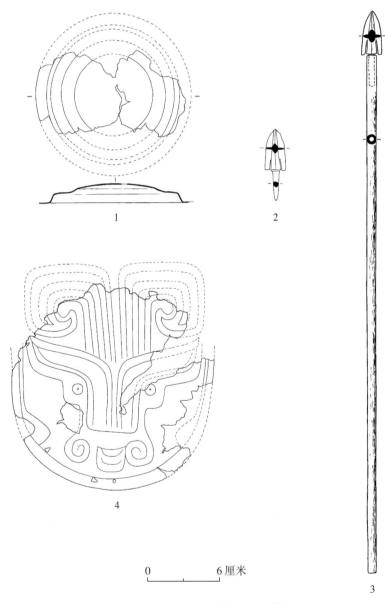

图五六二　M2010 铜盾鍚、镞、箭箙

1. 盾鍚（M2010：118-1）　2. 镞（M2010：32-1）　3. 镞（M2010：92-1）　4. 箭箙（M2010：113）

标本 M2010：92-2 ～ M2010：92-5，形状、大小尺寸均与 M2010：92-1 同（彩版四四一，4）。

5. 箭箙

1件。

M2010：113，出于椁室东南角，并有数枚铜镞放在上面。器身由薄铜片制成，残损严重。局部保存较好，体近圆形，正面饰兽面纹，周边有数个三角形或椭圆形钉孔。残长 16.5、宽 16.7、厚 0.05 厘米（图五六二，4；彩版四四二）。

（三）工具

3件。总重量 0.93 千克。有斧、锛和凿三种。

1. 斧

1件。

M2010：121，出土时銎内残留朽木。正立面呈倒等腰梯形，顶端銎孔为长方形，末端为平齐的双面刃。正、背两面上部各有一个相透穿的梯形穿孔，穿孔上部饰二周凸弦纹。高 14.1、銎口长边 3.7、銎口短边 2.8、刃端宽 3.2 厘米（图五六三，1；彩版四四三，1）。

2. 锛

1件。

M2010：120，正立面呈倒等腰梯形，顶端銎孔呈梯形，末端有单面刃。正面稍宽，向下垂直；背面略窄，并向下逐渐前收于刃端。背面上中部有一个单面小穿孔。高 14.9、銎口下底长 3.7、銎口上底长 3.2、銎口高 1.8、刃宽 3.3 厘米（图五六三，2；彩版四四三，2）。

3. 凿

1件。

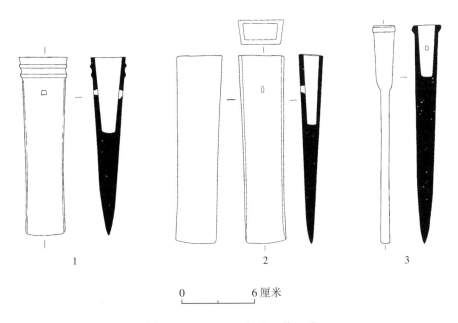

0　　　6厘米

图五六三　M2010 铜斧、锛、凿
1. 斧（M2010：121）　2. 锛（M2010：120）　3. 凿（M2010：122）

M2010：122，体长而细。顶端銎孔为椭圆形，末端弧形双面刃。其上部斜直，下部向下渐收于刃端，正、背面的上部侧面有一个相对应的穿孔。銎孔口沿有一周凸弦纹。高17.3、銎口底长径2.2、短径1.8厘米（图五六三，3；彩版四四三，3）。

（四）车器

20件。总重量7.2千克。计有害、辖、銮铃三种。其中害、辖数量相等，正好可以配套使用。

1.害

8件。每二件形制、大小、纹样相同者为一对。圆筒状，开口端略粗，顶端封闭，近口端有二个对穿的辖孔。依形制和纹样不同可分为重环纹害、"S"形窃曲纹害和多棱形害三种。

（1）重环纹害

2件。成对。近口部的一侧设一豁口，并与其相对应的另一个长方形辖孔相对穿。器身中部饰一周凹弦纹，末端饰有珠重环纹与变形蝉纹，顶端饰涡纹。

标本M2010：82，长10.3、径4～4.6厘米（图五六四，1～3；彩版四四四，1）。

（2）"S"形窃曲纹害

2件。成对。近口端有长方形对穿辖孔。表面饰一周变体"S"形窃曲纹。

M2010：77，长10.2、径3.7～5.2厘米（图五六四，4、5；彩版四四四，2）。

M2010：80，形状、大小尺寸与M2010：77同（彩版四四四，4）。

（3）多棱形害

4件。末端表面被等分为多个面，形成多棱体。中部或饰凸弦纹或饰凹弦纹。其中豁口形辖孔害和长方形辖孔害各2件，且各自成对。

标本M2010：106，近口部的一侧设一豁口，并与其相对应的另一个长方形辖孔相对穿。末

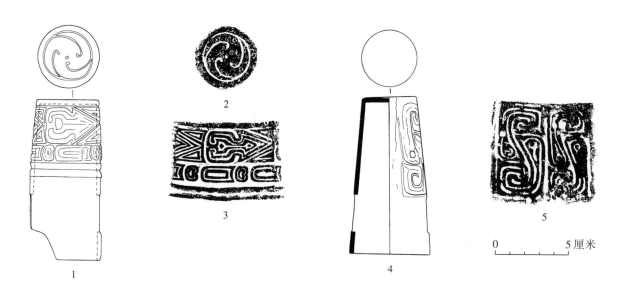

图五六四　M2010 铜害及拓本

1. 重环纹害（M2010：82）　2. 重环纹害（M2010：82）顶部纹样拓本　3. 重环纹害（M2010：82）上部纹样拓本
4. "S"形窃曲纹害（M2010：77）　5. "S"形窃曲纹害（M2010：77）上部纹样拓本

端表面被等分为 10 个面，中部饰一周宽凸弦纹。长 11.7、径 3.8 ~ 5.2 厘米（图五六五，1；彩版四四四，3）。

标本 M2010：52，近口端有长方形辖孔。末段表面被等分为 14 个面，中部饰一周凹弦纹。长 10.6、径 3.7 ~ 4.6 厘米（图五六五，2；彩版四四四，5）。

2. 辖

8 件。每二件形制、纹样、大小相同者为一对。辖首两侧面有对穿孔，背面为平面。辖键呈扁长条形，末端为斜边或曲斜边，断面呈长方形。以辖首正面所饰纹样的不同，可分兽首形辖和素面辖二种。

（1）兽首形辖

2 件。成对。辖首正面为兽首形，背面近方形，两侧穿孔为不规则形。辖键末端一角有小缺口，曲斜边。

标本 M2010：84，通长 10.4、辖键长 6.8、宽 2.1、厚 0.9 厘米（图五六五，3；彩版四四五，1）。

（2）素面辖

6 件。辖首正面呈台阶状，以台阶级数的多少，可细分为二级台阶形与三级台阶形二种。其中二级台阶形首辖 2 件，成对；三级台阶形首辖 4 件，大小相同，每二件为一对。

标本 M2010：81，辖首正面呈三级台阶状，背面呈长方形，两侧穿孔为圆形，键末端为斜边。长 11、辖键长 7.2、宽 2、厚 1 厘米（图五六五，4；彩版四四五，1）。

标本 M2010：54，辖首正面作二级台阶状，背面为正方形，两侧穿孔为不规则形，键末端为斜边。长 10.8、辖键长 7.5、宽 2.2、厚 0.7 厘米（图五六五，5；彩版四四五，1）。

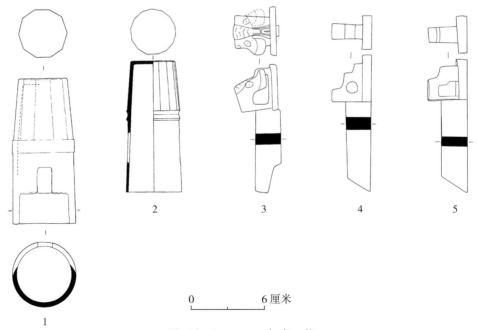

0 ——— 6 厘米

图五六五　M2010 铜軎、辖

1. 多棱形軎（M2010：106）　2. 多棱形軎（M2010：52）　3. 兽首形辖（M2010：84）　4. 素面辖（M2010：81）
5. 素面辖（M2010：54）

3.銮铃

4件。形制相同，大小略有差别。銮铃上部为铃体，下部为方座。铃体外边缘呈椭圆形，正、背两面的中部均为半球形铃腔，正面自中心向外呈辐射状等距分布八个三角形镂孔，铃腔内有一个弹丸。下部銮形座呈上端略细的长方体，其四面的上、下端各分别设一个倒三角形和一个圆形穿孔。正、背两面各有五条纤细的竖向凸线，并间以两行四个菱形凸饰。

标本 M2010：60，铃体外边缘略残。通高 18.2、铃部外轮长径 10.5、短径 8.7、銮座高 7.6、銮口长 4.6、銮口宽 3.4 厘米（图五六六，1；彩版四四五，2）。

（五）马器

313件。总重量 5.1 千克。计有衔、镳、节约、络饰、带扣、扁小腰、大环七种。出土时衔与镳套在一起，节约与络饰的管孔常相对应，且成行排列，显然原本有绳子将其串联。

1.衔

14件。形状大体相同，长短相差无几。皆由两段近 8 字形的联环钮套接而成。依两端环形状的不同，可分为椭方形端环和椭圆形端环二种。其中椭方形端环衔 8 件，椭圆形端环衔 6 件。

标本 M2010：66，体形较大、较粗，端环呈椭方形。通长 20.6、环外边长 4、宽 3.6 厘米（图五六六，2；彩版四四六，1）。

标本 M2010：98，体形较小、较细，端环呈椭圆形。通长 20.35、环长径 3.65、短径 3.5

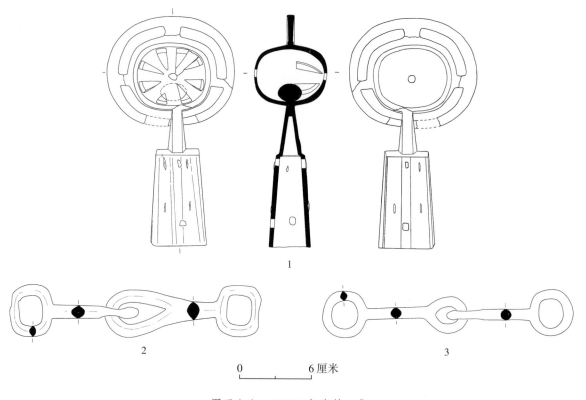

图五六六　M2010 铜銮铃、衔

1.銮铃（M2010：60）　2.衔（M2010：66）　3.衔（M2010：98）

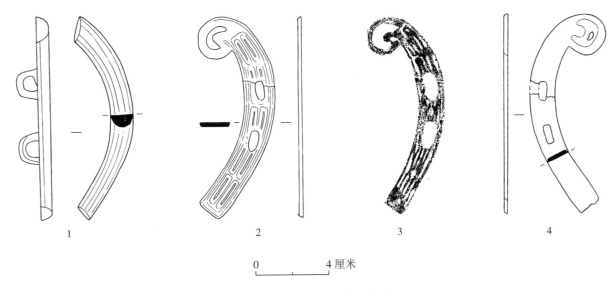

0　　　　　4厘米

图五六七　M2010 铜镳及拓本

1.无首镳（M2010：72-1）　2.圆首镳（M2010：63-2）　3.圆首镳（M2010：63-2）纹样拓本　4.圆首镳（M2010：65-1）

厘米（图五六六，3；彩版四四六，1）。

2. 镳

15 件。器身均作弧形弯曲状。依镳首端形状的不同，可分为无首镳与圆首镳二种。

（1）无首镳

8 件。形制、大小相同。上端较粗，下端稍细。正面较鼓，背面平，断面呈半圆形。背面中部设置二个环形钮。

标本 M2010：72-1、M2010：72-2 为一副。M2010：72-1，长 10.9、宽 1.2、厚 0.6 厘米（图五六七，1；彩版四四六，2）。M2010：72-2，形状、大小尺寸与 M2010：72-1 同（彩版四四六，2）。

（2）圆首镳

7 件。形制、大小基本相同，纹样不同。镳首皆向内卷曲成圆形，背面平齐。器身中部有两个长方形穿孔。正面饰重环纹或素面，其中饰重环纹者 2 件、素面者 5 件。

标本 M2010：63-1、M2010：63-2，为一副。正面均饰二组重环纹。M2010：63-2，出土时已断为二截。长 10.8、宽 1.7、厚 0.2 厘米（图五六七，2、3；彩版四四六，3）。M2010：63-1，形状、大小尺寸与 M2010：63-2 相同（彩版四四六，3）。

标本 M2010：65-1、M2010：65-2，为一副。素面。M2010：65-1，出土时中部略残，且断为二截。长 10.6、宽 1.5、厚 0.2 厘米（图五六七，4；彩版四四七，1）。M2010：65-2，出土时镳的下段残缺（彩版四四七，1）。

3. 节约

23 件。均呈双圆管交叉且相同的形状。正面中部饰有纹样，背面有形状不一的穿孔。依其形状的不同，可分为十字形和"X"形二种。

（1）十字形节约

15 件。依正面纹样的差异，可分为蝉纹与兽面纹二种。

① 蝉纹十字形节约

4 件。形制、大小相同。表面纵向饰一蝉纹，背面有圆角长方形穿孔。

标本 M2010：69-5，长 3.2、宽 3、管径 1.2 厘米（图五六八，1、2；彩版四四七，2）。

② 兽面纹十字形节约

11 件。正面饰竖耳兽面纹，背面有一梯形或八边形穿孔。

标本 M2010：69-3，背面穿孔为梯形。长 3.3、宽 3.2、管径 1.3 厘米（图五六八，3、4；彩版四四七，3）。

标本 M2010：69-4，背面穿孔为八边形。长 3.05、宽 2.95、管径 1.2 厘米（图五六八，5、6；彩版四四七，4）。

（2）"X"形节约

8 件。形制、大小及纹样相同。正面中部饰简易竖耳兽面纹，背面有近长方形穿孔。

标本 M2010：69-2，长 4、宽 3.3、管径 1.4 厘米（图五六八，7、8；彩版四四七，5）。

4. 络饰

228 件。皆为短圆形管，长短略有区别。

标本 M2010：70-1，为最长者。长 2.3、管径 1.3 厘米（图五六八，9；彩版四四七，6）。

标本 M2010：70-2，为最短者。长 1.6、管径 1.2 厘米（图五六八，10；彩版四四七，7）。

5. 带扣

21 件。可分为兽首形带扣、牛首形带扣和扁筒形带扣三种。

（1）兽首形带扣

10 件。形状大体相同。器身正面呈兽首形，并向上隆起；背面凹陷，且设一横梁。兽首双角间，或作长条形穿孔，或作短梯形豁口。凡有穿孔者，背面横梁呈薄宽带状；而有豁口者，背面横梁则为细圆柱状。兽面鼻高而宽阔，嘴两侧伸出獠牙，头上有丫形双角，倒八字眉，梭形目。

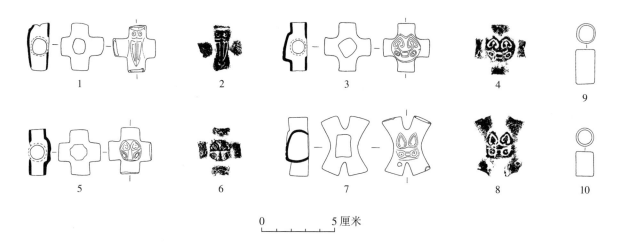

0　　　　　5厘米

图五六八　M2010 铜节约、络饰及拓本

1. 蝉纹十字形节约（M2010：69-5）　2. 蝉纹十字形节约（M2010：69-5）纹样拓本　3. 兽面纹十字形节约（M2010：69-3）
4. 兽面纹十字形节约（M2010：69-3）纹样拓本　5. 兽面纹十字形节约（M2010：69-4）　6. 兽面纹十字形节约（M2010：69-4）
纹样拓本　7. "X"形节约（M2010：69-2）　8. "X"形节约（M2010：69-2）纹样拓本　9. 络饰 M2010：：70-1）　10. 络饰
（M2010：70-2）

标本 M2010：76，兽首上端双角之间为一短梯形豁口，器身背面中部横梁呈细圆柱状。长 4.7、中部宽 4.1、厚 1.2 厘米（图五六九，1、2；彩版四四八，1）。

标本 M2010：93，兽首上端双角之间为一长条形穿孔，背面平齐。器身背面横梁呈薄宽带状。长 4.7、中部宽 4.3、厚 1.3 厘米（图五六九，3、4；彩版四四八，2）。

标本 M2010：78，兽首上端双角之间为一长条形穿孔，器身背面横梁呈薄宽带状，且向外拱起。长 4.6、中部宽 4.1、厚 2.3 厘米（图五六九，5、6；彩版四四八，3）。

（2）牛首形带扣

9 件。形制、大小及纹样基本相同。器身正面呈牛首形，而且向上隆起，背面凹陷，并设有一根细圆柱状横梁。牛首双角向上耸立，倒八字眉，梭形目，阔鼻圆滑。

标本 M2010：74-1，长 2.2、中部宽 2、厚 0.5 厘米（图五六九，7、8；彩版四四九，1）。

（3）扁筒形带扣

2 件。大小、形状基本相同。器身为两端有平底的扁筒状，断面近椭圆形，表面分布三个纵向长条形穿孔。

标本 M2010：116，长 4.1、底面长径 2.6、短径 2.1 厘米（图五六九，9；彩版四四八，4）。

6. 扁小腰

8 件。用以系绳作绳扣。器身中段细而两端粗，正面上鼓，断面近半圆形或扁弧形。依两端正面形状与纹样的不同，可分为多棱形、竹节形和兽首形三种。

（1）多棱形扁小腰

2 件。形状、大小相同。两端的正面被分割成 5 个平面，形成多个棱脊，背面平齐。断面呈半圆多边形。

标本 M2010：73-3，长 4.4、中部宽 1 厘米（图五七〇，1；彩版四四九，2）。

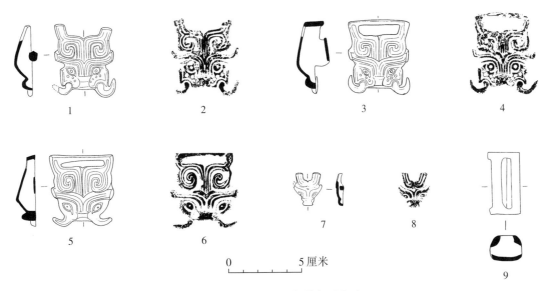

图五六九 M2010 铜带扣及拓本

1. 兽首形带扣（M2010：76） 2. 兽首形带扣（M2010：76）纹样拓本 3. 兽首形带扣（M2010：93） 4. 兽首形带扣（M2010：93）纹样拓本 5. 兽首形带扣（M2010：78） 6. 兽首形带扣（M2010：78）纹样拓本 7. 牛首形带扣（M2010：74-1） 8. 牛首形带扣（M2010：74-1）纹样拓本 9. 扁筒形带扣（M2010：116）

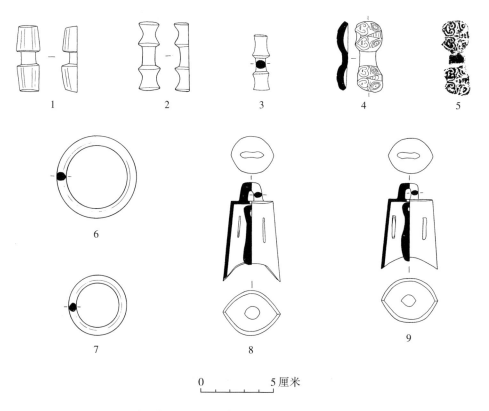

图五七〇　M2010 铜小腰、大环、小铃及拓本

1. 多棱形扁小腰（M2010：73-3）　2. 竹节形扁小腰（M2010：73-1）　3. 竹节形扁小腰（M2010：73-4）　4. 兽首形扁小腰（M2010：73-2）　5. 兽首形扁小腰（M2010：73-2）纹样拓本　6. 大环（M2010：49）　7. 大环（M2010：109）　8. 小铃（M2010：126）　9. 小铃（M2010：127）

（2）竹节形扁小腰

3 件。两端皆呈竹节形。其中较大者 1 件，背面平齐，断面呈半圆形；较小者 2 件，断面呈椭圆形。

标本 M2010：73-1，形体较大。长 4.5、中部宽 0.8 厘米（图五七〇，2；彩版四四九，3）。

标本 M2010：73-4，形体较小。长 3.6、中部宽 0.6 厘米（图五七〇，3）。

（3）兽首形扁小腰

3 件。形状、大小相同。器身扁薄，两端近方形。正面上隆且各呈一兽首，背面相应凹陷，中段呈扁条带状。兽首头顶有竖耳，椭圆形目，眼角上挑，鼻子作上细下粗的蛹身形。

标本 M2010：73-2，长 4.7、中部宽 1.1 厘米（图五七〇，4、5；彩版四四九，4）。

标本 M2010：73-7，形状、大小尺寸与 M2010：73-2 相同（彩版四四九，5）。

7. 大环

4 件。器身呈圆形。可分为大、小二种，其中大环 3 件、小环 1 件。

标本 M2010：49，形体较大，断面呈椭圆形。外径 5.5、断面长径 0.65、短径 0.55 厘米（图五七〇，6；彩版四五〇，1）。

标本 M2010：109，形体较小，断面呈圆形。外径 3.95、断面直径 0.53 厘米（图五七〇，7；彩版四五〇，2）。

（六）棺饰

328 件。总重量 5.1 千克。包括小铃、鱼与翣三种。

1. 小铃

14 件。形制基本相同，大小略有差异。器身上细下粗，断面呈椭圆形。平顶上有半环形钮，钮下有一小穿孔与腹腔贯通。腔内有一个槌状铃舌，下口边缘向上弧起。正、背面各有两个相平行的细长条形穿孔。

标本 M2010：126，形体较大。通高 6.5、顶部长径 3、短径 2.5、下口长 4、腔宽 3 厘米（图五七〇，8；彩版四五〇，3）。

标本 M2010：127，形体较小。通高 5.7、顶部长径 3、短径 2.35、下口长 3.85、腔宽 2.9 厘米（图五七〇，9；彩版四五〇，4）。

2. 鱼

310 件。形状大体相同，大小略有差异。鱼身作扁薄长条形，均以眼部为穿孔，可系缀。

标本 M2010：3-1，形体较瘦，腹、背各有二鳍。长 9.8、身宽 2.5、厚 0.18 厘米（图五七一，1；彩版四五〇，5）。

标本 M2010：3-2，体较肥。腹有二鳍，背有一鳍。长 9.8、宽 2.5、厚 0.18 厘米（图五七一，2；彩版四五一，1）。

标本 M2010：3-3，体较肥。腹、背各有一鳍。长 10.6、宽 2.4、厚 0.11 厘米（图五七一，3；

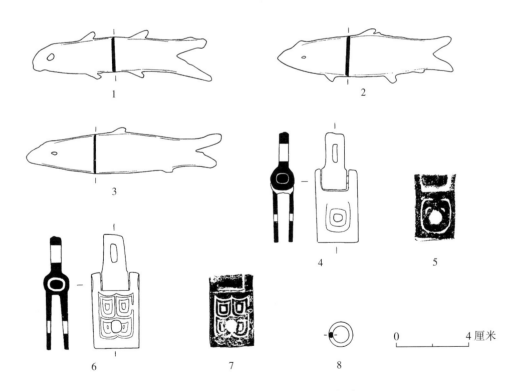

图五七一　M2010 铜鱼、合页、小环及拓本

1. 鱼（M2010：3-1）　2. 鱼（M2010：3-2）　3. 鱼（M2010：3-3）　4. 长方钮合页（M2010：37）　5. 长方钮合页（M2010：37）纹样拓本　6. 长方钮合页（M2010：36）　7. 长方钮合页（M2010：36）纹样拓本　8. 小环（M2010：132-1）

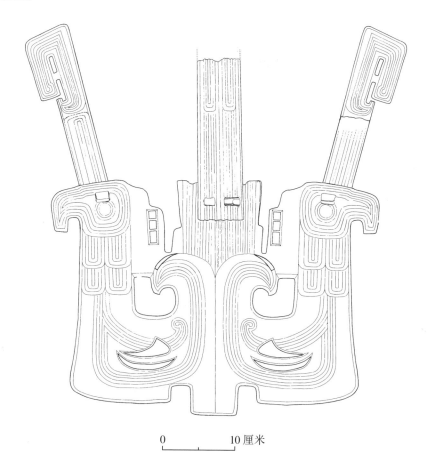

0   10厘米

图五七二　M2010 铜翣（M2010：7）

彩版四五一，2）。

3. 翣

4件。出土时均已残破成若干片。形状、大小相似，每件皆由两部分组成。上部为山字形薄铜片，薄铜片上由成组的平行弧线纹和多个形状不同的镂孔，组成一个兽面纹；下部为用以夹持的木柄，木柄已腐朽。

标本 M2010：7，长 52、宽 40、厚 0.05 厘米（图五七二）。

（七）其他

13 件。总重量 0.42 千克。包括长方钮合页、小环和薄片饰三种。

1. 长方钮合页

7 件。形制基本相同，大小、纹样有所不同。器身双页呈长方形，上端有一细横轴，轴上套接一个可以转动的长方形钮。器身正、背面的下部各有一个圆形穿孔，中部或饰有回纹或饰有重环纹。其中饰回字纹者 3 件，饰重环纹者 4 件。

标本 M2010：37，正、背面各饰一个椭方形回字纹。通长 5.8、宽 2.3、厚 0.5 厘米（图五七一，4、5；彩版四五一，3）。

标本 M2010：36，正、背面各饰四个马蹄形重环纹。长 6.1、宽 2.6、厚 0.6 厘米（图五七一，

6、7；彩版四五一，4）。

2．小环

2件。大小、形状相同。圆形，断面为椭圆形。

M2010：132-1，外径1.3、断面长径0.3、短径0.2厘米（图五七一，8；彩版四四九，6）。

M2010：132-2，形状、大小尺寸与M2010：132-1相同（彩版四四九，6）。

3．薄片饰

4件。散置于椁室周围的随葬器物之间。因胎质太薄而残碎过甚，器面饰与前述翣的纹样相类似。

二　玉器

24件。可分为礼器、佩饰、殓玉、用具、饰件与其他六类。

（一）礼器

2件。分为璜与戈二种。

1．璜

1件。

M2010：138，青玉。玉质细腻，微透明。两端各有一个单面施钻的圆穿。素面。长11、宽3.3、厚0.6厘米（图五七三，1；彩版四五二，1）。

2．戈

1件。

M2010：18，内一角略残。青玉，有黄白斑。王质较粗，微透明。锋呈斜三角形，援部上扬，援与锋皆有刃，直内。援本处有一圆穿。通长16.3、宽3.1、厚0.6厘米（图五七三，2、3；彩版四五二，2）。

（二）佩饰

4件。可分为玦、鹦鹉形佩、管三种。

1．玦

2件。大小、形制及玉质均相同，当取材于同一块玉料。青玉。玉质细腻，微透明。扁平圆体，有缺口，断面呈长方形。素面。

M2010：134，外径2.45、孔径1.05、厚0.5厘米（图五七四，1；彩版四五二，3）。

M2010：135，外径2.45、孔径1.05、厚0.4厘米（图五七四，2；彩版四五二，4）。

2．鹦鹉形佩

1件。

M2010：139，冠与尾稍残。青玉，有黄白斑。玉质细腻，半透明。片雕。作鹦鹉形，头顶有冠，圆目，凹背，翘尾，无足。冠及喙部各有一小穿。正、背两面的双翅部位饰凸细线雷纹，尾部饰阴刻平行线纹。高6.8、宽2.3、厚0.4厘米（图五七四，3、4；彩版四五三，1）。

0 _____ 5厘米

图五七三　M2010玉璜、戈及拓本

1.璜（M2010：138）　2.戈（M2010：18）　3.戈（M2010：18）纹样拓本

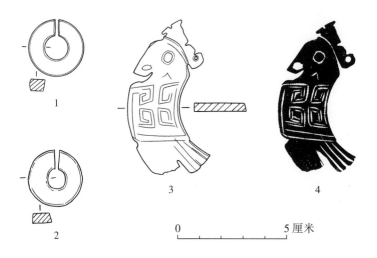

0 _____ 5厘米

图五七四　M2010玉玦、佩及拓本

1.玦（M2010：134）　2.玦（M2010：135）　3.鹦鹉形佩（M2010：139）　4.鹦鹉形佩（M2010：139）纹样拓本

3. 管

1件。

M2010：136，出土时位于墓主人头部，系用旧玉改制而成。青玉。玉质细腻，半透明。体呈短管状，一端较粗，另一端稍细。高 1.5、粗端外径 1.9、粗端孔径 1.1、细端外径 1.6、细端孔径 0.8 厘米（图五七五，1；彩版四五二，5）。

（三）殓玉

10件。有手握玉和口琀玉二种。

1. 手握玉

2件。出土于墓主盆骨两侧。据其出土位置，应是墓主手握之玉。皆作圆管状，一端稍粗，另一端较细。

M2010：143，为左手握玉。青玉，有黄白斑。玉质细腻，半透明。管壁较厚，为单向圆形钻孔，两端孔径大小不一。高 5.2、粗端外径 3、粗端孔径 1.65、细端外径 2.4、细端孔径 1.1 厘米（图五七五，2；彩版四五三，2）。

M2010：142，为右手握玉。青玉，有铁锈斑。玉质细腻，不透明。管壁很厚，器身有一道纵向浅凹槽。管孔单面施钻，两端孔径大小不一。高 5.5、粗端外径 2.05、粗端孔径 0.8、细端外径 1.85、细端孔径 0.32 厘米（图五七五，3；彩版四五三，3）。

2. 口琀玉

8件。出于墓主的口内。大多数是动物形玉佩的残片，有夔龙形、鱼形、蚕形、鱼尾形、凤尾形、条形坠和其他玉器的残片等。除一件外，其余皆有穿孔，推测随葬时是串联在一起放入墓主口内的。

（1）夔龙形口琀玉

1件。

M2010：137-6，青玉，有大片灰白斑痕。玉质细腻，半透明。作伏卧状，头上有角，臣字

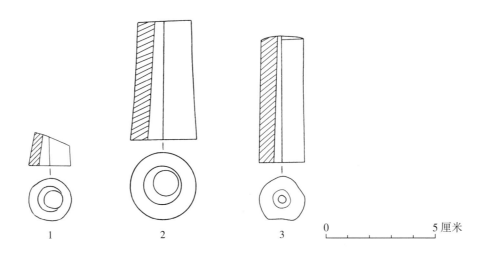

图五七五　M2010 玉管，手握玉

1. 管（M2010：136）　2. 左手握玉（M2010：143）　3. 右手握玉（M2010：142）

目，张口，单爪伏地。背部较厚，爪与口部较薄。口部有一小圆穿。高2.7、长3.4、厚0.6厘米（图五七六，1、2；彩版四五三，4）。

（2）鱼形口琀玉

1件。

M2010：137-2，青玉。玉质细腻，半透明。扁平长条形，正、背面纹样相同，皆刻出鱼头、眼睛、腹鳍、背鳍和尾部。鱼口处有一细小穿孔。长4.9、宽1.6、厚0.5厘米（图五七六，3、4；彩版四五三，5）。

（3）蚕形口琀玉

2件。玉质、玉色相同，形状、大小不一。皆青玉，有灰白斑。玉质较细，微透明。圆雕。

M2010：137-7，双目位于头顶，身饰七周凹弦纹。嘴部有斜穿孔，下腹有一对牛鼻穿孔。长2.9、高0.9厘米（图五七六，5～7；彩版四五四，1）。

M2010：137-8，双目外凸，大口。身饰八周凹弦纹。口与颈下有一对斜穿孔。长3.15、高0.8厘米（图五七六，8、9；彩版四五四，2）。

（4）鱼尾形口琀玉

1件。

M2010：137-3，系旧玉器之残片，一端存有半只眼睛。青玉。玉质细腻，半透明。鱼尾形，残长3.1、厚0.7厘米（图五七七，1、2；彩版四五四，3）。

（5）凤尾形口琀玉

1件。

M2010：137-4，系旧玉器之残片。青玉。玉质细腻，半透明。片雕。凤尾形。残长3.5、宽2.4、厚0.3厘米（图五七七，3、4；彩版四五四，4）。

（6）条形坠口琀玉

1件。

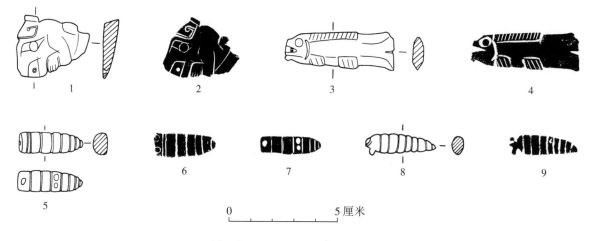

图五七六　M2010 口琀玉及拓本

1.夔龙形口琀玉（M2010：137-6）　2.夔龙形口琀玉（M2010：137-6）纹样拓本　3.鱼形口琀玉（M2010：137-2）　4.鱼形口琀玉（M2010：137-2）纹样拓本　5.蚕形口琀玉（M2010：137-7）　6.蚕形口琀玉（M2010：137-7）正面纹样拓本　7.蚕形口琀玉（M2010：137-7）底部纹样拓本　8.蚕形口琀玉（M2010：137-8）　9.蚕形口琀玉（M2010：137-8）纹样拓本

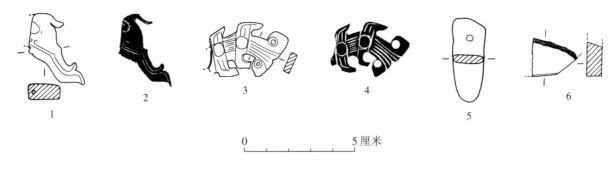

图五七七　M2010 口琀玉及拓本

1. 鱼尾形口琀玉（M2010：137-3）　2. 鱼尾形口琀玉（M2010：137-3）纹样拓本　3. 凤尾形口琀玉（M2010：137-4）　4. 凤尾形口琀玉（M2010：137-4）纹样拓本　5. 条形坠口琀玉（M2010：137-1）　6. 口琀玉残片（M2010：137-5）

M2010：137-1，青玉。玉质较粗，微透明。长条形，一端呈弧形，一端中部有一小穿孔。长 3.7、宽 1.4、厚 0.35 厘米（图五七七，5；彩版四五四，5）。

（7）口琀玉残片

1 件。

M2010：137-5，青玉。玉质细腻，半透明。一端近三角形，一端有切割痕。残长 2、宽 1.7、厚 0.7 厘米（图五七七，6；彩版四五四，6）。

（四）用具

6 件。仅匕一种，均作扁薄长条形。两端基本平齐，宽窄略有差异。可分为平刃匕、角刃匕与双切角匕三种。

1. 平刃匕

2 件。首端稍宽，末端略窄，且有平齐的刃部。

M2010：17，已破裂为五块。青玉，有大片黄白斑。玉质细腻，微透明。器身很薄，末端有锐利的单面偏刃。长 13.5、宽 3.3、厚 0.2 厘米（图五七八，1；彩版四五五，1）。

M2010：27，青玉。玉质较细，半透明。首端一角有角刃，末端有钝厚双面刃。两角有使用时遗留下来的崩疤。长 10.4、宽 2.2、厚 0.25 厘米（图五七八，2；彩版四五五，2）。

2. 角刃匕

3 件。在匕的末端一角磨出锐刃或钝刃。

M2010：140，已破裂为五块，首端的一角稍残。青玉。玉质细腻，不透明。器身较薄，一侧边薄如刃，末端一角磨出锐刃。长 16.2、宽 2.4、厚 0.2 厘米（图五七八，3；彩版四五五，3）。

M2010：14-1，已断为三截。青玉。玉质较粗，不透明。器身较厚，首端稍宽，末端一角有钝刃。长 12.5、宽 2.7、厚 0.5 厘米（图五七九，1；彩版四五六，1）。

M2010：19，已断裂为三块，两端均残损。青玉。玉质较细，微透明。器身一侧边较薄如刃，首端与末端的一角均有钝刃。长 18.6、宽 2.2、厚 0.45 厘米（图五七九，2；彩版四五六，2）。

3. 双切角匕

1 件。

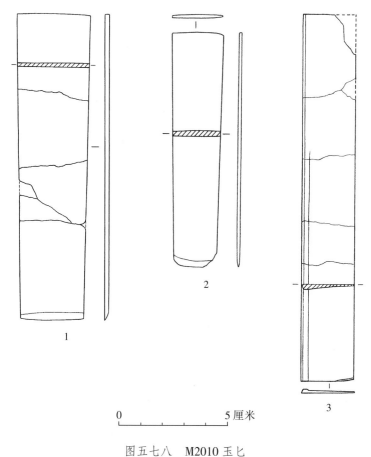

图五七八　M2010 玉匕

1. 平刃匕（M2010：17）　2. 平刃匕（M2010：27）　3. 角刃匕（M2010：140）

M2010：11，已断为二截。青玉，有黄白斑。玉质较粗，微透明。首端稍宽且厚，末端切去双角且磨出双面锐刃。正、背面各有一道棱脊。长 14、宽 2.3、厚 0.4 厘米（图五八〇，1；彩版四五六，3）。

（五）饰件

1 件。为柄形器。

M2010：141，已断为二截，末端略残。青玉。玉质较细，半透明。器作扁薄长条形。以中部阴刻的上、下栏线为界，上端为柄部，两角略内收，柄部两侧略内束，柄中部饰二周凸弦纹；下端垂直内收，末端磨出双面钝刃，并切去一角。长 8.65、宽 1.9、厚 0.2 厘米（图五八〇，2；彩版四五六，4）。

（六）其他

1 件。为半圆形玉片。

M2010：5，出土时大半已残缺。青玉，有少量黄白斑。玉质较细，半透明。半圆形，一面有切割时遗留的凹槽痕迹。径 5、厚 0.2 厘米（图五八〇，3；彩版四五六，5）。

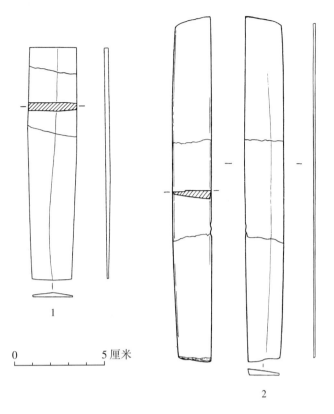

图五七九　M2010 玉角刃匕

1. M2010：14-1　2. M2010：19

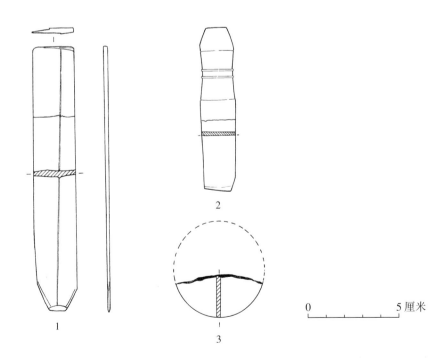

图五八〇　M2010 玉匕、柄形器、半圆形片

1. 双切角匕（M2010：11）　2. 柄形器（M2010：141）　3. 半圆形片（M2010：5）

三　石器

395件。有戈、匕、贝、条形缀饰四种。其中戈为礼器，匕为棺饰。

（一）戈

2件。均为直援戈。锋呈等腰三角形，援无脊，援及锋皆有钝刃。

M2010：44，断为二截，锋、内略残。大理石。白色，石质较疏松。残长12.55、宽2.6、厚0.8厘米（图五八一，1；彩版四五七，1）。

M2010：15，青石。青褐色。石质较细。内端有鉏牙，援本部有一圆穿。通长11.5、援宽2.3、内长2.3、内宽2.5、厚0.6厘米（图五八一，2；彩版四五七，2）。

（二）匕

3件。其中一件（M2010：12）保存较好，另二件（M2010：13-1、M2010：16-1）在出土时因受浸蚀而接近粉末状。

M2010：12，为旧器改制而成，一侧边留有二个半圆形残钻孔。青石。深褐色。石质较细。扁平长条形，为平刃匕。两端平齐，首端与末端皆磨出锐利的偏刃。长14.3、宽3.1、厚0.2～0.4厘米（图五八二，1；彩版四五七，3）。

M2010：13-1，破碎成十数块。为平刃匕。白色，末端被铜器染成青绿色。石质疏松。扁平长条形，两端平齐，末端一角斜杀。长17、宽2.8、厚0.3厘米（图五八二，2；彩版四五七，4左）。

M2010：16-1，表面腐蚀严重，两端残损较甚，且破碎为十数块。白色。石质疏松。扁平长条形。残长15、宽3.2、厚0.4厘米（图五八二，3；彩版四五八，1右）。

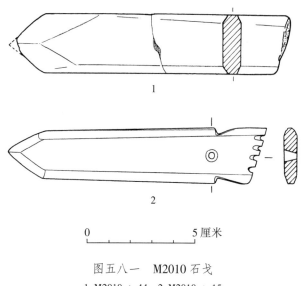

图五八一　M2010石戈

1. M2010：44　2. M2010：15

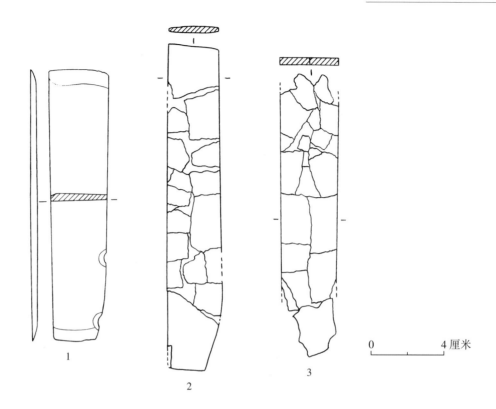

图五八二　M2010 石匕

1. M2010：12　2. M2010：13-1　3. M2010：16-1

（三）贝

360 枚。出土于椁盖板上、棺罩周围及椁室四周。形制相似，大小不一。仿贝形，上端有尖，下端呈弧状。正面上鼓，背面为平面。中部纵向刻一道浅槽。大多在尖部钻有一圆穿（彩版四五八，2）。

标本 M2010：1-2，较大。尖端有穿孔。长 3.4、宽 2.5、厚 1.1 厘米（图五八三，1）。

标本 M2010：1-5，较小。尖端有穿孔。长 2.2、宽 1.5、厚 0.8 厘米（图五八三，2）。

标本 M2010：1-1，较大。无穿孔。长 3.4、宽 2.4、厚 1 厘米（图五八三，3）。

标本 M2010：1-3，较小。无穿孔。长 3.1、宽 2.1、厚 0.7 厘米（图五八三，4）。

（四）条形缀饰

2 组，30 件（有一些因腐朽过甚而无法统计）。出土于外棺盖上，和石匕伴出。每组由若干件条形石片按一定顺序整齐地排列，推测原是布帛上的缀饰。每件石片形制、大小基本相同，由质地疏松的白石制成。呈扁薄的细长条形，表面腐蚀严重。多数表面刻划有竖线或横线。

M2010：16-2 ~ M2010：16-21，20 件。白色。表面腐蚀严重。由 20 件条形石片大致排列成三行。大部分表面刻一道或二道相平行的细横线。石片的宽度与厚度基本相同，分别为 0.6 与 0.15 厘米左右；长度则不尽一致，为 1.1 ~ 3.2 厘米（图五八四，1；彩版四五八，1 左）。

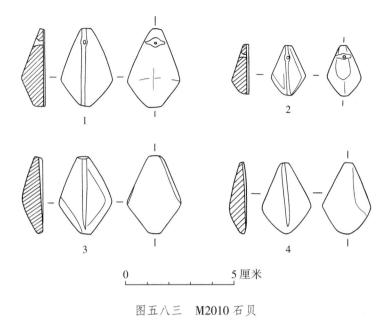

图五八三　M2010 石贝

1. M2010：1-2　2. M2010：1-5　3. M2010：1-1　4. M2010：1-3

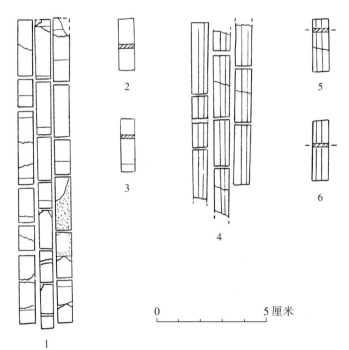

图五八四　M2010 条形石缀饰

1. M2010：16-2 ～ M2010：16-21　2. M2010：16-3　3. M2010：16-9　4. M2010：13-2 ～ M2010：13-11

5. M2010：13-3　6. M2010：13-4

标本 M2010 ： 16-3，两端的一角残损。长 2.3、宽 0.6、厚 0.15 厘米（图五八四，2）。

标本 M2001 ： 16-9，正面刻有一道细横线。长 2.4、宽 0.5、厚 0.15 厘米（图五八四，3）。

M2010 ： 13-2 ~ M2010 ： 13-11，10 件。白色，有的被铜锈染成青绿色。由 10 件条形石片大致排列成三行。表面刻二道相平行的细纵线。石片的宽度与厚度基本相同，分别为 0.8 与 0.2 厘米左右；长度则不尽一致，为 1.8 ~ 3.2 厘米（图五八四，4；彩版四五七，4 右）。

标本 M2010 ： 13-3，长 2.4、宽 0.8、厚 0.2 厘米（图五八四，5）。

标本 M2010 ： 13-4，长 2.8、宽 0.8、厚 0.2 厘米（图五八四，6）。

四　陶器

492 颗。为陶珠一种，有大、小之分。与铜铃、铜鱼一起出土于外棺盖上，少数散落于椁室内。皆泥质灰黑陶。菱形，两端较尖。断面为圆形。两端透穿一个圆穿孔（彩版四五八，3）。

标本 M2010 ： 2-1，为大号珠。长 1.9、直径 1.6 厘米（图五八五，1）。

标本 M2010 ： 2-3，为大号珠。长 1.8、直径 1.3 厘米（图五八五，2）。

标本 M2010 ： 2-2，为中号珠。长 1.3、直径 1.5 厘米（图五八五，3）。

标本 M2010 ： 2-41，为小号珠。长 1.1、直径 1.1 厘米（图五八五，4）。

五　骨器、象牙缀饰、革绳与革带、蚌饰、蛤蜊壳

64 件。有骨棺钉、象牙、革绳与革带、蚌饰、蛤蜊壳五种。系用动物的骨骼、牙齿、毛皮、甲壳等加工制成的生活用品或装饰品。其中革带的数据未作统计，不在 64 件之列。

（一）骨器

41 件。仅棺钉一种。土黄色。平顶，呈三棱锥体或四棱锥体。大小略有差别（彩版四五八，4）。

标本 M2010 ： 20-1，呈三棱锥体。长 2.8、末端边长 0.6 厘米（图五八五，5）。

标本 M2010 ： 20-2，呈四棱锥体。长 1.8、末端边长 0.6、宽 0.35 厘米（图五八五，6）。

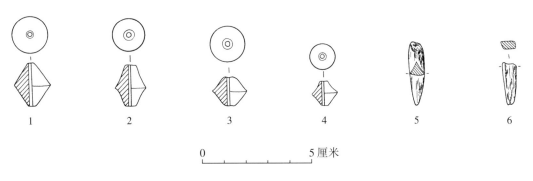

图五八五　M2010 陶珠，骨棺钉

1. 陶珠（M2010 ： 2-1）　2. 陶珠（M2010 ： 2-3）　3. 陶珠（M2010 ： 2-2）　4. 陶珠（M2010 ： 2-41）　5. 骨棺钉（M2010 ： 20-1）
6. 骨棺钉（M2010 ： 20-2）

（二）象牙缀饰

1组，8件。残甚。出土于 M2010：14-1 玉匕下端。

M2010：14-2 ~ M2010：14-9，8件。白色。由八枚窄薄的条形象牙片大致排列成二行。大部分素面，个别的表面刻一道细横线。每片的宽度与厚度基本相同，分别为 0.8 与 0.15 厘米左右；长度则不尽一致，为 2.7 ~ 5 厘米（图五八六，1；彩版四五九，1）。

标本 M2010：14-4，长 3.3、宽 0.6、厚 0.15 厘米（图五八六，2）。

标本 M2001：14-6，断为二截。长 5、宽 0.6、厚 0.15 厘米（图五八六，3）。

标本 M2001：14-9，正面刻有一道细横线。长 2.7、宽 1、厚 0.15 厘米（图五八六，4）。

（三）革绳与革带

在铜络饰孔内残留有革带或革绳碎屑，均已无法提取。

（四）蚌饰

13件。形制基本相同。由白色蚌壳加工制成。圆形，正面微鼓，背面平。正面或有装饰纹样，或为素面。其中有纹样者 8 件，素面者 5 件。中心有单面钻或对钻圆孔。

标本 M2010：4-1，素面。直径 2.5、厚 0.55 厘米（图五八七，1；彩版四五九，2）。

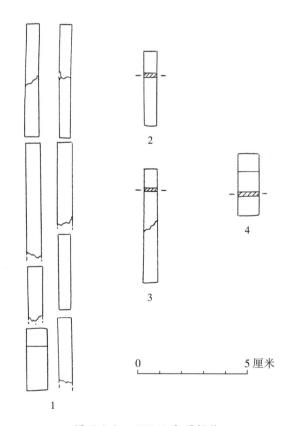

图五八六　M2010 象牙缀饰

1. M2010：14-2 ~ M2010：14-9　2. M2010：14-4　3. M2010：14-6　4. M2010：14-9

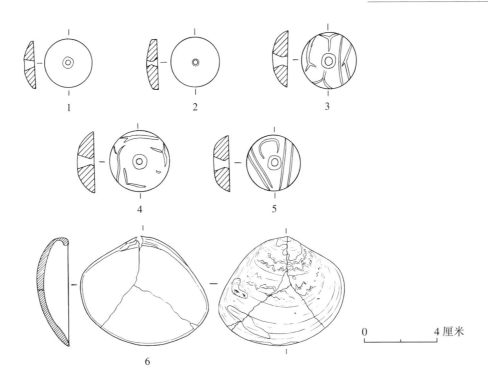

图五八七　M2010 蚌饰，蛤蜊壳

1. 圆形蚌饰（M2010：4-1）　2. 圆形蚌饰（M2010：4-3）　3. 圆形蚌饰（M2010：4-2）　4. 圆形蚌饰（M2010：4-4）
5. 圆形蚌饰（M2010：4-5）　6. 蛤蜊壳（M2010：130）

标本 M2010：4-3，素面。直径 2.65、厚 0.6 厘米（图五八七，2；彩版四五九，2）。

标本 M2010：4-2，正面刻有直线纹、人字纹和入字纹。直径 3、厚 0.85 厘米（图五八七，3；彩版四五九，2）。

标本 M2010：4-4，正面刻有竖道曲折线纹。直径 3.3、厚 0.9 厘米（图五八七，4；彩版四五九，2）。

标本 M2010：4-5，正面刻有四道二组平行直线与一道弧线纹。直径 3、厚 0.85 厘米（图五八七，5；彩版四五九，2）。

（五）蛤蜊壳

2 件。形状相似，大小不一。皆扇形。

M2010：131，仅有半枚蛤蜊甲壳。表面有密集的呈浅沟槽形辐射状纹理。残高 2.6、宽 3 厘米（彩版四五九，3）。

M2010：130，由两半甲壳扣合而成。表面泛釉光泽，并布满多重曲线形橙紫色花纹。高 5.8、宽 7 厘米（图五八七，6；彩版四五九，4）。

六　木、苇、麻与丝帛遗迹

主要指用植物材料等加工制成的一些器物或器物的附件。如墓中铜翣下安装的木柄，銮、斧与矛的銎孔内残留的朽木等，都是用木加工制成的。箭杆与席子是用苇杆加工制成的。此外，在外棺盖上覆盖有丝帛和麻布。

第三节 小结

一 墓葬的年代

首先，此墓中的铜礼器组合为鼎、甗、簋、壶、盘、匜，这种组合形式是流行于西周晚期的铜礼器组合形式。五件铜鼎中有三件为一组列鼎，而列鼎制度到西周晚期才普遍流行。其次，从随葬铜礼器的形制来看，此墓出土的鼎与西周晚期的毛公鼎[1]、颂鼎[2]等形制相似；甗上下分体，与叔硕父方甗[3]、虢国墓地 M2006 出土方甗[4]的形制相似；簋与虢国墓地 M2001 出土的虢季铜簋[5]形制基本相同；壶与虢国墓地 M2011 出土的铜方壶[6]形制相似。此外，铜器上的窃曲纹、垂鳞纹、重环纹、波曲纹等，也是西周晚期流行的纹饰。这些都表明 M2010 的入葬年代应在西周晚期。

从葬俗上看，此墓随葬有大量铜鱼，这种葬俗在西周晚期的晋侯墓地 M8[7]与张家坡西周墓地[8]的晚期墓葬中发现，到西周末年至春秋早期，一些较大墓葬中已较为普遍。如在三门峡虢国墓地 M2001 和 M2011[9]中就发现大量铜鱼。这也表明 M2010 的入葬年代应为西周晚期。

二 墓主的身份

从随葬铜礼器的数量来看，此墓为鼎五、簋四、壶二，甗、盘、匜各一。依文献记载，推测 M2010 墓主的身份为大夫。再有，M2010 棺外出土有数十枚骨棺钉。《礼记·丧大记》云："君里棺用朱绿，用杂金鐕，大夫里棺用玄绿，用牛骨鐕。"[10]可见骨钉是大夫一级贵族享用的礼制。这与虢国墓地 M2119 和 M2120[11]所出骨钉的情况一致。此外，M2010 还出土有一定数量的青铜兵器和玉器等。这些都表明 M2010 的墓主人应是虢国大夫一级的贵族。

［1］郭沫若：《两周金文辞大系图录考释》，科学出版社，1958 年。
［2］陕西省考古研究所、陕西省文物管理委员会、陕西省博物馆：《陕西出土商周青铜器》（一），文物出版社，1979 年。
［3］容庚：《商周彝器通考》，上海人民出版社，2008 年。
［4］河南省文物考古研究所、三门峡市文物工作队：《上村岭虢国墓地 M2006 的清理》，《文物》1995 年第 1 期。
［5］河南省文物考古研究所、三门峡市文物工作队：《三门峡虢国墓》（第一卷），文物出版社，1999 年。
［6］河南省文物考古研究所、三门峡市文物工作队：《三门峡虢国墓》（第一卷），文物出版社，1999 年。
［7］北京大学考古学系、山西省考古研究所：《天马—曲村遗址北赵晋侯墓地第二次发掘》，《文物》1994 年第 1 期。
［8］中国社会科学院考古研究所：《张家坡西周墓地》，中国大百科全书出版社，1999 年。
［9］河南省文物考古研究所、三门峡市文物工作队：《三门峡虢国墓》（第一卷），文物出版社，1999 年。
［10］（汉）戴圣：《礼记》，上海古籍出版社，1987 年。
［11］河南省文物考古研究所、三门峡市文物工作队：《三门峡虢国墓》（第一卷），文物出版社，1999 年。

第五章　醜姜墓（M2013）

第一节　墓葬概述

M2013 位于墓地北区西南部，西与 M2012 相距 16.75 米，东北与 M2010 相距 6.25 米，北与 M2011 相距 11.50 米，南与 M2013CHMK4（原编 M2005）车马坑相距 3.50 米（图五）。

一　墓葬形制

M2013 是一座长方形竖穴土坑墓。方向 5°。墓口位于耕土层下，距现地表 0.50 米。墓口略大于墓底，墓口南北长 4.40、东西宽 2.80 米，墓底长 4.30、宽 2.72、墓深 7.20 米。墓内填土稍经夯打，夯层和夯窝均不明显（图五八八、五八九）。

二　葬具与葬式

（一）葬具

葬具为木质棺椁，均已腐朽坍塌。从残存的灰白朽木灰痕可知为单棺单椁。

1. 木椁

木椁由底板、壁板、挡板和盖板四部分组成。椁室呈长方形，长 4.30、宽 2.66 米，高度不明。椁底板由 16 块长 4.30、宽 0.11、厚 0.04 米的薄木板南北纵向平铺而成；椁壁板和挡板由厚 0.05 米的方木相围叠垒而成，四壁紧贴墓壁；椁盖板由 28 块长 2.70、宽 0.11、厚 0.04 米的木板东西横向平铺于椁壁板上（图五九〇）。

2. 木棺

木棺置于椁室中部，长 2.20、宽 0.80 米，高度不明。顶板与底板均由四块长 2.20、宽 0.20、

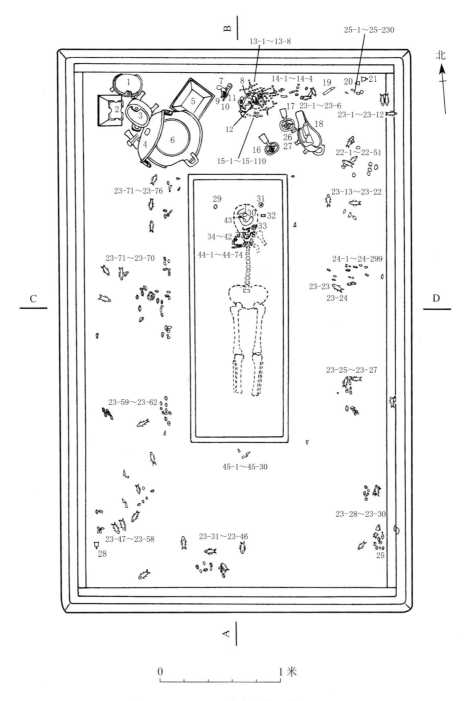

图五八八　M2013墓底随葬器物平面图

1. "S"形窃曲纹铜鼎　2. 醜姜铜匜　3. 重环纹铜鼎　4. "C"形窃曲纹铜鼎　5. 曲体龙纹铜匜　6. 凸弦纹铜盘　7、8. 铜衔　9 ~ 12. 龙首镳　13-1 ~ 13-8. "X"形铜节约　14-1 ~ 14-4. 十字形铜节约　15-1 ~ 15-110. 铜络饰　16、17. 铜銮铃　18. 季陵父铜匜　19. 玉戈　20、21、28. 小铜铃　22-1 ~ 22-51. 蛤蜊壳　23-1 ~ 23-76. 铜鱼　24-1 ~ 24-299. 陶珠　25-1 ~ 25-230. 石贝　26、27. 兽首形铜辖　29. 玉球　30. 管状玉饰　31. 玉琮　32、33. 玉玦　34 ~ 42. 口琀玉　43. 玉璧　44-1 ~ 44-74. 玛瑙珠与玉佩组合项饰　45-1 ~ 45-30. 骨钉

0 _____ 1米

图五八九 M2013 剖面图

北

0　　　　　　　1米

图五九〇　M2013椁盖板平面图

厚0.04米的木板拼合而成；壁板向外倾斜。表面髹红漆。

（二）葬式

棺内人骨已腐朽成粉末状，据其痕迹可知死者为单人仰身直肢葬，头向北（图五八八）。

三　随葬器物的位置

随葬器物在墓内的位置可分为三处：

（一）放在棺与椁之间

在棺与椁之间主要放置铜礼器和车马器，而且多集中于椁室北侧。礼器计有鼎、匜、盘、匜等；车马器计有辖、銮铃、衔、镳、节约、络饰等。另散置小铜铃、铜鱼、石贝、陶珠和蛤蜊等。

（二）钉在棺四角的两侧

在棺的四角散落有 30 枚骨棺钉。

（三）放在棺内

棺内主要放置玉器。墓主头下放有一件残玉璧，头侧有玉琮、玉管、玉球等，耳部有玉玦，口内有口琀玉，颈部有项链。

第二节 随葬器物

918 件（颗）。可分为铜、玉、石、陶、骨与蚌六类。

一 铜器

218 件。总重量 30.74 千克。有礼器、车器、马器与棺饰四类。

（一）礼器

7 件。总重量 26.1 千克。有鼎、匜、盘、匜四种。

1. 鼎

3 件。均已残破。形制基本相似，大小依次递减。但纹样、铸工有所不同，显非同时铸造，当为后配的一组列鼎（彩版四六〇）。依其纹样可分为"C"形窃曲纹鼎、重环纹鼎和"S"形窃曲纹鼎三种。

（1）"C"形窃曲纹鼎

1 件。

M2013：4，口微敛，沿微上折，立耳外撇，半球状浅腹，蹄足。足内侧有一竖向凹槽。腹部饰一周"C"形窃曲纹。通高 31.4、口径 36、腹径 33.4、腹深 14 厘米。重 4.92 千克（图五九一；彩版四六一）。

（2）无珠重环纹鼎

1 件。

M2013：3，口微敛，立耳，半球状腹略鼓，腹较深，蹄足。足内侧有一竖向凹槽。腹上部饰一周简易无珠重环纹，中部饰一周凸弦纹，下部饰垂鳞纹。通高 25.2、口径 24.6、腹径 22.8、腹深 11.8 厘米。重 2.99 千克（图五九二；彩版四六二）。

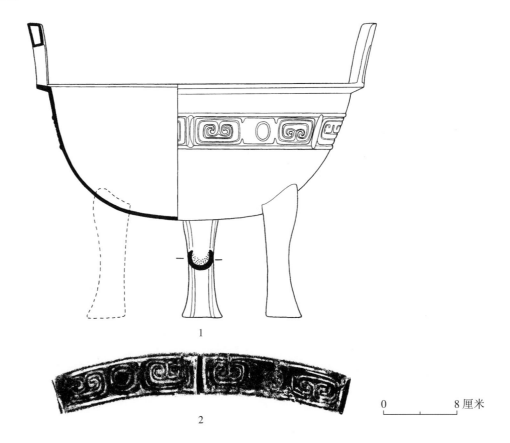

图五九一　M2013 "C" 形窃曲纹铜鼎（M2013：4）及拓本
1. "C" 形窃曲纹鼎　2. 纹样拓本

（3）"S" 形窃曲纹鼎

1 件。

M2013：1，直口，立耳，直腹，腹较深，圜底，蹄足。足内侧内凹。腹上部饰一周 "S" 形窃曲纹。通高 24.9、口径 22、腹径 19.8、腹深 11.8 厘米。重 2.24 千克（图五九三；彩版四六三）。

2. 𣪍（簋）

2 件。均无盖。形制相同，大小、纹样略有差异。敞口，窄平折沿，方唇，斜直腹壁，腹两侧有半环状兽首形耳，长方形圈足。圈足四边正中各有一个长方形缺口。可分为醜姜𣪍和曲体龙纹𣪍二种。

（1）醜姜𣪍（簋）

1 件。

M2013：2，沿下及圈足饰一周 "C" 形窃曲纹，腹部饰曲体龙纹，龙纹间有几何纹相隔，器外底部饰连体窃曲纹，中心兽目突出。在器内底部铸有竖款排列的铭文，自右至左三行 17 字（重文 2 字），即：

虢中（仲）乍（作）醜（醜）姜

宝𣪍（簋），其万年

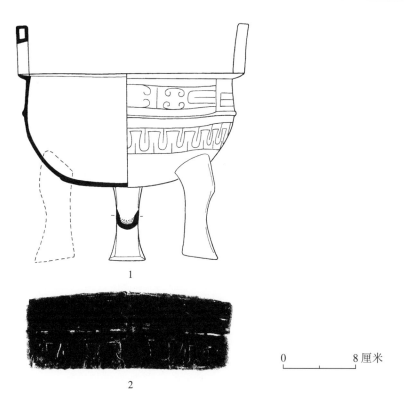

图五九二　M2013 无珠重环纹铜鼎（M2013：3）及拓本
1. 无珠重环纹鼎　2. 纹样拓本

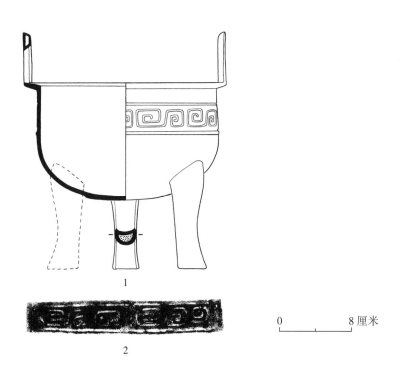

图五九三　M2013 "S" 形窃曲纹铜鼎（M2013：1）及拓本
1. "S" 形窃曲纹鼎　2. 纹样拓本

子＝孙＝永宝用。

通高 9.8、口长 30.4、口宽 15.2、腹深 5.6 厘米。重 2.89 千克（图五九四、五九五；彩版四六四）。

（2）曲体龙纹匜

1 件。

M2013：5，沿下饰一周"S"形窃曲纹，腹部饰曲体龙纹，圈足饰一周重环纹，器外底部饰连体窃曲纹，中心兽目突出。通高 8.6、口长 28.2、口宽 14.85、腹深 5.6 厘米。重 2.06 千克（图五九六、五九七；彩版四六五，1）。

3. 凸弦纹盘

1 件。

M2013：6，残破（已修复）。直口，宽平折沿，附耳外撇，浅腹，平底，高圈足。腹部饰三周凸弦纹。通高 18.2、口径 42.5、腹深 8.2 厘米。重 8.32 千克（图五九八；彩版四六五，2）。

4. 季陵父匜

1 件。

M2013：18，残破（已修复）。近直口，前有窄长槽状流，后有龙形鋬手，鼓腹，圜底，下附四条扁足。口沿饰窃曲纹，腹部饰瓦垄纹，鋬上饰简易窃曲纹，扁足饰龙纹。在器底部铸有竖款排列的铭文，自右至左二行 12 字（重文 2 字），即：

季陵父乍（作）匜，

子＝孙＝永宝用。

通高 17.4、流长 36.6、口宽 16.6、腹宽 17.6、腹深 8.2 厘米。重 2.68 千克（图五九九、六〇〇；彩版四六六）。

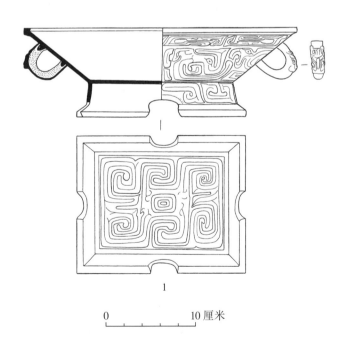

图五九四　M2013 醜姜铜匜（M2013：2）及拓本

1. 醜姜匜　2. 铭文拓本

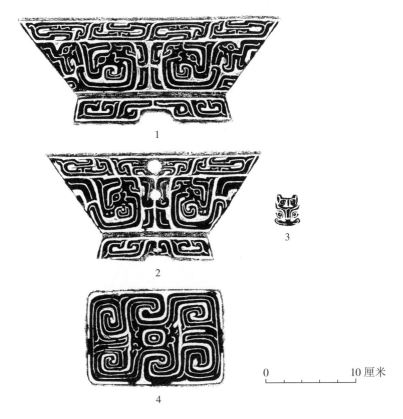

图五九五 M2013 醜姜铜匜（M2013：2）纹样拓本
1. 器正面 2. 器侧面 3. 耳部 4. 器外底部

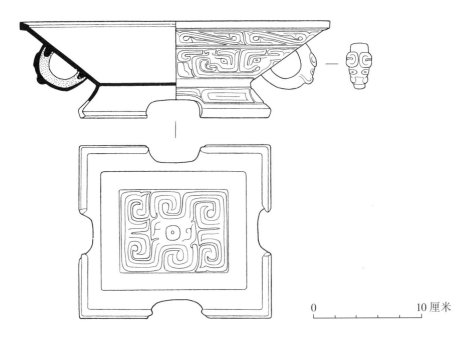

图五九六 M2013 曲体龙纹铜匜（M2013：5）

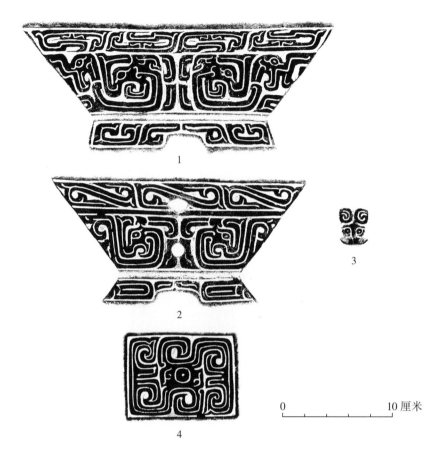

图五九七　M2013 曲体龙纹铜匜（M2013：5）纹样拓本
1. 器正面　2. 器侧面　3. 耳部　4. 器外底部

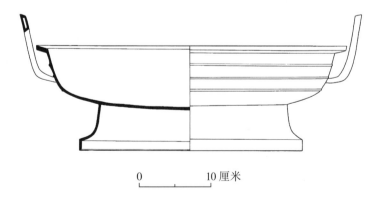

图五九八　M2013 凸弦纹铜盘（M2013：6）

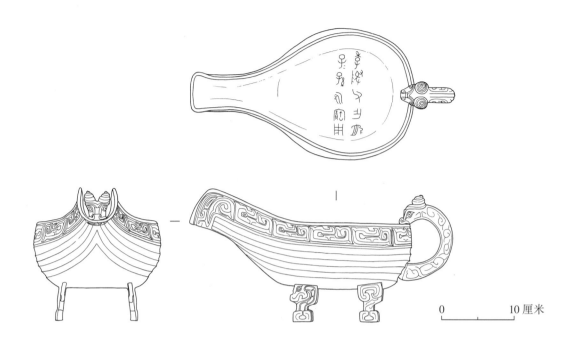

图五九九　M2013 季隁父铜匜（M2013：18）

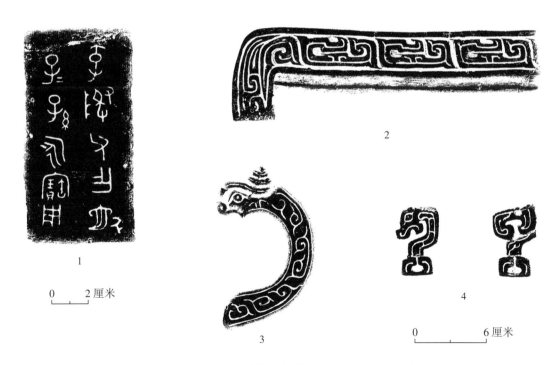

图六〇〇　M2013 季隁父铜匜（M2013：18）拓本
1.铭文拓本　2.沿下纹样拓本　3.耳部纹样拓本　4.支足纹样拓本

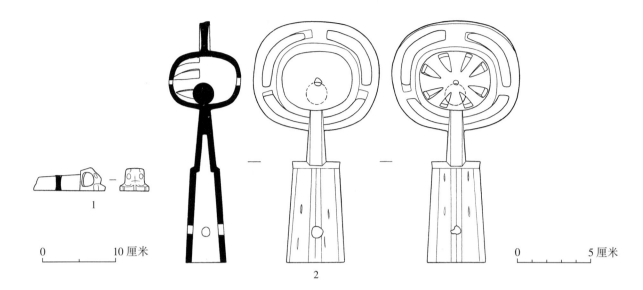

图六〇一　M2013 铜辖、銮铃

1. 兽首形辖（M2013：26）　2. 銮铃（M2013：16）

（二）车器

4 件。总重量 1.35 千克。有兽首形辖和銮铃二种。

1. 兽首形辖

2 件。成对。形制、大小相同。辖首正面呈兽首形，背面平齐。两侧有对穿孔。辖键呈扁长方体，末端为斜边。

M2013：26，通长 9.6、键长 6.2、宽 2、厚 0.8 厘米（图六〇一，1；彩版四六七，1）。

M2013：27，形状、大小尺寸与 M2013：26 同（彩版四六七，1）。

2. 銮铃

2 件。形制相同，大小略有差异。銮铃上部为铃体，下部为方座。铃体正、背两面的中部均为半球形铃腔，铃体外边缘呈宽扁圆形。正面自中心向外呈辐射状等距分布八个三角形镂孔，铃腔内有一个铜丸，背部近封闭，正中有圆孔。梯形銮座，呈上端略细的长方体，四面有对称圆孔。正、背两面各有五条竖向凸线，并间以两行四个菱形凸饰。

M2013：16，通高 16、铃宽 8.8、銮座高 6.7、銮口长 4.2、銮口宽 2.8 厘米（图六〇一，2；彩版四六八，1）。

M2013：17，通高 17.5、铃宽 9.8、銮座高 7、銮口长 4.1、銮口宽 3.2 厘米（图六〇二；彩版四六八，2）。

（三）马器

128 件。总重量 1.58 千克。有衔、龙首镳、节约和络饰四种。

1. 衔

2 件。形制、大小相同。均由两个"8"字形铜环套接而成，端环呈椭圆形。

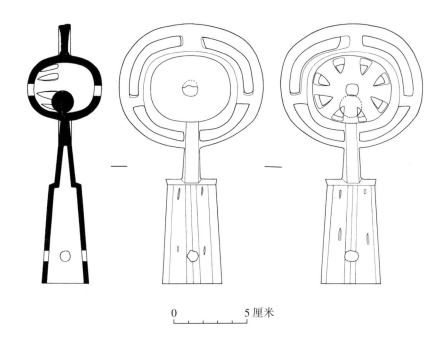

0 ⊢——————⊣ 5厘米

图六〇二　M2013 铜銮铃（M2013：17）

M2013：7，通长 19.6 厘米，环长径 4.25、短径 3.75 厘米（图六〇三，1；彩版四六七，2）。

M2013：8，形状、大小尺寸与 M2013：7 相同（彩版四六七，2）。

2. 龙首镳

4 件。组合成两副。形制、纹样相同，大小略有差异。均呈片状弧体，一端卷曲，另一端为龙首形。正面两端饰龙首纹，中部饰二组变形蝉纹。背面中部有二个半环状钮。

标本 M2013：10，长 12、宽 2.3 厘米（图六〇三，2、3；彩版四六七，3）。

标本 M2013：9，长 11.9、宽 1.6 厘米（图六〇三，4、5；彩版四六七，3）。

3. 节约

12 件。皆呈双圆管交叉状，管内相通。正面中部饰有纹样，背面有形状不一的穿孔。可分为十字形和 “X” 形二种。

（1）十字形节约

4 件。可分为蝉纹与兽面纹二种。

① 蝉纹十字形节约

2 件。表面纵向饰一蝉纹。

M2013：14-2，背面有十字形穿孔。长 2.8、宽 2.95、管径 1.2 厘米（图六〇四，1、2；彩版四六八，3）。

M2013：14-3，背面有方形穿孔。长 3、宽 2.95、管径 1.2 厘米（图六〇四，3；彩版四六八，4）。

② 兽面纹十字形节约

2 件。形制、大小及纹样相同。正面饰竖耳兽面纹，背面有十字形穿孔。

标本 M2013：14-1，长 2.7、宽 2.7、管径 1.1 厘米（图六〇五，1、2；彩版四六八，5）。

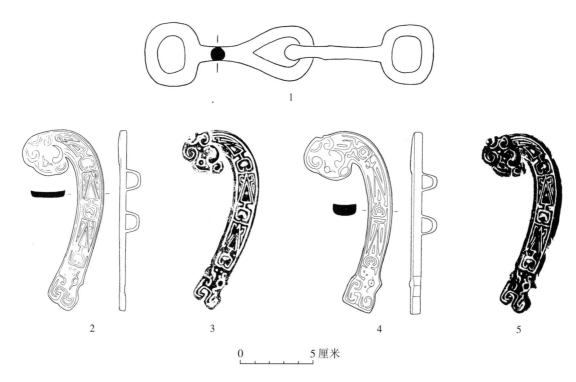

图六〇三　M2013铜衔、镳及拓本

1.衔（M2013：7）　2.龙首镳（M2013：10）　3.龙首镳（M2013：10）纹样拓本　4.龙首镳（M2013：9）　5.龙首镳（M2013：9）纹样拓本

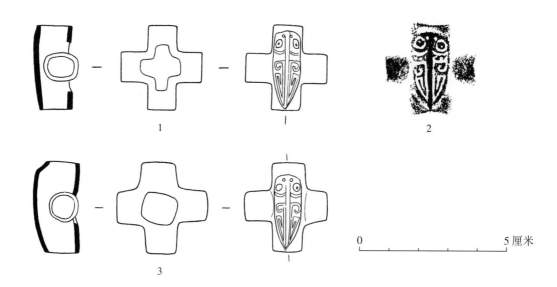

图六〇四　M2013蝉纹十字形铜节约及拓本

1.蝉纹十字形节约（M2013：14-2）　2.蝉纹十字形节约（M2013：14-2）纹样拓本　3.蝉纹十字形节约（M2013：14-3）

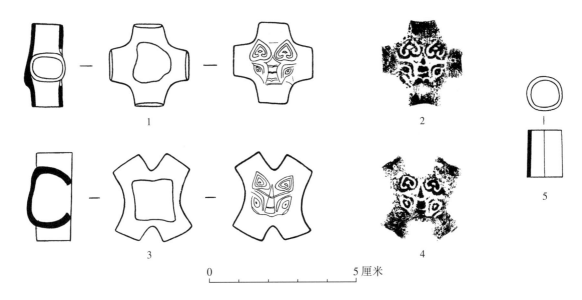

图六〇五　M2013 铜节约、络饰及拓本

1. 兽面纹十字形节约（M2013：14-1）　2. 兽面纹十字形节约（M2013：14-1）纹样拓本　3. "X"形节约（M2013：13-1）
4. "X"形节约（M2013：13-1）纹样拓本　5. 络饰（M2013：15-1）

（2）"X"形节约

8件。形制、大小及纹样相同。正面中部饰简易竖耳兽面纹，背面有方形穿孔。

标本 M2013：13-1，长 2.9、宽 2.7、管径 0.9 厘米（图六〇五，3、4；彩版四六八，6）。

4. 络饰

110件。均为短圆管形，大小略同。应与十字形节约和"X"形节约相配使用。

标本 M2013：15-1，长 1.55、径 1.2 厘米（图六〇五，5；彩版四六八，7）。

（四）棺饰

79件。总重量 1.71 千克。有小铃和鱼二种。

1. 小铃

3件。形制相同，大小略异。器身上细下粗，横断面呈椭圆形。平顶上有半环形钮，钮下有一小穿孔与腹腔贯通。腔内有一个槌状铃舌，下口边缘向上弧起。正、背面各有两个竖向镂孔。

M2013：21，通高 6.2、宽 2.7 ~ 3.3 厘米（图六〇六，1；彩版四六九，1）。

M2013：20，通高 6.3、宽 3.2 ~ 3.9 厘米（图六〇六，2；彩版四六九，2）。

M2013：28，钮残断。高 4.3、宽 2.4 ~ 3.4 厘米（图六〇六，3；彩版四六九，3）。

2. 鱼

76件。大小相近。薄片状，腹、背有鳍。均以眼为穿孔，可系缀。

标本 M2013：23-1，长 10、宽 2.7、厚 0.1 厘米（图六〇七，1、2；彩版四六九，4）。

标本 M2013：23-76，身饰两行鳞纹。长 9.3、宽 2.9、厚 0.1 厘米（图六〇七，3、4；彩版四六九，5）。

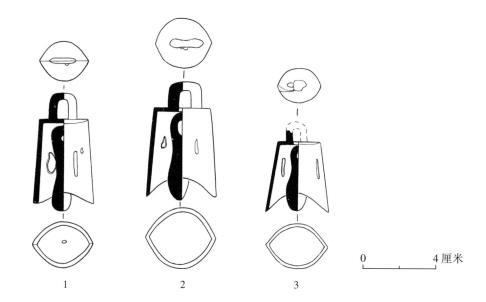

图六〇六　M2013 小铜铃

1. M2013：21　2. M2013：20　3. M2013：28

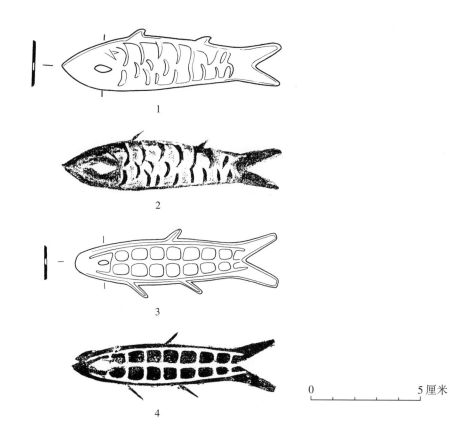

图六〇七　M2013 铜鱼及拓本

1. 鱼（M2013：23-1）　2. 鱼（M2013：23-1）纹样拓本　3. 鱼（M2013：23-76）　4. 鱼（M2013：23-76）纹样拓本

二 玉器

90件（颗）。可分礼器、佩饰、殓玉和其他四类。

（一）礼器

3件。有琮、璧和戈三种。

1. 琮

1件。

M2013：31，出土于墓主头部。青玉，有黄白斑。玉质较细，半透明。纵长方体，内圆外方。两端有短射，中部有对钻圆孔。四面饰勾云纹。高3.2、宽1.5～1.7、孔径0.15～0.6厘米（图六〇八；彩版四七〇，1）。

2. 璧

1件。

M2013：43，出土于墓主头下。出土时残缺三分之一。青玉。玉质细腻，微透明。扁平圆体，断面近长方形。素面。直径9.4、孔径5.2、厚0.6厘米（图六〇九，1；彩版四七〇，2）。

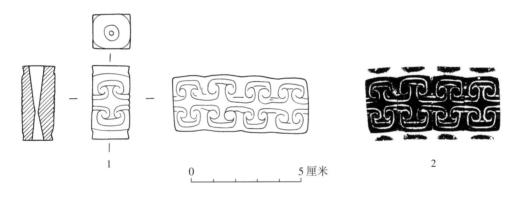

0　　　　　　5厘米

图六〇八　M2013玉琮（M2013：31）及拓本
1. 琮　2. 纹样拓本

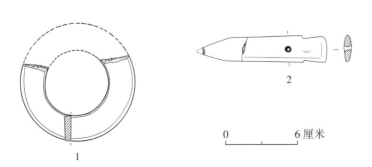

0　　　　6厘米

图六〇九　M2013玉璧、戈
1. 璧（M2013：43）　2. 戈（M2013：19）

3. 戈

1件。

M2013：19，出土于棺外，与铜车马器放在一起。出土时自援中部断为二截，锋尖略残。杂玉质。微透明。三角形锋，直援，近梯形内。援两侧无刃，中部略显脊线。援中部有一对钻圆孔。素面。通长10.7、援长8.7、援宽1.9、内长2、内宽1.8～2、厚0.2～0.6厘米（图六〇九，2；彩版四七〇，3）。

（二）佩饰

77件（颗）。可分为组佩饰和单佩二类。

1. 组佩饰

1组，74件（颗）。为一串玛瑙珠与玉佩组合项饰。

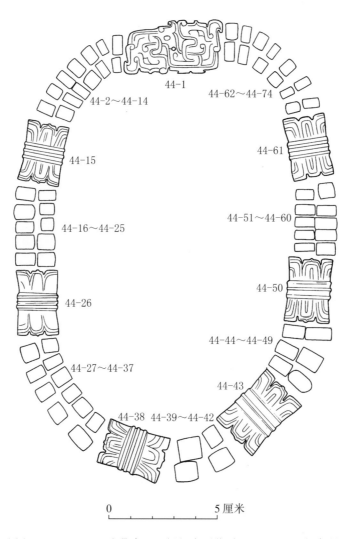

图六一〇　M2013玛瑙珠、玉佩组合项饰（M2013：44）复原图

44-1. 龙纹玉佩　44-15、44-26、44-38、44-43、44-50、44-61. 束绢形玉佩　44-2～44-14、44-16～44-25、44-27～44-37、44-39～44-42、44-44～44-49、44-51～44-60、44-62～44-74. 玛瑙珠

M2013：44，出土于墓主颈部。由6件束绢形佩、1件龙纹佩和67颗红色或橘红色玛瑙珠分双排两行相间串系而成。经整理复原，联缀方法如下：以龙纹佩为结合部，六件束绢形佩之间以双行玛瑙珠相间。每行玛瑙珠少则2颗，多则7颗不等（图六一〇；彩版四七一）。

（1）龙纹佩

1件。

M2013：44-1，青玉。玉质较细，微透明。近长方形，扁平体。正面饰双龙纹，两端为龙首。龙作臣字目，口出獠牙，中部龙体弯曲相接。背面平素。周边有齿状扉棱，中心有一穿孔。高2.2、宽4.4、厚0.5厘米（图六一一，1、2；彩版四七二，1、2）。

（2）束绢形佩

6件。玉质、形制、纹样、大小相似。青玉。玉质较细，半透明。近长方形，中部略束腰。正面饰阴线回纹，中部饰三道凸弦纹。背面素面。两端各有二斜穿。

M2013：44-15，长2.7、宽1.9、厚0.4厘米（图六一一，3、4；彩版四七二，3、4）。

M2013：44-26，长2.9、宽2.1、厚0.4厘米（图六一一，5、6）。

M2013：44-38，长2.9、宽1.9、厚0.4厘米（图六一二，1、2）。

M2013：44-43，长3.2、宽2.3、厚0.4厘米（图六一二，3、4）。

M2013：44-50，长2.9、宽2、厚0.4厘米（图六一二，5、6）。

M2013：44-61，长2.8、宽1.9、厚0.4厘米（图六一三，1、2）。

（3）玛瑙珠

67颗。皆为鼓形珠。大小不一，制作不甚规整。高0.3～1、直径0.7～1厘米。

标本M2013：44-41，为最大者。高1、直径1厘米（图六一三，3）。

标本M2013：44-39，为较大者。高1、直径0.9厘米（图六一三，4）。

标本M2013：44-13，为最短者。高0.3、直径1厘米（图六一三，5）。

标本M2013：44-23，为最细者。高0.4、直径0.7厘米（图六一三，6）。

2. 单佩

3件。有玦和管状饰二种。

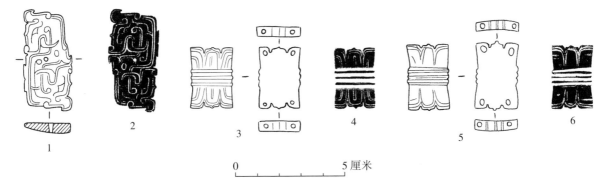

图六一一　M2013玛瑙珠、玉佩组合项饰（M2013：44）中的玉佩及拓本

1. 龙纹佩（M2013：44-1）　2. 龙纹佩（M2013：44-1）纹样拓本　3. 束绢形佩（M2013：44-15）　4. 束绢形佩（M2013：44-15）纹样拓本　5. 束绢形佩（M2013：44-26）　6. 束绢形佩（M2013：44-26）纹样拓本

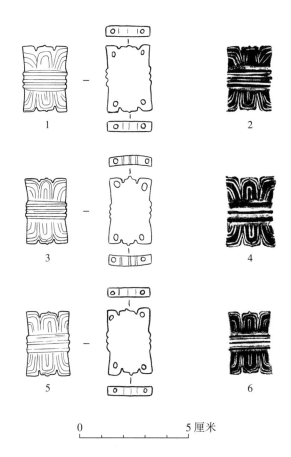

0　　　　　　5厘米

图六一二　M2013 玛瑙珠、玉佩组合项饰（M2013：44）中的束绢形玉佩及拓本

1. 束绢形佩（M2013：44-38）　2. 束绢形佩（M2013：44-38）纹样拓本　3. 束绢形佩（M2013：44-43）　4. 束绢形佩
（M2013：44-43）纹样拓本　5. 束绢形佩（M2013：44-50）　6. 束绢形佩（M2013：44-50）纹样拓本

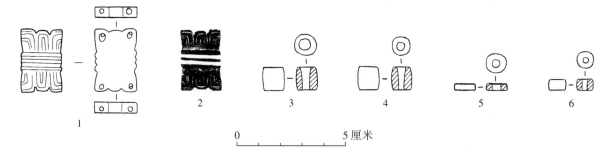

0　　　　　　5厘米

图六一三　M2013 玛瑙珠、玉佩组合项饰（M2013：44）中的玉佩，玛瑙珠及拓本

1. 束绢形玉佩（M2013：44-61）　2. 束绢形玉佩（M2013：44-61）纹样拓本　3. 玛瑙珠（M2013：44-41）
4. 玛瑙珠（M2013：44-39）　5. 玛瑙珠（M2013：44-13）　6. 玛瑙珠（M2013：44-23）

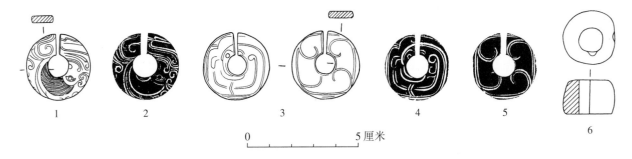

图六一四　M2013 玉玦、管状饰及拓本

1. 玦（M2013∶32）　2. 玦（M2013∶32）正面纹样拓本　3. 玦（M2013∶33）　4. 玦（M2013∶33）正面纹样拓本　5. 玦（M2013∶33）背面纹样拓本　6. 管状饰（M2013∶30）

（1）玦

2件。出于墓主头部两侧。均用旧玉改制而成，并保留了原器的部分纹样。玉质、形制及大小相同，纹样有所不同。皆青玉。玉质细腻，半透明。扁平圆体，有缺口，断面呈圆角长方形。

M2013∶32，正、背两面纹样相同，主要部分为阴线人面。人的眼、眉、耳、发尚存。因钻孔，鼻部被毁。直径3、孔径0.8、厚0.3厘米（图六一四，1、2；彩版四七二，5、6）。

M2013∶33，正面为高冠回首凤鸟纹的主要部分，背面为部分云纹。直径3、孔径0.9、厚0.3厘米（图六一四，3～5；彩版四七二，7、8）。

（2）管状饰

1件。

M2013∶30，出土于墓主头部。系用旧玉改制而成，应为束发所用。青玉。冰青色，有黄白斑纹。玉质细腻，半透明。为短圆管状，素面。中部有圆形穿孔。高1.5、管径2～2.3、孔径1～1.25厘米（图六一四，6；彩版四七二，9）。

（三）殓玉

9件。仅口琀玉一种。出土于墓主口部，均为玉器残片。有的能对接，应是有意折断。经整理后可分为鸟形佩、鱼形佩、长方形佩和残片四种。

1. 鸟形口琀玉

1件。

M2013∶34，入殓时被有意折为两截。青玉，有灰白斑。玉质细腻，半透明。片雕。双面均饰相同的阴线鸟纹，张口，凸眼，尾分叉。嘴部及胸部有一个小圆穿。高2.1、宽4.6、厚0.2厘米（图六一五，1、2；彩版四七三，1）。

2. 鱼形口琀玉

6件。其中三件在入殓时被折断为二截，另三件残断。形制、纹样及大小相似。

标本M2013∶35，青玉。玉质细腻，透明。片雕。鱼呈长条状。鱼的头、眼、鳍俱全，尾部分叉。头端有一穿。身饰阴线纹。长3.7、宽0.95、厚0.3厘米（图六一五，3、4；彩版四七三，2）。

3. 长方形口琀玉

1件。

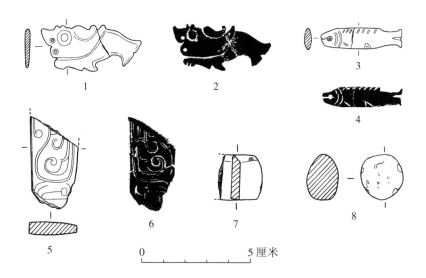

图六一五　M2013 口琀玉，玉球及拓本

1. 鸟形口琀玉（M2013：34）　2. 鸟形口琀玉（M2013：34）纹样拓本　3. 鱼形口琀玉（M2013：35）　4. 鱼形口琀玉（M2013：35）纹样拓本　5. 长方形口琀玉（M2013：42）　6. 长方形口琀玉（M2013：42）背面纹样拓本　7. 口琀玉残片（M2013：41）8. 玉球（M2013：29）

　　M2013：42，残。系用旧玉改制而成，并保留了原器的部分纹样。青玉。玉质细腻，半透明。双面有凤鸟纹之下半部。残长 4、宽 2.1、厚 0.6 厘米（图六一五，5、6；彩版四七三，3）。

　　4.口琀玉残片

　　1 件。

　　M2013：41，青玉。玉质细腻，半透明。素面。残长 2、宽 2、厚 0.4 厘米（图六一五，7；彩版四七三，4）。

（四）其他

　　1 件。玉球。

　　M2013：29，地方玉。不透明。扁球形，素面。直径 1.4 ~ 2 厘米（图六一五，8；彩版四七三，5）。

三　石器

　　230 件。仅贝一种。形制相似，大小不一。前端较尖，正面略鼓；背面中部有一竖向刻槽。个别的在尖部钻有圆穿。石质分为大理石与青灰石。其中青灰石质者 13 件，大理石质者 217 件。

　　标本 M2013：25-4，大理石。一端有对钻圆孔，为有孔者中形制最大者。长 3.1、宽 2.4、厚 1 厘米（图六一六，1；彩版四七三，6）。

　　标本 M2013：25-2，青灰石。单面穿孔。长 2.3、宽 1.6、厚 0.8 厘米（图六一六，2；彩版四七四，1）。

　　标本 M2013：25-5，青灰石，背面穿孔。为有孔者中形制最小。长 2、宽 1.4、厚 0.8 厘米（图六一六，3；彩版四七三，6）。

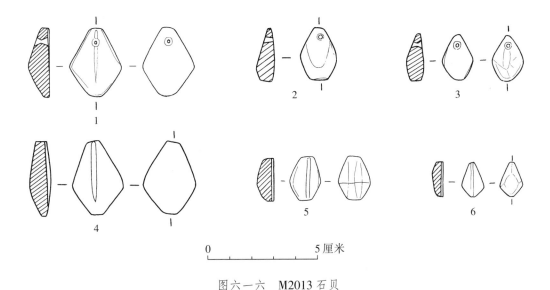

图六一六　M2013 石贝

1. M2013：25-4　2. M2013：25-2　3. M2013：25-5　4. M2013：25-6　5. M2013：25-24　6. M2013：25-7

标本 M2013：25-6，大理石。无穿孔者中形制最大。长3.6、宽2.4、厚1厘米（图六一六，4；彩版四七四，1）。

标本 M2013：25-24，大理石。形制较小，无穿孔。长1.9、宽1.5、厚0.9厘米（图六一六，5；彩版四七四，1）。

标本 M2013：25-7，大理石。无穿孔。长1.5、宽1、厚0.5厘米（图六一六，6；彩版四七三，6）。

四　陶器

299颗。仅珠一种，有大、小之分。出土时散于棺椁之间。皆泥质灰黑陶。菱形，断面为圆形。两端较尖，中部有一个透穿圆形穿孔。

标本 M2013：24-1，为小号珠。长1.8、直径1.3厘米（图六一七，1；彩版四七四，2）。

标本 M2013：24-2，为大号珠。长2.3、直径1.6厘米（图六一七，2；彩版四七四，2）。

标本 M2013：24-299，为中号珠。长2.2、直径1.2厘米（图六一七，3；彩版四七四，2）。

五　骨器与蛤蜊壳

81件。

（一）骨器

30件。仅棺钉一种，大小不一。出土于棺外四角。呈三棱锥体。

标本 M2013：45-1，为最大者。长4.25厘米（图六一七，4；彩版四七四，3）。

标本 M2013：45-30，为最小者。长2厘米（图六一七，5；彩版四七四，3）。

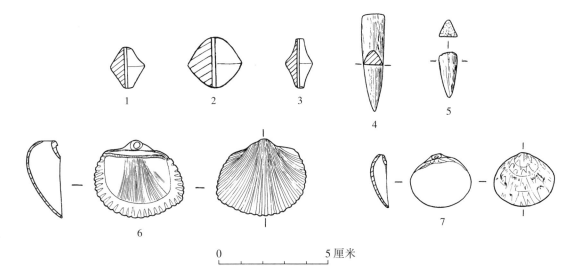

图六一七　M2013 陶珠，骨棺钉，蛤蜊壳

1.陶珠（M2013：24-1）　2.陶珠（M2013：24-2）　3.陶珠（M2013：24-299）　4.骨棺钉（M2013：45-1）　5.骨棺钉
（M2013：45-30）　6.蛤蜊壳（M2013：22-1）　7.蛤蜊壳（M2013：22-51）

（二）蛤蜊壳

51 件。形状相似，大小不一。出于棺椁之间。皆扇形，蒂部磨有小圆孔，可系穿。

标本 M2013：22-1，为最大者。长 4.1、宽 3.5 厘米（图六一七，6；彩版四七四，4）。

标本 M2013：22-51，为最小者。长 2.8、宽 2.4 厘米（图六一七，7；彩版四七四，4）。

第三节　4 号车马坑（M2013CHMK4）

一　概述

4 号车马坑（M2013CHMK4 原编为 M2005）位于墓地北区中部，北与 M2013 相距 3.50 米，西与 M2118 和 1 号车马坑（M2001CHMK1）分别相距 12.30 和 20.60 米。从其位置和 M2013 的规模看，应为 M2013 的陪葬车马坑，故整理后编为 M2013CHMK4。M2013CHMK4 中部偏西处，被一个长方形现代盗洞打破。盗洞长 1.14、宽 0.68、深 4.10 米，超过坑底 0.70 米。

4 号车马坑（M2013CHMK4）平面呈长方形。方向 1°。坑口距现地表 1.50、南北长 4.18、东西宽 3.10、坑深 1.88 米。坑内填土稍加夯打，较硬，夯层与夯窝不明显（图六一八；彩版四七五）。

共清理出车 1 辆、马 6 匹和狗 1 只。马位于坑中部和南部，中部的两匹马因被现代盗洞所破坏而残缺不完整。车是被拆散后放入坑内的，其中车的两轮平放在坑北部，车舆放在坑西南部。北部西侧车轮和车舆下都叠压着马。马显然是最先放入坑内，然后才放入车的。狗放置在北部西侧车轮的西南边缘上。

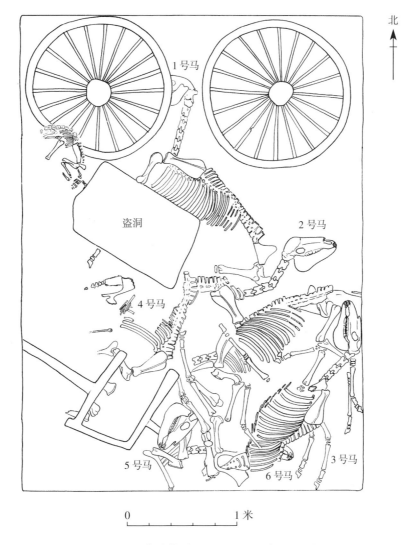

图六一八　4号车马坑（M2013CHMK4）平面图

二　车

1辆。为木质结构。表面髹黑漆，仅剩一层漆皮。木胎皆已腐朽，留有灰褐色或灰白色痕迹。车为双轮独辀。由于该车是被拆散后放入坑内的，在清理时仅发现了车的两轮、一辀和一舆等主要部件。

车的两轮放置于坑内北部，东侧车轮直径135厘米，西侧车轮直径128厘米。辋宽7、厚5厘米。轮外侧车毂残端断面呈圆形，残端径18厘米。每个车轮辐条为20根，西侧车轮辐条长48、东侧车轮辐条长53厘米。辐条呈扁平状，断面呈梯形，宽4、厚2～3厘米。辋上相邻两辐条间距为16～17厘米不等。

辀和舆放置于坑内西南部。辀头向西北，与舆底座基本平行。断面呈圆形，残长114、直径8厘米。车舆安放在辀上，仅存舆底前、后及左侧轸木。舆身平面略呈长方形，残宽74～84、前后进深60厘米。舆底轸木断面呈长方形，宽7、厚5厘米。

三 马和狗

（一）马

6匹。摆放不整齐。均为侧卧，四肢直伸，头向不一。且有相互叠压现象，当是被处死后放入坑内的。为叙述方便起见，我们自北向南对每匹马依次编号。最北的编为1号马，最南的编为6号马。

1号马放置于坑内北中部，头向西，足朝南。头部被西侧车轮所压，前肢及腹下部被盗洞打破。

2号马放置在1号马的南侧，头向东，足朝西北。前肢及腹部被盗洞打破。

3号马放置在2号马南部，头向西，足朝南。头部被车舆所压。

4号马放置在3号马和5号马下，仅露出头部和足部。头向西南，足朝南。

5号马放置在3号马南侧，头向东。

6号马放置在坑内最南部，头向东。分别被3号马、4号马、5号马和车舆所压，仅露出头和颈部一小部分。

（二）狗

1只。放在坑内西北部的车轮西南边缘上。头残缺，四肢弯曲。

第四节 小结

一 墓葬年代

首先，从M2013随葬器物的组合形式上看，墓中随葬的铜礼器组合为鼎、簋、盘、匜，是流行于西周晚期中小型墓葬的铜礼器组合形式。其中鼎与西周晚期的毛公鼎[1]、颂鼎[2]、虢国墓地M1820出土的铜鼎[3]等形制相似；簋与虢国墓地M1820出土的铜簋[4]、山东长清仙人台M3出土的西周晚期铜簋[5]形制相似；盘与虢国墓地M2012出土的重环纹铜盘[6]形制相似；匜与虢国墓地M2011出土的□白匜[7]形制相似。此外，该墓出土的铜器上饰有重环纹、窃曲纹、垂鳞纹、曲体龙纹等，也是西周晚期流行的纹饰。这些都表明M2013的年代应在西周晚期。

---

[1] 郭沫若：《两周金文辞大系图录考释》，科学出版社，1958年。
[2] 陕西省考古研究所、陕西省文物管理委员会、陕西省博物馆：《陕西出土商周青铜器》（一），文物出版社，1979年。
[3] 中国科学院考古研究所：《上村岭虢国墓地》，科学出版社，1959年。
[4] 中国科学院考古研究所：《上村岭虢国墓地》，科学出版社，1959年。
[5] 山东大学考古学系：《山东长清县仙人台周代墓地》，《考古》1998年9期。
[6] 河南省文物考古研究所、三门峡市文物工作队：《三门峡虢国墓》（第一卷），文物出版社，1999年。
[7] 河南省文物考古研究所、三门峡市文物工作队：《三门峡虢国墓》（第一卷），文物出版社，1999年。

二 墓主身份

在 M2013 出土的青铜器中有二件铸有铭文。一件为季陵父匜，"季陵父"为器主。"陵"字左从"阜"，右上、下从"又"，中部应为"幺"之省，字形结构与陵伯鼎等铭文中的"陵"字相似。"季陵父"为男性称谓，"陵父"为其字。"季"前省略国族或氏称，此器出于虢国墓地，有可能为"虢季"之省称。这种省称金文常见，如宝鸡竹园沟 4 号墓主"弓魚季"，铭文既称"弓魚季"，又省称"季"。另一件为虢中（仲）作醜姜匜，"虢中"还见于虢国墓地 M2009 铜器铭文，两者是否为一人，待考。"醜姜"为嫁于虢国的姜姓女子。"虢中"为"醜姜"作器，其关系待考。

M2013 出土的青铜礼器有鼎 3 件、匜 2 件，盘、匜各 1 件，其中三件列鼎非一次所铸，显系拼凑而成，由此可知墓主的身份相对较低。此外墓中出土有骨钉。骨钉又称骨簪，是固定棺衣于棺的钉子，同时也是一种用以区别贵族等级的标志物。《礼记·丧大记》载："君里棺用朱绿，用杂金鐕，大夫里棺用玄绿，用牛骨鐕。"[1] 可见，骨钉是大夫一级贵族享用的礼制。从虢国墓地出土的其他材料看，男性贵族墓葬多随葬兵器，女性墓葬则不见兵器。这些都表明 M2013 应为一座女性墓，墓主应即铜匜铭文中的"醜姜"，但墓主身份不高，应为下大夫级的贵族夫人。

三 关于 4 号车马坑（CHMK4）和 M2013 的关系及年代

4 号车马坑（CHMK4）位于墓地北区中部，是目前墓地发掘埋葬车辆最少的一座车马坑。从位置上看，4 号车马坑和 M2013 距离最近，北与 M2013 相距仅 3.50 米。从规模看，4 号车马坑南北长 4.18、东西宽 3.10 米，规模较小且坑内仅埋有一辆车。而 M2013 的规模也较小，墓中出土 3 件鼎，墓主为醜姜，其夫生前为虢国元士一级贵族，且 4 号车马坑距 M2013 最近，故应是 M2013 的陪葬车马坑，时代应与 M2013 相同，属西周晚期。

---

[1]（汉）戴圣：《礼记》，上海古籍出版社，1987 年。

第六章　两座被盗墓

第一节　墓葬概述

1989 年，三门峡虢国墓地发生了重大盗墓案件。不久，公安部门迅速侦破此案，并追回了部分被盗遗物（见《三门峡虢国墓地》（第一卷）第七章）。M2008（虢宫父墓）和 M2007 均位于墓地北区的南部，不仅相距较近，而且被盗严重，故将这两座被盗墓合为一章叙述。

M2008（虢宫父墓）北与 M2010 相距 32.50 米，东北与 M2009 相距 38 米，西与 M2006、M2007 分别相距 33、4.80 米。墓室中北部有一个近长方形盗洞，洞口长 3.12 ~ 4.05、宽 2.70 米，深度直达墓底。墓内随葬器物大部分被盗，被公安部门收缴追回的虢宫父鬲和虢宫父盘，即出于此墓。

M2007 东与 M2008（虢宫父墓）相距 4.80 米，北与 M2055 相距 7.50 米，西北与 4 号车马坑（M2013CHMK4）相距 18.50 米，西与 M2006 相距 25 米，东南与 M2046 相距 7.50 米。墓室中部有一个长方形盗洞口，长 1.80、宽 0.70 米 ×0.90 米，深度直达墓底。墓内随葬器物被劫掠一空。

一　墓葬形制

两座被盗墓均为长方形竖穴土坑墓，呈南北向。

（一）M2008

墓口距现地表 0.40 米，南北长 4.80、东西宽 3.10 米；墓底略大于墓口，南北长 5.20、东西宽 3.40、墓深 7.80 米。方向 0°。墓室四壁平整，底部平坦。墓底四周有熟土二层台，东侧宽 0.20、西侧宽 0.30、南北两侧各宽 0.60、高 1.25 米。墓底中部设有一长方形腰坑，坑长 0.46、宽 0.40、深 0.30 米，坑内有一具狗骨架，保存较差。墓内填土略经夯打，夯窝与夯层不明显（图六一九、六二〇）。

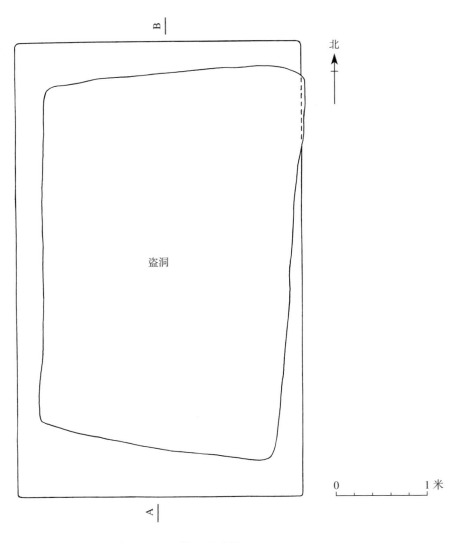

图六一九 M2008 墓口平面图

（二）M2007

墓口距现地表仅 0.40 米，南北长 4.28、东西宽 3.04 ～ 3.24 米；墓底略大于墓口，南北长 4.48、东西宽 3.20 ～ 3.44、墓深 8.70 米。方向 8°。墓室四壁修整平滑，四壁下部略向外张，底部平坦。墓底四周有熟土二层台，东宽 0.52、西宽 0.42、南宽 0.40、北宽 0.26、台高 0.90 ～ 1 米。墓内填土稍加夯打，较硬，夯窝与夯层不明显（图六二一）。

二 葬具与葬式

（一）葬具

两座被盗墓的葬具均已腐朽，且遭到盗掘者不同程度的破坏。从残存的木质朽痕可知为单椁单棺。

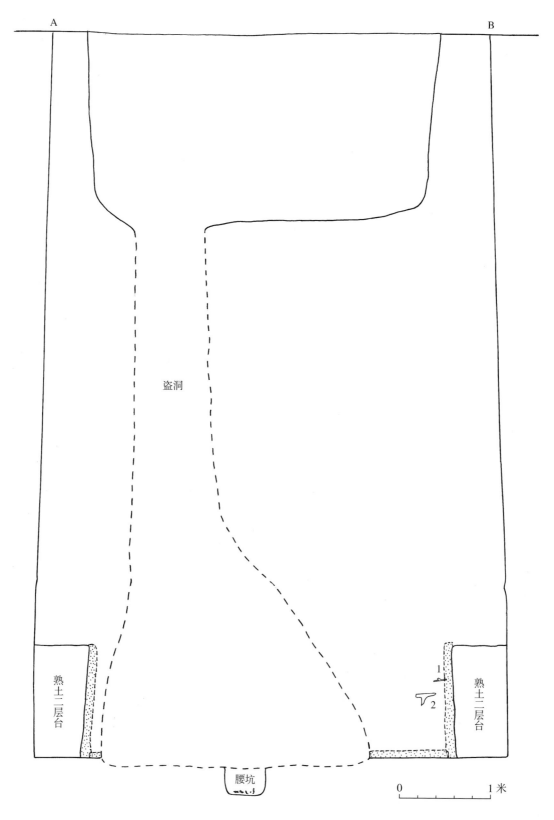

图六二〇　M2008 剖面图
1、2.长胡五穿铜戈

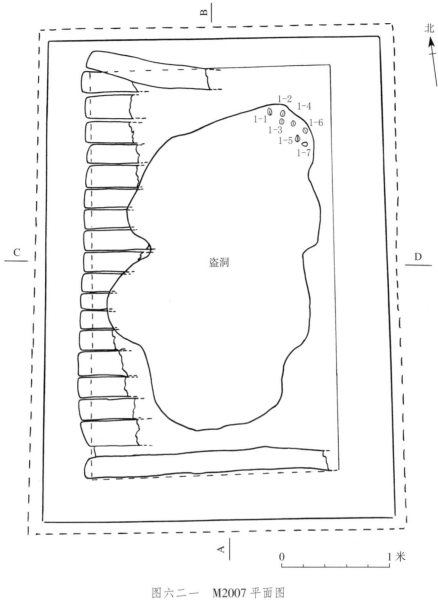

图六二一　M2007平面图
1-1 ～ 1-7. 石贝

1. 木椁

两座墓的木椁均置于墓室底的中部，皆由底板、壁板、挡板和盖板四部分组成。椁底板是用木板南北纵向放置依次平铺而成，椁室四壁是用方木相围叠筑而成，椁盖板是用木板东西横向放置依次平铺而棚于壁板上。

（1）M2008

木椁南北长 4、东西宽 2.90、高 1.25 米。椁盖板与椁底板的北部和中部均被盗洞破坏。从保存较好的椁室南端可以看出，椁底板是用宽 0.15 ～ 0.20、厚 0.06 米的木板南北纵向平铺而成；椁室四周的壁板和挡板是用厚 0.10 米方木叠筑而成；椁盖板是用宽 0.15 ～ 0.20、厚 0.04 米的薄木板东西横向平铺而棚于椁壁板上，椁盖板已腐朽坍塌，多半已陷落于椁室内，并呈现出东西高、中部低的倾斜状。

（2）M2007

木椁南北长 3.60、东西残宽 2.20、残高 0.90 米。椁室大部分被盗毁，仅残存西部和南部少许。椁盖板是由 19 块长 3.60、宽 0.16～0.22、厚 0.06 米的木板东西向放置，依次平铺而担于椁壁板上；四周壁板和挡板由方木相围叠筑而成；椁底板是由南北向放置的薄木板，依次平铺而成。

2. 木棺

（1）M2008

墓的北部和中部悉被盗扰，木棺仅剩其西南角极小的一部分痕迹。从其所在位置看，整具木棺原当置于椁室中部。

（2）M2007

墓被严重盗掘，木棺已不复存在，结构不明。

（二）葬式

因这两座墓的木棺被盗掘者所毁，人骨架已不存在，故葬式不明。

三 随葬器物的位置

由于这两座墓中 M2007 的随葬器物被盗墓者劫掠一空，仅在盗洞填土内发现 7 件石贝；而 M2008 的随葬器物虽然大部分被盗，但残留的部分器物尚放在原位。故这里仅介绍 M2008 随葬器物的出土位置：

（一）放在椁盖板上

椁盖板上放置有铜翣和铜戈等（图六二二）。

（二）放在椁与棺之间

椁棺之间放置的器物主要有铜礼器和铜车马器，而且多集中于椁室西侧。其中铜礼器计有鬲、簋、盨、壶、盘、匜、爵、方彝等，主要集中在椁室西北角和西侧中部。铜车马器有軎、辖、合页、衔、镳、带扣、节约、络饰等，大多数放在椁室西侧。此外，在椁室东、西两侧还散置有用于饰棺的铜鱼、铜小铃、铜条形片饰、陶珠、石贝、圆形蚌饰和蛤蜊壳等（图六二三）。

第二节 随葬器物

M2008 和 M2007 两座墓的随葬器物除大部分被盗外，尚残存 976 件（颗）。其中 M2008 计 969 件（颗），M2007 计 7 件（均遗留在盗洞内）。此外，1989 年被公安部门收缴追回的虢国墓地被盗遗物（见《三门峡虢国墓》第一卷第七章）中有 2 件铸有 "虢宫父" 铭文的铜器也应归入 M2008。上述随葬器物以质地可分为铜、玉、石、陶、骨、蚌六类。以下依次分别介绍。

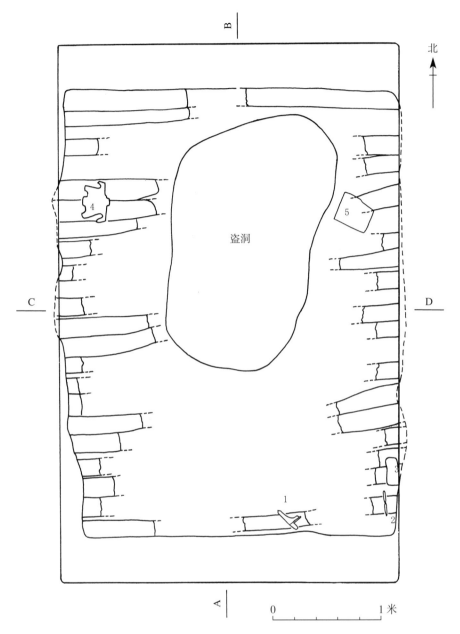

图六二二　M2008椁盖板上随葬器物平面图
1、2.长胡五穿铜戈　3～5.铜罍

一　铜器

332件。其中330件为M2008出土，二件被公安部门收缴追回。依用途可分为礼器、兵器、车器、马器、棺饰和其他六类。

（一）礼器

13件。计有鬲、簋、盙、方壶、方壶盖、盘、匜、方彝、爵九种。

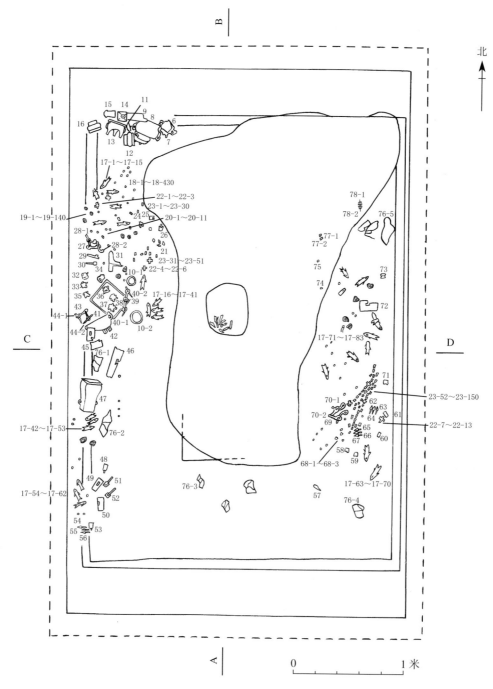

图六二三　M2008 随葬器物平面图

6、45、46、72、76-1 ~ 76-5. 薄铜片饰　7. 重环纹铜簋　8. "S"形窃曲纹铜簋　9. 重环纹铜盘　10-1、10-2. 铜盾钖　11. 素面铜爵　12. 铜方壶盖　13. 虢宫父铜鬲　14、15. 素面铜彝　16. "S"形窃曲纹铜方壶盖　17-1 ~ 17-83. 铜鱼　18-1 ~ 18-430. 陶珠　19-1 ~ 19-140. 蛤蜊壳　20-1 ~ 20-11. 圆形蚌饰　21-1 ~ 21-51. 石贝　22-1 ~ 22-13. 十字形铜节约　23-1 ~ 23-150. 铜络饰　24 ~ 26. 长方钮铜合页　27、39、43、69. 铜衔　28-1、28-2. 龙首铜镳　29、30、51、52. 素面铜辖　31. 中胡无穿铜戈　32 ~ 38. 兽首形大铜带扣　40-1、40-2、44-1、44-2. 无首铜镳　41. 波曲纹铜匜　42. 虢宫父铜匜　47. 波曲纹铜方壶　48、53. 小铜铃　49、50. 多棱形铜𫓧　54 ~ 56、62 ~ 64、66、67. 双翼内收形铜镞　65. 无翼方锥锋铜镞　57. 圆銎锥形饰　58、59、71、73. 兽首形小铜带扣　60. 柱状石饰　61. 管状玉饰　68-1 ~ 68-3. 牛首形铜带扣　70-1、70-2. 环首铜镳　74. 小铜环　75. 牙牛面饰　77-1、77-2. 骨棺钉　78-1、78-2. 骨管

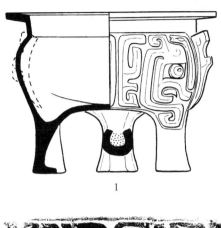

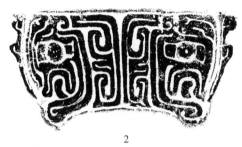

图六二四 M2008 虢宫父铜鬲（M2008：13）及拓本
1. 虢宫父鬲 2. 铭文拓本 3. 腹部纹样拓本

1. 虢宫父鬲

2 件。其中一件出土于 M2008 内，编号为 M2008：13；另一件为公安部门打私追缴，编号为 SG：049[1]。

M2008：13，矮体。直口，宽平折沿，方唇较厚，短束颈，腹外鼓，断面呈椭三角形，平裆，蹄足矮而粗状，足端肥大。足内侧有浅凹槽且裸露范土。腹部与足相对处有三个竖向扉棱。腹部饰一周三组曲体长鼻龙纹，龙纹凸目呈椭圆形，长鼻断为三截，其中垂于身后者似凤鸟冠部纹样。器颈部内侧铸有铭文，呈顺时针方向一行 10 字，即：

虢宫父乍（作）行鬲（鬲），用從永征。

通高 12.7、口径 17.1、腹深 7.5 厘米（图六二四；彩版四七六）。

SG：049，形制、纹样与 M2008：13 完全相同，两鬲大小也相差无几，铭文的字数仅少一字。在颈部内侧铸有铭文，呈逆时针方向一行 9 字，即：

虢宫父乍（作）鬲（鬲），用從永征。

---

[1] 因该器属非发掘品，故在器号前加 0 以示区别，同时复各取 "三" "虢" 二字的首位拼音字母 S 与 G 冠于编号之前。

通高 12.6、口径 17.2、腹深 7.8 厘米（图六二五；彩版四七七）。

2. 簋

2 件。可分为"S"形窃曲纹簋和重环纹簋二种。

（1）"S"形窃曲纹簋

1 件。

M2008：8，失盖。器身子口内敛，斜方唇，鼓腹，底近平，圈足下附三个矮支足。腹两侧附一对龙首形耳，龙首上有双角，龙口吐长舌向下内弯曲成半环形，耳下有垂珥。口外沿饰一周"S"形凸目窃曲纹，腹部饰瓦垄纹，圈足饰垂鳞纹，足根饰兽面纹，足下端饰兽爪纹。耳部饰无珠重环纹，垂珥的两侧面上饰卷云纹。通高 13.2、口径 15、腹径 18、腹深 9.3 厘米（图六二六、六二七；彩版四七八）。

（2）重环纹簋（明器）

1 件。

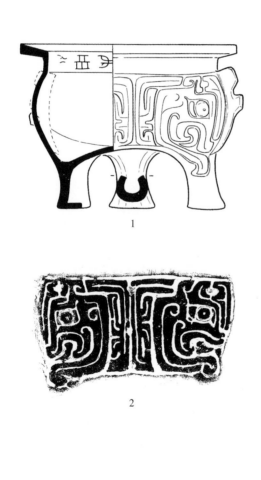

图六二五　M2008 虢宫父铜鬲（SG：049）及拓本

1. 虢宫父鬲　2. 铭文拓本　3. 腹部纹样拓本

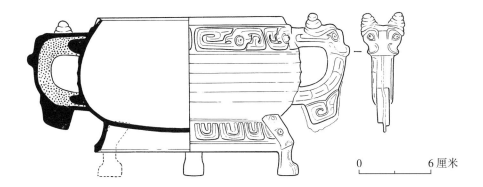

图六二六　M2008"S"形窃曲纹铜簋（M2008：8）

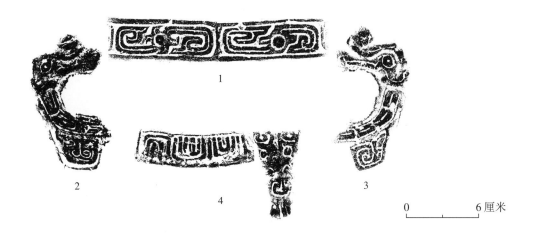

图六二七　M2008"S"形窃曲纹铜簋（M2008：8）纹样拓本
1. 沿下　2. 左耳　3. 右耳　4. 圈足

　　M2008：7，出土时一侧耳残。器盖与器身浑铸为一体。器顶部有瓶塞状握手，鼓腹两侧有一对称的近方形环耳，无底，圈足下附四个矮支足。盖面饰一周无珠重环纹。腔体内实范土。通高13、腹径11.6厘米（图六二八；彩版四七九，1）。

　　3. 波曲纹盨（簋）

　　1件。

　　M2008：41，失盖。器敞口，平折沿，方唇，斜直壁下收，两侧腹壁上有对称的半环形耳，平底，圈足四边正中各有长方形豁口。口沿下及圈足饰简易"S"形无目窃曲纹，腹壁一面饰波曲纹，三面饰曲体回首龙纹，耳部上端饰变形兽面纹，外底部饰"S"形无目窃曲纹。通高8.2、口部长边27.6、短边14.4、腹深5厘米（图六二九、六三〇；彩版四七九，2）。

　　4. 波曲纹方壶

　　1件。出土时盖（M2008：12）与器（M2008：47）分置，二者合为一件。

　　M2008：12、M2008：47，上有盖。盖顶有长方形围栏式握手，深子口。器身直口，方唇，长颈，颈部两侧附有一对龙首耳，龙首吐舌向下弯衔一圆形扁体环，腹部外鼓下垂，平底，高圈足。

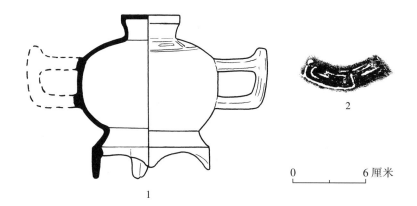

图六二八　M2008 重环纹铜簋（M2008：7）（明器）及拓本
1. 重环纹簋　2. 盖缘纹样拓本

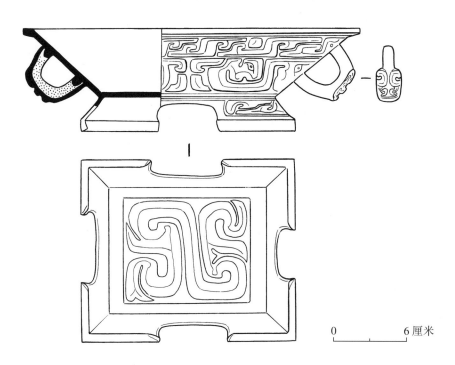

图六二九　M2008 波曲纹铜匜（M2008：41）

圈足内实范土。扁环正面饰凸弦纹，盖面与颈下部各饰一周"S"形平目窃曲纹，腹部饰一周波曲纹。通高 34.6、盖高 9.5、口部长 11.2、宽 8.2 厘米，腹部长 16.6、宽 15.5 厘米，圈足长 16.3、宽14.2、腹深 24 厘米（图六三一、六三二；彩版四八〇）。

5. "S"形窃曲纹方壶盖

1 件。

M2008：16，深子口，盖顶有长方形圈足式握手。盖缘饰一周"S"形平目窃曲纹。盖内实范土。高 9.3、口长 9.2、宽 6.3 厘米（图六三三，1、2；彩版四八一，1）。

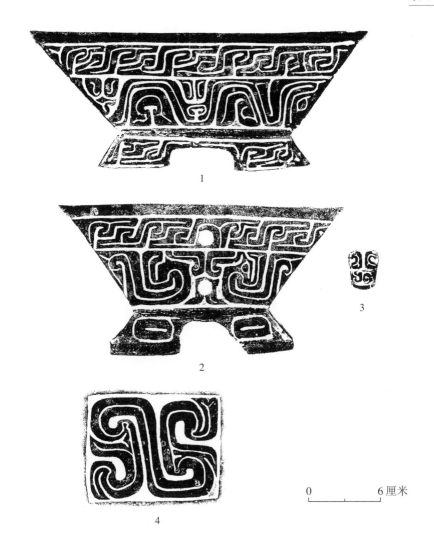

图六三〇　M2008 波曲纹铜匿（M2008：41）纹样拓本
1. 器身正面　2. 器身侧面　3. 耳部　4. 器外底部

6. 盘

2 件。可分为虢宫父盘和重环纹盘二种。前者为公安部门打私所追缴，属实用器；后者出土于 M2008 墓内，为明器。

（1）虢宫父盘

1 件。

SG：060，敞口，平折沿，方唇，附耳与口沿之间连以横梁，浅腹，近平底，圈足下附三支足。腹部饰一周"C"形无目窃曲纹，圈足周围饰垂鳞纹。盘底铸有竖款排列的铭文，自右向左二行 9 字，即：

虢宫父乍（作）

般（盘），用從永征。

通高 12.8、口径 32.6、腹深 4 厘米（图六三四；彩版四八二）。

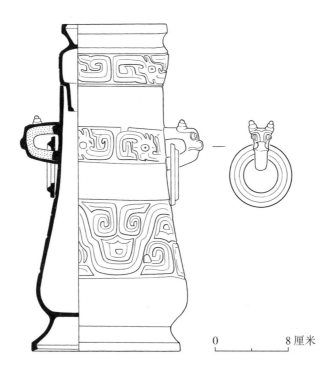

0   8厘米

图六三一 M2008 波曲纹铜方壶(M2008 ：12、M2008 ：47)

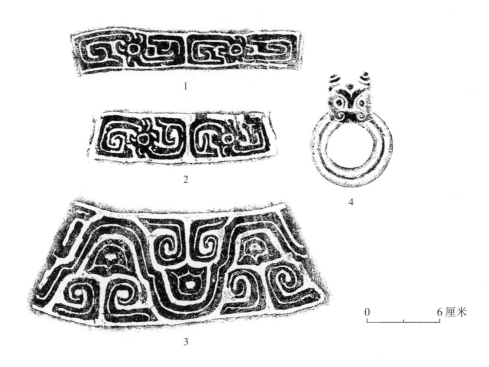

0   6厘米

图六三二 M2008 波曲纹铜方壶(M2008 ：12、M2008 ：47)纹样拓本
1.盖缘 2.器颈部 3.腹部 4.耳部

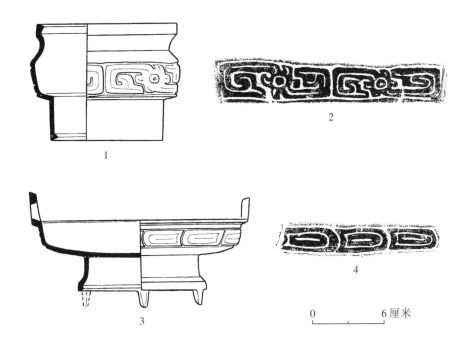

图六三三　M2008 铜方壶盖、盘及拓本

1. "S"形窃曲纹方壶盖（M2008：16）　2. "S"形窃曲纹方壶盖（M2008：16）盖缘纹样拓本　3. 重环纹盘（M2008：9）

4. 重环纹盘（M2008：9）腹部纹样拓本

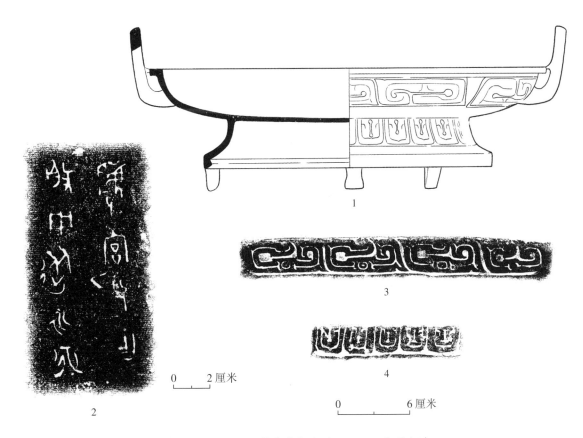

图六三四　M2008 虢宫父铜盘（SG：060）及拓本

1. 虢宫父盘　2. 铭文拓本　3. 腹部纹样拓本　4. 圈足纹样拓本

（2）重环纹盘（明器）

1件。

M2008：9，敞口，窄平折沿，方唇，立耳，浅腹，近平底，圈足较高，下附三矮支足。腹部饰一周无珠重环纹。通高9.2、口径17.6、腹深2.6厘米（图六三三，3、4；彩版四八一，2）。

7. 虢宫父匜

1件。

M2008：42，口微敛，方唇，腹略鼓，前有窄槽状流，后有半环状龙形鋬，底近平，下具四扁足。足下端作卷曲象鼻状。口下饰"S"形平目窃曲纹，腹饰瓦垅纹，流端下及鋬上饰有珠重环纹，扁足饰兽面纹。器内底部铸有竖款排列的铭文，自右至左三行9字，为：

　　　　虢宫父

　　　　乍（作）它（匜），用

　　　　從永征。

通高14.8、通长26.8、口宽11.7、流宽3.9、腹宽3.9、腹深8.2厘米（图六三五、六三六；彩版四八三）。

8. 素面方彝（明器）

2件。体小，质差，制作粗糙。盖与器浑铸，无底，内存范土。

M2008：14，四坡式屋顶形盖，长方体，器壁较直，正方形圈足。盖部与器身四角有扉棱。通高15、圈足长9.5、圈足宽9.3厘米（图六三七，1；彩版四八四，1）。

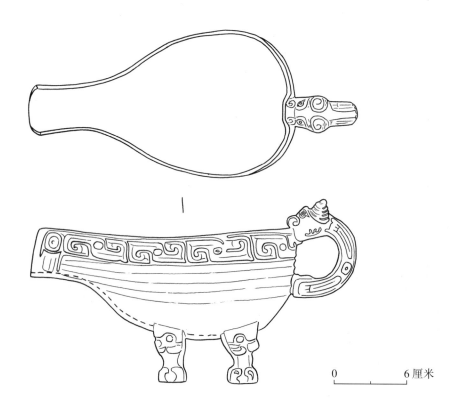

0 _____ 6厘米

图六三五　M2008虢宫父铜匜（M2008：42）

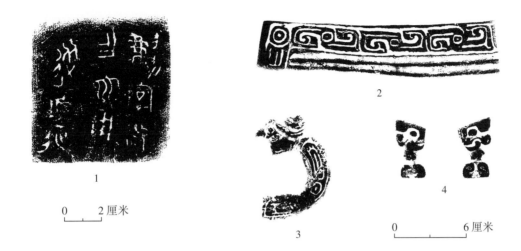

图六三六　M2008 虢宫父铜匜（M2008：42）拓本
1.铭文　2.沿下纹样　3.耳部纹样　4.支足纹样

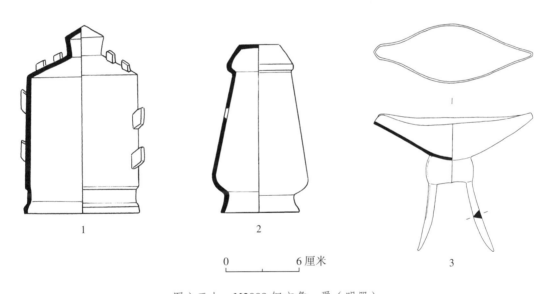

图六三七　M2008 铜方彝、爵（明器）
1.素面方彝（M2008：14）　2.素面方彝（M2008：15）　3.素面爵（M2008：11）

M2008：15，四坡式平顶形盖，腹壁斜直下外张，长方形圈足。通高 13.4、圈足长 6.3、圈足宽 4.2 厘米（图六三七，2；彩版四八四，2）。

9.素面爵（明器）

1件。

M2008：11，体如匜形。口微敛，方唇，尖尾，短流，腹壁弧形下收成船形底，高圈足下附三个三棱形足。圈足内实范土。通高 11.1、通长 13.1、宽 4.7、腹深 3.2 厘米（图六三七，3；彩版四八四，3）。

（二）兵器

14 件。计有戈、盾錫和镞三种。

1. 戈

3 件。依胡部长短与栏侧穿孔的数量，可分为长胡五穿戈与中胡无穿戈二种。

（1）长胡五穿戈

2 件。形制、大小基本相同。锋呈斜三角形，援部略上扬，无脊，援刃锐利，下刃中部有小刺下突，胡较长，栏侧有五个穿孔；长方形直内，内部后下角有缺口，内中部有一长方形穿。

M2008：1，锋尖稍残。通长 24.7、援长 16.2、援宽 4.2、内长 8.5、内宽 3.8、厚 0.3 厘米（图六三八，1；彩版四八五，1）。

M2008：2，通长 25、援长 16.4、援宽 4.2、内长 8.6、内宽 3.9、厚 0.3 厘米（图六三八，2；彩版四八五，2）。

（2）中胡无穿戈（明器）

1 件。

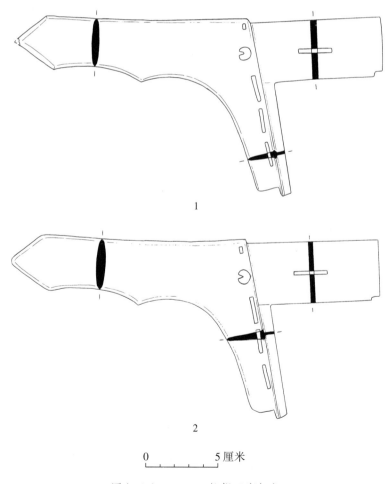

图六三八　M2008 长胡五穿铜戈

1. M2008：1　2. M2008：2

M2008：31，锋呈斜三角形，援脊不明显，援上边缘无刃，下边缘有钝刃，中胡，长方形直内。栏侧有二个细条形凸饰，以象征穿孔。内上有一长条形凹槽。通长 18.4、援长 11.9、援宽 3、内长 6.5、内宽 3.1、厚 0.3 厘米（图六三九，1；彩版四八六，1）。

2. 盾锡

2 件。因壁胎较薄且受腐蚀严重，破碎较甚。形制、大小相同。皆呈圆形，表面向上隆起，背面相应凹陷，周边有数个小穿孔。表面饰二周瓦垅纹。

3. 镞

9 件。依形制的不同，可分为双翼内收形镞与无翼方锥锋镞二种。

（1）双翼内收形镞

8 件。大小、形状均基本相同。尖锋，双翼内收贴近镞身，且有锐刃，收削有后锋，中部起高脊，近圆柱形铤。有的镞铤上有缠麻线的痕迹。

标本 M2008：54，镞铤上缠有麻线。镞长 5.9、双翼宽 1.5、铤长 2.5、直径 0.4 厘米（图六三九，2；彩版四八六，2）。

（2）无翼方锥锋镞

1 件。

M2008：65，镞身由三部分组成。前部正方体，锋尖呈方锥体；中部为上细下粗的圆锥体；后部为圆柱状长挺。通长 8.4、铤长 4.4、直径 0.4 厘米（图六三九，3；彩版四八六，3）。

（三）车器

6 件。计有多棱形軎与素面辖二种。

1. 多棱形軎

2 件。形制、大小相同。皆为圆筒状，前端开口处略粗，末端略鼓且封闭，近口端有二个对穿的长方形辖孔，中部有一凹槽形凸箍。末端表面被等分为 16 个面，形成多棱体。

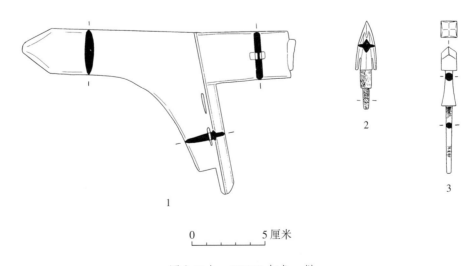

图六三九　M2008 铜戈、镞

1. 中胡无穿戈（M2008：31）（明器）　2. 双翼内收形镞（M2008：54）　3. 无翼方锥锋镞（M2008：65）

M2008：50，长 11.8、口径 5.4、底径 4.2、辖孔长 2.5、宽 1.2 厘米（图六四〇，1；彩版四八七，1）。

M2008：49，形状、大小尺寸与 M2008：50 相同（彩版四八七，1）。

2. 素面辖

4 件。形制基本相同。辖首正面呈二级台阶状，两侧面上均有一对相贯通的穿孔，背面平齐。辖键呈扁长条形，末端为斜边，断面呈长方形。以辖首结构的不同，可分为台阶状固定首辖与台阶状活动首辖二种，每种各二件，成对，大小相同。

标本 M2008：29，辖首和辖键固定在一起，辖首两侧穿孔为长方形。通长 10.6、辖键长 7.3、辖键宽 2.1、厚 0.7 厘米（图六四〇，2；彩版四八七，2）。

标本 M2008：51，辖首带有一个活动轴，以与设有穿孔的辖键相互穿套在一起，辖首两侧穿孔为不规则形。通长 11.4、辖键长 7.9、辖键宽 1.9、厚 0.8 厘米（图六四〇，3；彩版四八七，2）。

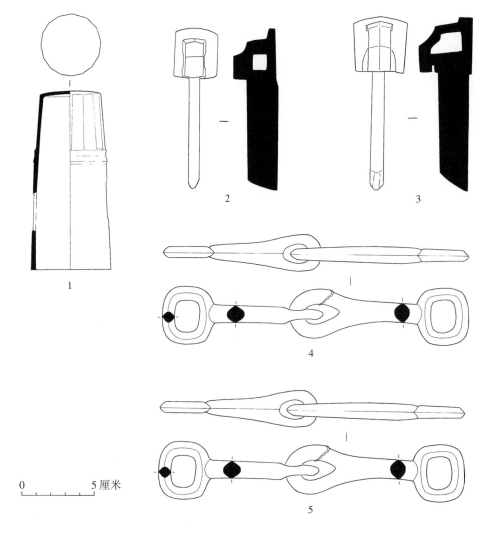

图六四〇　M2008 铜軎、辖、衔

1. 多棱形軎（M2008：50）　2. 素面辖（M2008：29）　3. 素面辖（M2008：51）　4. 衔（M2008：27）　5. 衔（M2008：43）

（四）马器

198 件。计有衔、镳、节约、络饰、带扣与小环六种。

1. 衔

4 件。形状大体相同，大小略有差异。皆由两段近"8"字形的联环钮套接而成。依两端环形状的不同，可分为椭方形端环和圆形端环二种，其中椭方形端环衔 3 件、椭圆形端环衔 1 件。

标本 M2008：27，端环呈椭方形。通长 20.8、端环长 3.7、端环宽 3.2 厘米（图六四〇，4；彩版四八七，3）。

标本 M2008：43，端环呈圆形。通长 21.6、端环外径 3.9 厘米（图六四〇，5；彩版四八七，3）。

2. 镳

8 件。出土时二件镳往往与一件衔套在一起，每二件相配为一副。器身均作弧形弯曲状，表面略鼓，背面中部有两个半环形钮。依镳首端形状的不同，可分为无首镳、龙首镳和环首镳三种。

（1）无首镳

4 件。形制、大小相同。上端较粗，下端渐细。正面较鼓，被削成三个平面；背面有脊。

标本 M2008：40-1、M2008：40-2，为一副。M2008：40-1，长 11.9、宽 1.1、厚 0.6～0.9 厘米（图六四一，1；彩版四八七，4）。M2008：40-2，形状、大小尺寸与 M2008：40-1 相同（彩版四八七，4）。

（2）龙首镳

2 件。形制、大小、纹样相同。正面略鼓，背面略内凹。镳首卷曲成龙首形，末端饰侧视龙首纹，中部饰三组变形蝉纹。

M2008：28-1、M2008：28-2，为一副。M2008：28-1，长 11.8、宽 1.5、厚 0.3 厘米（图

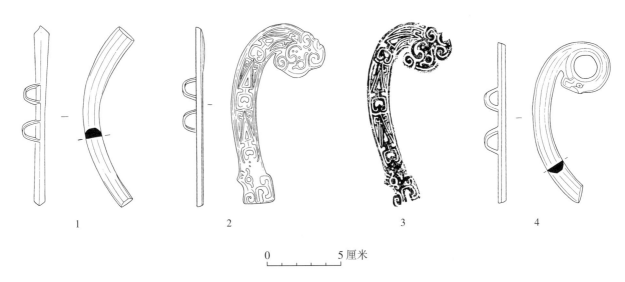

0　　　　　5厘米

图六四一　M2008 铜镳及拓本

1. 无首镳（M2008：40-1）　2. 龙首镳（M2008：28-1）　3. 龙首镳（M2008：28-1）纹样拓本　4. 环首镳（M2008：70-1）

六四一，2、3；彩版四八八，1）。M2008：28-2，形状、大小尺寸与M2008：28-1相同（彩版四八八，1）。

（3）环首镳

2件。形制、大小相同。镳首卷曲成圆环状。正面略鼓，被纵削成五个平面；背面平齐。镳首的正面饰侧视龙首形纹。

M2008：70-1、M2008：70-2，为一副。M2008：70-1，长10.6、宽1.2、厚0.5厘米（图六四一，4；彩版四八八，2）。M2008：70-2，形状、大小尺寸与M2008：70-1相同（彩版四八八，2）。

3. 节约

21件。皆呈双管交叉且相通的形状。正面中部饰有不同纹样，背面有形状不一的穿孔。依其形状的不同，可分为十字形节约与"X"形节约二种

（1）十字形节约

13件。依正面纹样的差异，可分为蝉纹与兽面纹二种。

① 蝉纹十字形节约

6件。形制、大小及纹样相同。正面纵向饰一蝉纹，背面有不规则形穿孔。

标本M2008：22-8，长2.9、宽2.7、管孔直径1.1厘米（图六四二，1、2；彩版四八九，1）。

② 兽面纹十字形节约

7件。形制、大小及纹样相同。横管与纵管等长。正面饰竖耳兽面纹，背面有近方形穿孔。

标本M2008：22-1，长2.7、宽2.7、管孔直径1.1厘米（图六四二，3、4；彩版四八九，2）。

（2）"X"形节约

8件。形制、大小及纹样相同。正面中部饰简易竖耳兽面纹，背面有方形穿孔。

标本M2008：22-14，长2.8、中部宽1.8、管孔直径1.1厘米（图六四二，5、6；彩版四八九，3）。

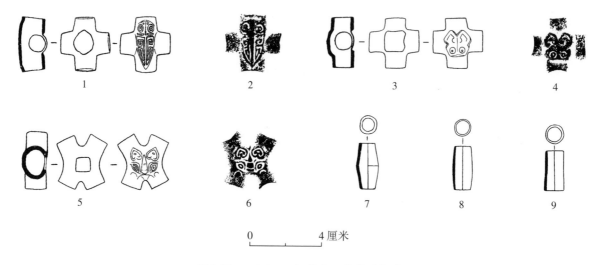

图六四二　M2008 铜节约、络饰及拓本

1. 蝉纹十字形节约（M2008：22-8）　2. 蝉纹十字形节约（M2008：22-8）纹样拓本　3. 兽面纹十字形节约（M2008：22-1）
4. 兽面纹十字形节约（M2008：22-1）纹样拓本　5. "X"形节约（M2008：22-14）　6. "X"形节约（M2008：22-14）纹样拓本
7. 有箍络饰（M2008：23-1）　8. 素面络饰（M2008：23-2）　9. 素面络饰（M2008：23-3）

4. 络饰

150 件。皆为短圆形管。以表面形状的不同，分为有箍络饰和素面络饰二种。

（1）有箍络饰

3 件。大小、粗细基本一致。管形络饰表面的中部鼓起，似凸起棱箍。

M2008：23-1，长 2.5、中部管径 1.6 厘米（图六四二，7；彩版四八九，4）。

M2008：23-7、M2008：23-8，形状、大小尺寸与 M2008：23-1 相同（彩版四八九，5、6）。

（2）素面络饰

147 件。大小、粗细相当。表面光滑。

标本 M2008：23-2，长 2.2、管径 1.1 厘米（图六四二，8；彩版四八九，7）。

标本 M2008：23-3，长 2.1、管径 1 厘米（图六四二，9；彩版四八九，8）。

标本 M2008：23-4，形状、大小尺寸与 M2008：23-3 相同（彩版四八九，9）

5. 带扣

14 件。可分为兽首形带扣和牛首形带扣二种。

（1）兽首形带扣

11 件。形状大体相同。器身正面呈兽首形，并向上隆起；背面相应凹陷，且设一横梁。兽首上有丫形双角，倒八字形眉，或为圆形凸目，或为棱形目，口部有一对獠牙。可分为大、小二种。

① 兽首形大带扣

7 件。兽首双角间，或有长条形穿孔，或有短梯形豁口。凡有穿孔者，背面横梁呈薄宽带状；而有豁口者，背面横梁则为扁圆柱状。兽首的鼻部有所不同，可分为牛鼻形与猪鼻形二种。其中作牛鼻者 3 件，作猪鼻者 4 件。

标本 M2008：36，兽首的鼻部作牛鼻形，双角间有一长条形穿孔，背面横梁呈薄宽带状。长 4.9、中部宽 4、厚 1.3 厘米（图六四三，1、2；彩版四九〇，1）。

标本 M2008：35，兽首的鼻部作牛鼻形，双角间为一短梯形豁口，背面横梁呈扁圆柱状。长 4.9、中部宽 4.1、厚 1.1 厘米（图六四三，3、4；彩版四九〇，2）。

标本 M2008：34，兽首的鼻部作猪鼻形，双角间有一长条形穿孔，背面横梁呈薄宽带状。长 4.8、中部宽 4.3、厚 1.3 厘米（图六四四，1、2；彩版四九〇，3）。

标本 M2008：38，兽首的鼻部作猪鼻形，双角间为一短梯形豁口，背面横梁呈扁圆柱状。长 4.8、中部宽 4.3、厚 1.2 厘米（图六四四，3、4；彩版四九〇，4）。

② 兽首形小带扣

4 件。大小、形状相同。兽首鼻部皆作牛鼻形，双角间皆有短梯形豁口。形状、纹样与上述同类型的牛鼻形兽首形大带扣相同，只是形体略小，獠牙旁出更长，鼻下无三角形舌头。

标本 M2008：58，长 2.6、中部宽 2.7、厚 0.8 厘米（图六四五，1、2；彩版四九一，1）。

（2）牛首形带扣

3 件。形制、大小相同。器身正面呈牛首形，并向上隆起；背面相应凹陷，且设一根细圆柱状横梁。牛首双角向上耸立，倒八字眉，棱形目，阔鼻圆滑。

标本 M2008：68-1，长 2、宽 1.8、厚 0.5 厘米（图六四五，3；彩版四九一，2）。

标本 M2008：68-2，长 2、宽 1.9、厚 0.5 厘米（图六四五，4；彩版四九一，3）。

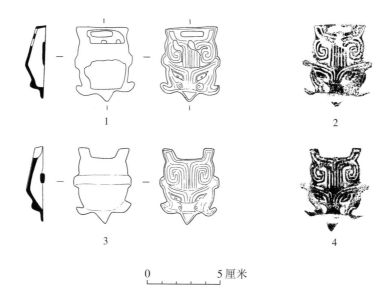

图六四三　M2008 兽首形大铜带扣及拓本

1. 兽首形大带扣（M2008：36）　2. 兽首形大带扣（M2008：36）纹样拓本　3. 兽首形大带扣（M2008：35）
4. 兽首形大带扣（M2008：35）纹样拓本

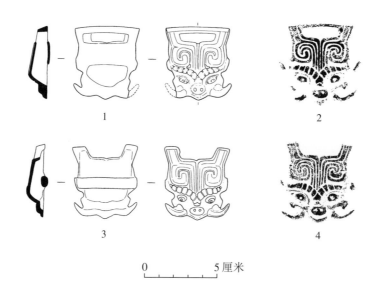

图六四四　M2008 兽首形大铜带扣及拓本

1. 兽首形大带扣（M2008：34）　2. 兽首形大带扣（M2008：34）纹样拓本　3. 兽首形大带扣（M2008：38）
4. 兽首形大带扣（M2008：38）纹样拓本

6. 小环

1件。

M2008：74，器身和断面均呈圆形。外径1.85、断面径0.25厘米（图六四五，5；彩版
四九一，4）。

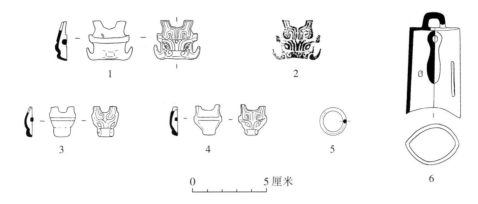

图六四五 M2008 铜带扣、小环、小铃

1. 兽首形小带扣（M2008：58） 2. 兽首形小带扣（M2008：58）纹样拓本 3. 牛首形带扣（M2008：68-1）
4. 牛首形带扣（M2008：68-2） 5. 小环（M2008：74） 6. 小铃（M2008：53）

（五）棺饰

97 件。计有小铃、鱼、翣和薄片饰四种。

1. 小铃

2 件。形制、大小相同。上细下粗，平顶，上有方环形钮，钮下有一小穿孔，铃腔内有一个槌状铃舌，下口边缘向上弧起。正、背面各有两个相平行的细长条形穿孔，器身断面近椭圆形。

M2008：53，通高 6.9、下口长 3.7、腔宽 2.7 厘米（图六四五，6；彩版四九一，5）。

M2008：48，形制、尺寸大小与 M2008：53 相同（彩版四九一，5）。

2. 鱼

83 件。形状大体相同，大小略有差异。鱼身均作扁薄长条形，尖嘴，梭形眼，尾、腹、背皆有鳍，尾鳍较尖。眼部透穿一孔，可系绳。正、背面饰鳞纹。

标本 M2008：17-1，形体较大。背有二鳍，腹有一鳍。长 11.1、宽 3、厚 0.15 厘米（图六四六，1、2；彩版四九二，1）。

标本 M2008：17-2，形体较小。背、腹各有一鳍。长 10.4、宽 2.1、厚 0.2 厘米（图六四六，3、4；彩版四九二，2）。

标本 M2008：17-3，形体较小。背、腹各有一鳍。长 9.1、宽 2.5、厚 0.2 厘米（图六四六，5、6；彩版四九二，3）。

3. 翣

3 件。出土时均已残破成若干片。形状、大小基本相同。器身由薄铜片制成，平面近长方形。表面有多个相对称的长方形、曲尺形和月牙形穿孔，以组成变形兽面纹。上端有三个小穿孔。

标本 M2008：5，长 40.2、宽 28.3、厚 0.1 厘米（图六四七；彩版四九二，4）。

4. 薄片饰

9 件。出土时有的破碎严重。形状、大小相同。刀形，有柄。柄部并排有二个窄长条形穿孔，刀面上纵向分列二个宽长条形穿孔。

标本 M2008：72，通长 27.7、宽 8.1、厚 0.2 厘米（图六四八，1；彩版四九三，1）。

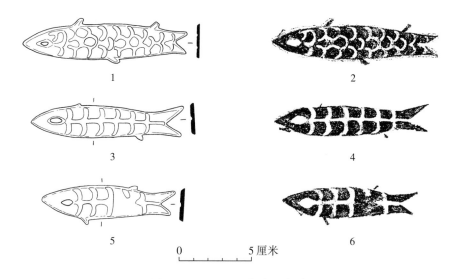

图六四六　M2008 铜鱼及拓本

1. 鱼（M2008∶17-1）　2. 鱼（M2008∶17-1）纹样拓本　3. 鱼（M2008∶17-2）　4. 鱼（M2008∶17-2）纹样拓本
5. 鱼（M2008∶17-3）　6. 鱼（M2008∶17-3）纹样拓本

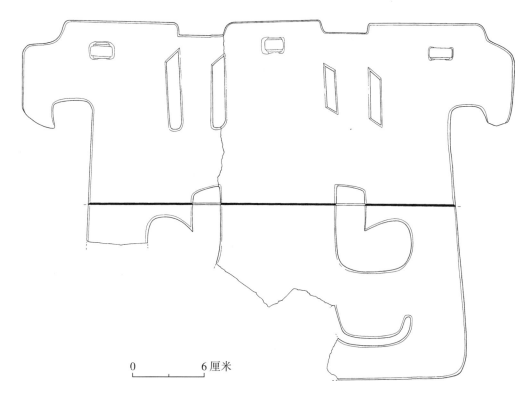

图六四七　M2008 铜夑（M2008∶5）

（六）其他

4件。包括长方钮合页和圆銎锥形饰二种。

1. 长方钮合页

3件。形状、大小相同。由长方形钮与双层长方形页片组合而成。页片上端设置一根细轴，

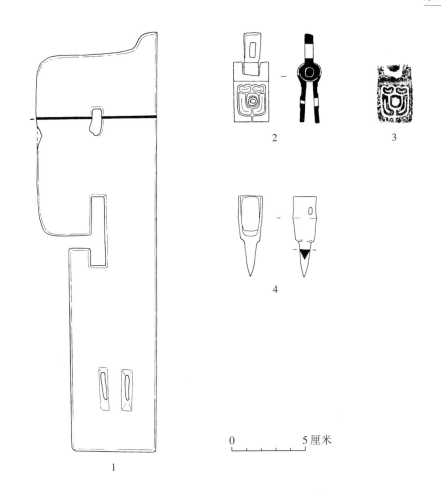

图六四八　M2008 铜薄片饰、合页、锥形饰及拓本

1. 薄片饰（M2008：72）　2. 长方钮合页（M2008：24）　3. 长方钮合页（M2008：24）纹样拓本　4. 圆銎锥形饰（M2008：57）

与钮端的联管套接在一起，可以自由转动。页片的正、背两面中部各有一个方形穿孔，绕穿孔饰一周简易无珠重环纹。

M2008：24，通长 5.8、页片长 3.9、宽 2.3、厚 0.6 厘米（图六四八，2、3；彩版四九三，2）。

M2008：25、M2008：26，形制、尺寸大小与 M2008：24 相同（彩版四九三，2）。

2. 圆銎锥形饰

1 件。

M2008：57，由上、下两部分组成，上部略残。上部为圆銎，下部为三棱锥体。銎上部有一近长方形穿。銎内残留木屑。通长 5.3、銎孔直径 1.6 厘米（图六四八，4；彩版四九三，3）。

二　玉器

1 件。为管状饰。出土于 M2008。

M2008：61，青玉。冰青色泛白，有黄白色斑纹。玉质较细，微透明。短圆管状，一端较细，另一端稍粗。管孔两端对钻。高 3.9、细端外径 1.9、粗端外径 2.6、孔径 0.4 ~ 0.9 厘米（图

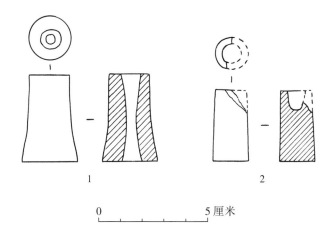

图六四九　M2008 玉管状饰，石柱状饰
1. 玉管状饰（M2008：61）　2. 石柱状饰（M2008：60）

六四九，1；彩版四九三，4）。

三　石器

59 件。其中 M2008 出土柱状饰 1 件，贝 51 件；M2007 出土贝 7 件。

（一）柱状饰

1 件。

M2008：60，细端略残。大理石质。白褐色。体呈圆柱状，一端较粗，一端较细。细端有一圆形钻孔，没有穿透。长 3.1、粗端径 1.6、细端径 1.4、孔径 0.8、孔深 0.9 厘米（图六四九，2；彩版四九三，5）。

（二）贝

58 件。其中 M2007 出土 7 件，M2008 出土 51 件。形制相似，大小不一。大多数为白色，少数为青灰色。仿贝形，正面略鼓，前端较尖，下端呈弧形。除极个别外，大多数在背面中部刻一竖向凹槽，尖部钻一小圆穿。

标本 M2008：21-1，形体较大。背面中部刻一竖向凹槽，尖部钻一小圆穿。长 3.2、最宽处 2.2、厚 1.3 厘米（图六五〇，1）。

标本 M2007：1-1，形体较大。背面中部刻一竖向凹槽，尖部钻一小圆穿。长 3、最宽处 2.2、厚 1.1 厘米（图六五〇，2；彩版四九三，6）。

标本 M2007：1-2，形体较小。背面中部刻一竖向凹槽，尖部钻一小圆穿。长 2.4、最宽处 1.8、厚 2 厘米（图六五〇，3；彩版四九三，6）。

标本 M2007：1-3，形体较小。背面中部刻一竖向凹槽，尖部钻一小圆穿。长 2.4、最宽处 1.8、厚 0.9 厘米（图六五〇，4；彩版四九三，6）。

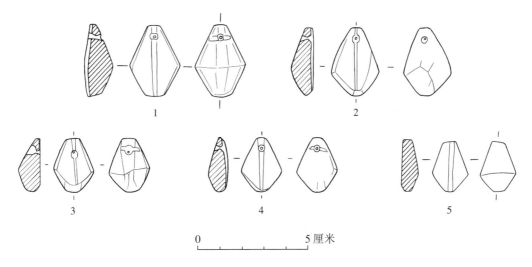

图六五〇　M2008 石贝

1. M2008：21-1　2. M2007：1-1　3. M2007：1-2　4. M2007：1-3　5. M2008：21-2

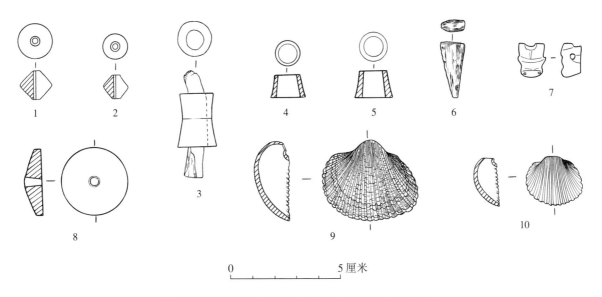

图六五一　M2008 陶珠，骨器，牙饰，蚌饰，蛤蜊壳

1. 陶珠（M2008：18-1）　2. 陶珠（M2008：18-2）　3. 骨管（M2008：78）出土情况　4. 骨管（M2008：78-1）　5. 骨管（M2008：78-2）　6. 骨棺钉（M2008：77-1）　7. 牙牛面饰（M2008：75）　8. 圆形蚌饰（M2008：20-1）　9. 蛤蜊壳（M2008：19-2）　10. 蛤蜊壳（M2008：19-3）

　　标本 M2008：21-2，形体较小。背面中部刻一竖向凹槽，尖部无圆穿。长 2.2、最宽处 1.5、厚 0.7 厘米（图六五〇，5）。

四　陶　器

　　430 件。仅陶珠一种。均出土于 M2008，有大、小之分。皆泥质灰黑陶。菱形，两端较尖。

两端透穿一个圆穿孔。断面为圆形。少数陶珠的表面涂一层淡绿色颜料。

标本 M2008：18-1，形体较大。长 1.3、断面直径 1.5 厘米（图六五一，1；彩版四九四，1）。

标本 M2008：18-2，形体较小。长 1、断面直径 1.1 厘米（图六五一，2；彩版四九四，1）。

标本 M2008：18-3，形制、尺寸大小与 M2008：18-1 相同（彩版四九四，1）。

五　骨器、牙器、蚌饰与蛤蜊壳

156 件。均出土于 M2008 内。

（一）骨器

4 件。计有管与棺钉二种。

1. 管

2 件。出土时二件套穿在一根细木棍上（图六五一，3；彩版四九四，2）。形状基本相同，大小不一。被有意染成绿色。作圆管状，两端粗细不一。

M2008：78-1，长 1、外径 1.2～1.55、孔径 0.8～1.1 厘米（图六五一，4）。

M2008：78-2，长 1.2、外径 1.2～1.7、孔径 0.7～1 厘米（图六五一，5）。

2. 棺钉

2 枚。呈四棱锥体，顶端平齐。

M2008：77-1，长 2.5、宽 0.5 厘米（图六五一，6；彩版四九四，3）。

M2008：77-2，形制同上（彩版四九四，3）。

（二）牙器

1 件。为牛面饰。

M2008：75，绿色。近长方体。牛首上有双角，中部两侧各出一个小耳，下端呈圆弧面且两侧有鼻孔。正面饰牛面纹，背面平。背面有一不规则形穿孔。长 1.5、中部宽 1.2、厚 0.9 厘米（图六五一，7；彩版四九四，4）。

（三）蚌饰与蛤蜊壳

151 件。

1. 蚌饰

11 件。形制、大小及颜色相等。皆白色，呈圆形扁平体。正面微鼓，背面平。多数的中部有圆孔，个别的中部无孔。

标本 M2008：20-1，单面钻孔。外径 3、孔径 0.3～0.4、厚 0.8 厘米（图六五一，8；彩版四九四，5）。

标本 M2008：20-2，形制、尺寸同上。中部无孔（彩版四九四，5）。

2. 蛤蜊壳

140 件。形状相同，大小不一。皆扇形，顶端磨出一个穿孔，应为装饰品。

标本 M2008 ：19-2，形体较大。长 3.5、宽 4.3 厘米（图六五一，9；彩版四九四，6）。

标本 M2008 ：19-3，形体较小。长 2.1、宽 2.6 厘米（图六五一，10；彩版四九四，6）。

第三节　小结

一　墓葬年代

由于 M2008 和 M2007 严重被盗，随葬器物所剩很少，器物组合不明，尤其 M2007 的随葬器物更是被劫掠一空。故仅从墓葬葬俗、遗留随葬器物的形制和纹样等方面对这两座墓葬的年代进行考察。

从葬俗上看，M2008 随葬有铜鱼等，这种葬俗在西周晚期的晋侯墓 M8 与张家坡西周墓地的晚期墓葬中已开始出现[1]，到西周晚期至春秋早期的较大型墓葬中较为普遍，如虢国墓地 M2001[2] 中就发现大量铜鱼。从遗留随葬器物的形制看，M2008 的铜鬲、铜簋、铜盘、铜方壶、铜匜、铜方彝等与虢国墓地 M2012 出土的同类器物相同或相似[3]；铜匜与山东长清县仙人台 M3 出土的西周晚期铜匜相似[4]。此外，该墓出土铜器上饰有重环纹、窃曲纹、曲体龙纹、波曲纹等，也是西周晚期流行的纹饰。而 M2007 由于被盗掘严重，墓内随葬器物被劫掠一空，虽然无法从葬俗、遗留随葬器物的形制和纹样等方面来推断墓葬年代，但从墓葬形制来看，M2007 为长方形竖穴土坑墓，墓底略大于墓口，墓四壁下部向外扩张，底部平坦，墓底四周有熟土二层台，这种墓葬形制和虢国墓地 M2001、M2011 等墓[5] 的形制完全相同。

综上所述，我们认为 M2008 的入葬年代应在西周晚期，M2007 的埋葬年代最早不会早于西周晚期，最晚不会晚于春秋早期。

二　墓主身份

M2008 虽然被盗，但仍出土青铜礼器 11 件，其中两件铸有铭文。一件为虢宫父鬲，另一件为虢宫父匜，铭文记虢宫父自作用器，表明这两件铜器的器主为“虢宫父”。另外，M2008 出土有骨棺钉。《礼记·丧大记》云：“君里棺用朱绿，用杂金鐕，大夫里棺用玄绿，用牛骨鐕。”[6] 可见在棺上固定棺衣时用骨钉是大夫一级所应享用的礼制，这与平顶山应国墓地 M1 所出骨钉的情形是一致的[7]。因而推测 M2008 的墓主虢宫父为虢国贵族，身份为大夫。而 M2007 由于被盗掘严重，不仅墓内棺椁遭到毁坏，而且墓内随葬器物被劫掠一空，故无法推断墓主的身份。

---

[1] 中国社会科学院考古研究所：《张家坡西周墓地》，中国大百科全书出版社，1999 年。

[2] 河南省文物考古研究所、三门峡市文物工作队：《三门峡虢国墓》（第一卷），文物出版社，1999 年。

[3] 河南省文物考古研究所、三门峡市文物工作队：《三门峡虢国墓》（第一卷），文物出版社，1999 年。

[4] 山东大学考古学系：《山东长清县仙人台周代墓地》，《考古》1998 年 9 期。

[5] 河南省文物考古研究所、三门峡市文物工作队：《三门峡虢国墓》（第一卷），文物出版社，1999 年。

[6] （汉）戴圣：《礼记》，上海古籍出版社，1987 年。

[7] 河南省文物研究所、平顶山市文管会：《河南平顶山市北滍村两周墓地一号墓发掘简报》，《华夏考古》1988 年 1 期。

第七章 追缴的虢国墓地被盗遗物

第一节 概述

2001 年，三门峡虢国墓地再次发生了重大盗墓案件。同年 4 月 30 日，三门峡市公安部门侦破此案，并追缴了部分被盗遗物。据犯罪分子交代并结合现场勘查和 20 世纪 90 年代发掘的实际情况，初步判断这批遗物主要出自墓地北区的第七组和第八组墓葬群内。

三门峡市公安部门在侦破案件后，将追缴的被盗遗物移交给了三门峡虢国博物馆，但仍有部分被盗遗物流落到社会上。2001 年 5 月 8 日，山西临汾警方破获一起倒卖文物案，缴获了一批三门峡虢国墓地被盗遗物。2008 年 8 月 1 日，临汾警方将这批文物移交给了三门峡虢国博物馆。两次移交的被盗遗物共计 175 件。现分别介绍如下。

第二节 虢姜墓被盗遗物

共 26 件。全部为铜器。据犯罪分子交代，这批铜器同出于一处；再结合铜器铭文，确认这批铜器为虢姜墓的被盗遗物[1]。

根据用途，这 26 件铜器可分为铜礼器和铜车器二种。

一 铜礼器

24 件。分为炊食器、盛食器、水器和酒器。其中炊食器有鼎、鬲、方甗；盛食器有簋；水器

---

[1] 因遗物属被盗物而非发掘品，故在每件器物所编序号之前加 "Ⅱ" 以示区别，"Ⅱ" 代表第二次盗掘遗物。为标明遗物的出土地点为三门峡虢国墓地，则复各取 "三" "虢" 二字的首位拼音字母 S 与 G 冠于编号前。依例这批遗物编号为 Ⅱ SG……。

有圆壶、盘、匜；酒器有觯、觚、爵。现依次叙述。

（一）鼎

7 件。分为虢姜鼎和素面鼎二种。前者为实用器，后者为明器。

1. 虢姜鼎

6 件。形制、纹样和铭文基本相同，大小略有不同。口微敛，窄沿微上折，方唇，立耳，半球状腹略鼓，底近平，蹄足中段较细，下端逐渐外展而扩大，内侧有一道纵向凹槽，槽内留有范土。外底部的三角形范线尚存。口沿下饰一周"C"形平目或无目窃曲纹，腹上部饰一周凸弦纹，耳外侧饰有珠或无珠重环纹。器内壁均铸有竖款排列的铭文，其内容、字数均相同，但字形、字体略有不同。自右向左共二行 8 字，即：

虢姜乍（作）旅

鼎，永宝用。

ⅡSG：1，器身多处有锈蚀孔洞和补铸痕迹。口沿下饰一周"C"形平目窃曲纹，耳外侧饰无珠重环纹。蹄足特别粗壮，下端格外肥大。器内侧的铭文不清晰，最后一字"用"被补铸痕迹覆盖。通高 37.6、口径 38.1、腹径 36.6、腹深 17.3 厘米（图六五二；彩版四九五）。

ⅡSG：2，器身有多处锈蚀孔洞。口沿下饰一周"C"形平目窃曲纹，耳外侧饰有珠重环纹。

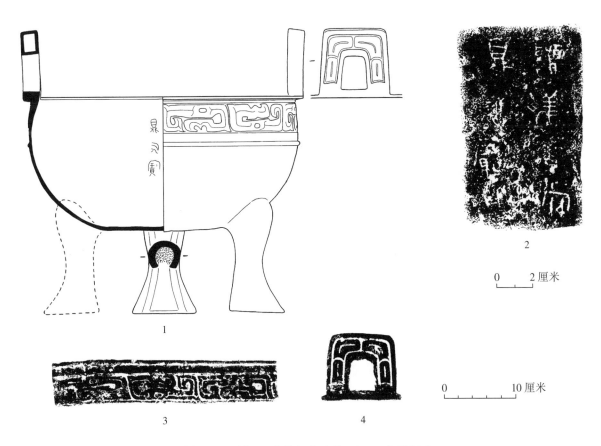

图六五二　ⅡSG 虢姜铜鼎（ⅡSG：1）及拓本

1. 虢姜鼎　2. 铭文拓本　3. 沿下纹样拓本　4. 耳部纹样拓本

蹄足较粗壮，下端较肥大。器内侧的铭文较清晰。通高35、口径38.6、腹径37.6、腹深17.5厘米（图六五三；彩版四九六）。

ⅡSG：3，器身有多处锈蚀孔洞。口沿下饰一周"C"形无目窃曲纹，耳外侧饰无珠重环纹。蹄足粗壮，中段较细，下端较为肥大。器内侧的铭文比较清晰。通高32.9、口径37.3、腹径36.2、腹深15.4厘米（图六五四；彩版四九七）。

ⅡSG：4，器身有多处锈蚀孔洞。口沿下饰一周"C"形平目窃曲纹，耳外侧饰无珠重环纹。蹄足中段较细，下端较为肥大。通高31.9、口径32、腹径31.4、腹深14.9厘米（图六五五；彩版四九八）。

ⅡSG：5，口沿下饰一周"C"形无目窃曲纹，耳外侧饰无珠重环纹。蹄足较为粗壮，下端肥大。通高28.2、口径30.3、腹径29.4、腹深13.6厘米（图六五六；彩版四九九）。

ⅡSG：6，口沿下饰一周"C"形平目窃曲纹，耳外侧饰有珠重环纹。蹄足较细。通高33.5、口径32、腹径31、腹深17.5厘米（图六五七；彩版五〇〇）。

2. 素面鼎（明器）

1件。

ⅡSG：16，器身锈蚀严重，一耳及三足下部残缺。形体甚小。窄沿，立耳，浅腹，平底。残高8.8、口径14、腹径13.2、腹深5.4厘米（图六五八；彩版五〇一，1）。

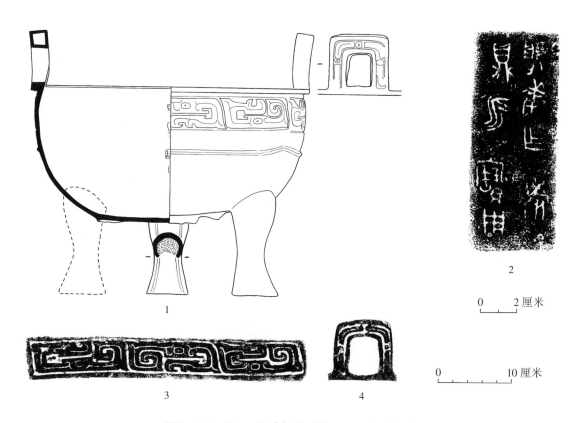

图六五三　ⅡSG虢姜铜鼎（ⅡSG：2）及拓本
1. 虢姜鼎　2. 铭文拓本　3. 沿下纹样拓本　4. 耳部纹样拓本

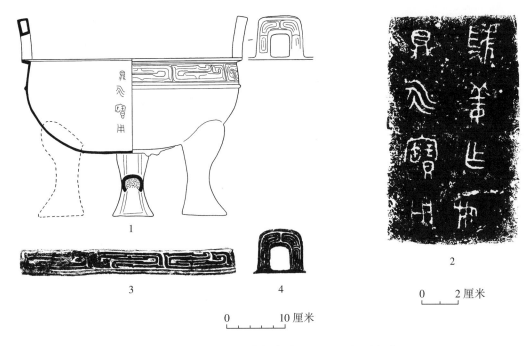

图六五四　ⅡSG 虢姜铜鼎（ⅡSG：3）及拓本

1. 虢姜鼎　2. 铭文拓本　3. 沿下纹样拓本　4. 耳部纹样拓本

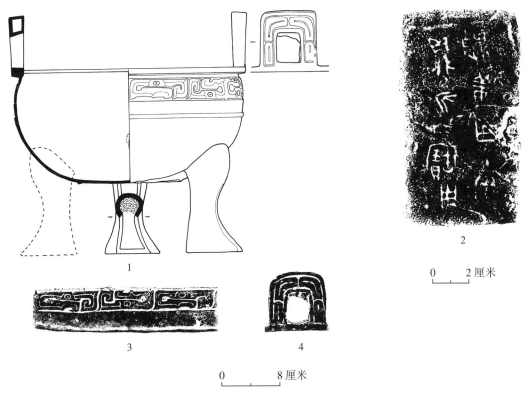

图六五五　ⅡSG 虢姜铜鼎（ⅡSG：4）及拓本

1. 虢姜鼎　2. 铭文拓本　3. 沿下纹样拓本　4. 耳部纹样拓本

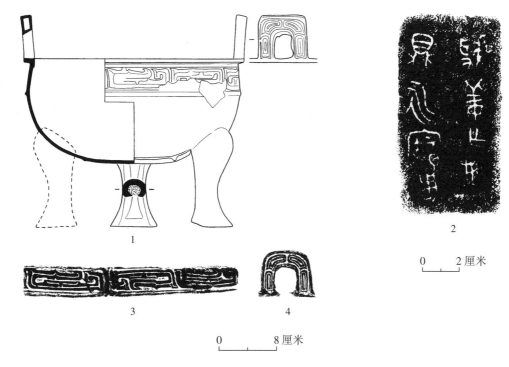

图六五六　ⅡSG 虢姜铜鼎（ⅡSG：5）及拓本
1.虢姜鼎　2.铭文拓本　3.沿下纹样拓本　4.耳部纹样拓本

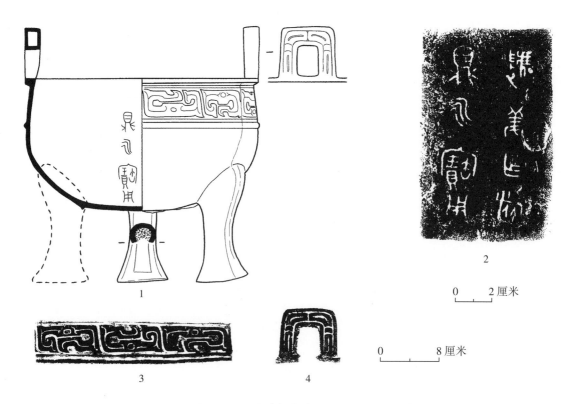

图六五七　ⅡSG 虢姜铜鼎（ⅡSG：6）及拓本
1.虢姜鼎　2.铭文拓本　3.沿下纹样拓本　4.耳部纹样拓本

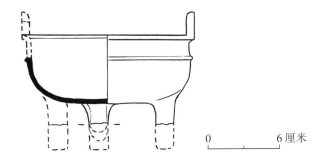

图六五八　ⅡSG 素面铜鼎（ⅡSG：16）（明器）

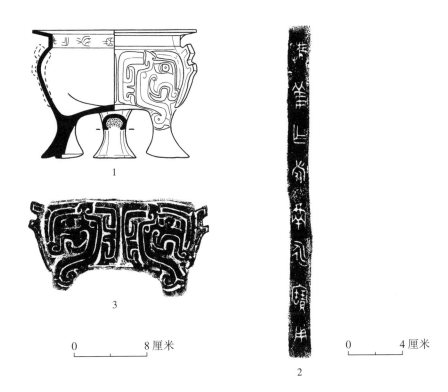

图六五九　ⅡSG 虢姜铜鬲（ⅡSG：7）及拓本
1.虢姜鬲　2.铭文拓本　3.腹部纹样拓本

（二）虢姜鬲

4 件。形制、纹样及铭文相同，大小略有差异（彩版五〇一，2）。皆矮体，宽平折沿，薄方唇，短束颈，腹外鼓，平裆。矮蹄足下端肥大，内侧有一道竖向凹槽。腹部与足相对处各有一个竖向扉棱。腹部一周饰三组两两相对的"S"形长鼻曲体龙纹。鬲颈部内侧均铸有铭文，其内容、字数相同，但字体、字形略有区别。呈顺时针方向共一行 8 字，即：

虢姜乍（作）旅鬲，永宝用。

ⅡSG：7，足较高，中段较细。通高 13.5、口径 17.8、腹径 16.8、腹深 7.9 厘米（图六五九；彩版五〇二）。

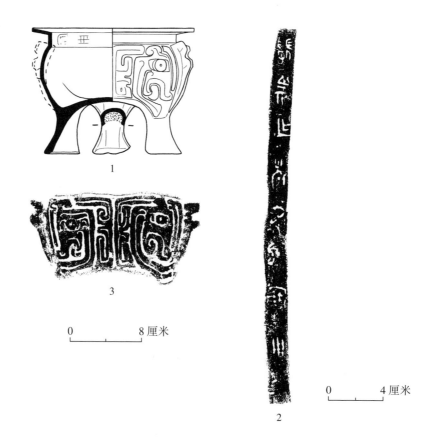

图六六〇　ⅡSG虢姜铜鬲（ⅡSG：8）及拓本
1.虢姜鬲　2.铭文拓本　3.腹部纹样拓本

ⅡSG：8，两足稍残。通高13.2、口径17.8、腹径16、腹深7.4厘米（图六六〇；彩版五〇三）。

ⅡSG：9，足较矮。通高13、口径17.6、腹径16.2、腹深7.2厘米（图六六一；彩版五〇四）。

ⅡSG：10，足矮短，器底有一个小孔洞。高12.2、口径17.8、腹径16、腹深8.1厘米（图六六二；彩版五〇五）。

（三）虢姜方甗

1件。

ⅡSG：11，上甑下鬲分体而铸，以榫槽套合而成。甑口呈长方形，敞口，卷沿，斜方唇，附耳与口沿之间连以一个小横梁，腹壁斜直下收，平底上分布有20个"一"字形箅孔，甑底四周铸出长方形子口，正好可纳入鬲的母口（即凹槽）内。方鬲口部内敛，平折沿上有一周凹槽，两侧有一对附耳，附耳与口沿之间连以小横梁，腹腔略外鼓，四等分，联裆，四蹄足，足内侧各有一个平面。甑口沿下饰一周"C"形平目窃曲纹，腹壁饰一周波曲纹，耳外侧饰有珠重环纹。鬲腹部饰两组简略象面纹，每组纹样皆由二个基本对称的呈方框形凸起的象眼睛与略似大象长鼻的鬲足组成。甑腹内壁的一侧面铸有竖款排列的铭文，字迹不太清晰。自右向左二行8字，即：

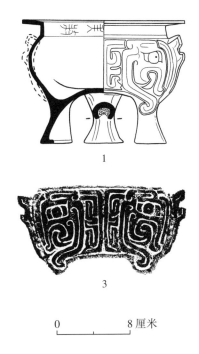

图六六一　ⅡSG 虢姜铜鬲（ⅡSG：9）及拓本

1. 虢姜鬲　2. 铭文拓本　3. 腹部纹样拓本

图六六二　ⅡSG 虢姜铜鬲（ⅡSG：10）及拓本

1. 虢姜鬲　2. 铭文拓本　3. 腹部纹样拓本

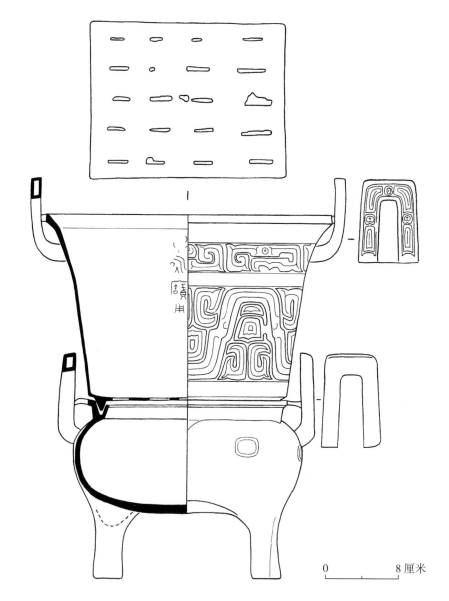

图六六三　Ⅱ SG 虢姜铜方甗（Ⅱ SG：11）

虢姜乍（作）旅

獻（甗），永宝用。

通高 42.5、甑口部长边 31.4、短边 22.5、甑高 21、腹深 19.6 厘米，鬲高 23.9、腹深 10.6 厘米
（图六六三、六六四；彩版五〇六；彩版五〇七，1）。

（四）簋（明器）

2 件。分为重环纹簋和瓦垅纹簋二种。

1. 重环纹簋

1 件。

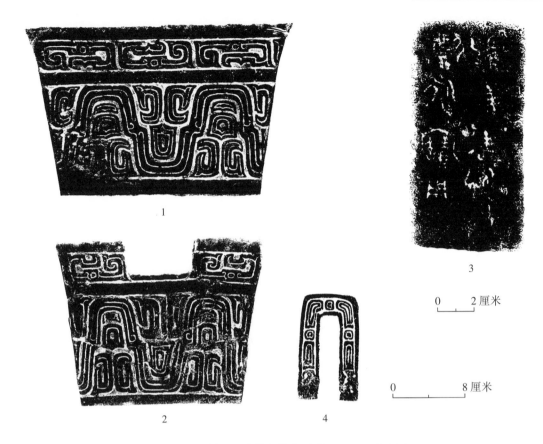

图六六四　ⅡSG 虢姜铜方甗（ⅡSG：11）拓本
1.腹部正面纹样　2.腹部侧面纹样　3.铭文　4.耳部纹样

　　ⅡSG：17，盖顶握手略残，一耳残缺，腹上部有三个残破的孔洞。上有盖，盖面上隆。器身子口内敛，薄方唇，鼓腹，一侧有半环状龙首耳，无底，矮圈足，下附三个矮支足。盖缘与腹部各饰一周重环纹，盖面和器口外及腹下部饰瓦垅纹，圈足饰垂鳞纹，支足饰浮雕状兽面纹。通高 16.2、口径 18.1、腹径 19.2、腹深 9.2、圈足径 16 厘米（图六六五；彩版五〇七，2）。

　　2.瓦垅纹簋
　　1件。
　　ⅡSG：18，腹部以下残甚。器盖与器身浑铸为一体。顶部喇叭形握手较高，鼓腹两侧有一对环形耳，无底，高圈足。盖缘及圈足各饰一周重环纹，盖面和腹部饰瓦垅纹。通高 15、腹径 17 厘米（图六六六；彩版五〇七，3）。

　　（五）虢姜圆壶

　　2件。形制、纹样、大小及铭文基本相同。上有盖，盖顶有喇叭形握手，深子口。器身为母口，略外敞，方唇，长颈，颈部附一对称龙首吐舌环形耳，垂腹外鼓，近平底，高圈足。盖顶饰龙纹，握手处饰一周倒垂鳞纹，盖缘与颈部分别饰一周"S"形凸目窃曲纹，颈上部饰一周波曲纹，腹上部饰有珠重环纹，中部瓦垅纹之间为"S"形无目窃曲纹，圈足饰一周垂鳞纹。盖子口外侧与器颈部内壁均铸有竖款排列的铭文，其内容、字数均相同，但字体、字形、行款略有不同。

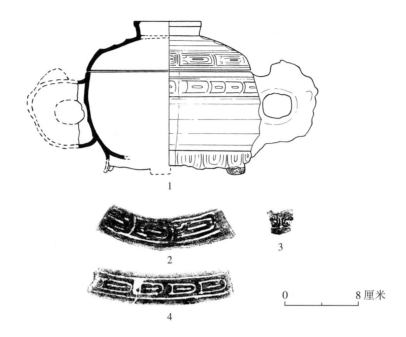

图六六五　ⅡSG重环纹铜簋（ⅡSG：17）（明器）及拓本

1.重环纹簋　2.盖缘纹样拓本　3.器沿下纹样拓本　4.器支足纹样拓本

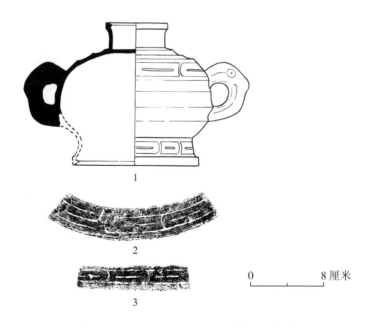

图六六六　ⅡSG瓦垅纹铜簋（ⅡSG：18）（明器）及拓本

1.瓦垅纹簋　2.盖缘纹样拓本　3.器圈足纹样拓本

Ⅱ SG ：12，腹上部有补铸痕迹。颈部两侧有龙首耳，各衔一圆形环。在盖子口外侧所铸铭文，自左至右、自上而下四行 8 字，即：

> 虢姜
> 乍（作）旅
> 壶，永
> 宝用。

在器颈部内壁所铸铭文，自左至右、自上而下共三行 8 字（字迹不清晰），即：

> 虢姜乍（作）
> 旅壶，永
> 宝用。

通高 38.8、盖高 10.6、口径 13.8、腹径 22.6、腹深 28.8、圈足直径 19 厘米（图六六七~六六九；彩版五〇八；彩版五〇九）。

0　　　　8厘米

图六六七　Ⅱ SG 虢姜铜圆壶（Ⅱ SG ：12）

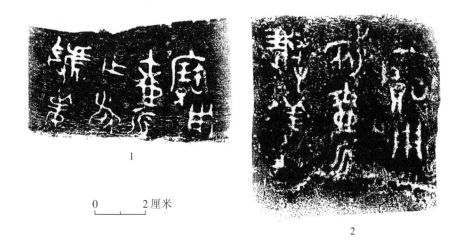

图六六八　ⅡSG虢姜铜圆壶（ⅡSG：12）铭文拓本
1.盖口外侧　2.器颈内侧

图六六九　ⅡSG虢姜铜圆壶（ⅡSG：12）纹样拓本
1.盖顶　2.盖缘　3.器颈　4.左耳　5.右耳　6.器腹　7.圈足

Ⅱ SG：13，器身锈蚀严重，盖子口略残。口沿略宽，颈部一侧龙首耳衔一圆形环。盖子口外侧所铸铭文，自右至左、自上而下共四行 8 字（其中第四、六字，因盖子口残损而残缺），即：

  虢姜
  乍（作）旅
  壶，永
  宝用。

器颈部内壁所铸铭文，自右至左、自上而下共二行 8 字（字迹不清晰），即：

  虢姜乍（作）旅
  壶，永宝用。

通高 38.2、盖高 11、口径 14、腹径 22.8、腹深 28、圈足直径 19.3 厘米（图六七〇～六七二；彩版五一〇；彩版五一一）。

0　　　　　8厘米

图六七〇　Ⅱ SG 虢姜铜圆壶（Ⅱ SG：13）

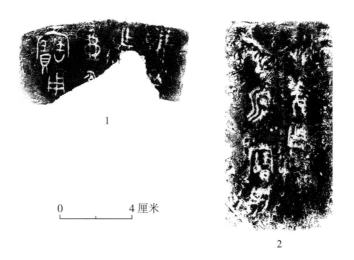

图六七一　ⅡSG 虢姜铜圆壶（ⅡSG：13）铭文拓本
1. 盖子口外侧　2. 器颈内侧

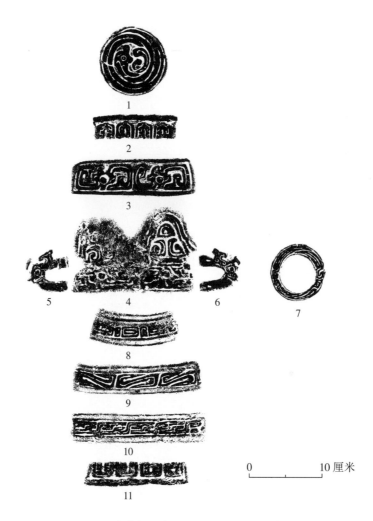

图六七二　ⅡSG 虢姜铜圆壶（ⅡSG：13）纹样拓本

1. 盖顶　2. 盖握手　3. 盖缘　4. 器颈　5. 左耳　6. 右耳　7. 右耳圆环　8. 器腹上部　9. 器腹中上部　10. 器腹下部　11. 器圈足

（六）盘

4件。分为虢姜盘和素面盘二种。前者为实用器，后者为明器。

1. 虢姜盘

1件。

ⅡSG：14，敞口，窄平沿，方唇，浅腹，附耳，近平底，圈足较高，下附三个矮支足。腹部饰一周"C"形平目窃曲纹，耳部外侧饰无珠重环纹，圈足部饰一周垂鳞纹，支足足根饰兽面纹，下端饰兽爪纹。在盘底铸有竖款排列的铭文，但字迹不很清晰，自右至左共二行8字，即：

虢姜乍（作）旅

般（盘），永宝用。

通高17.4、口径41.2、腹深5.9厘米（图六七三；彩版五一二）。

2. 素面盘（明器）

3件。形制基本相同，大小不同。皆敞口，窄平折沿，方唇，附耳，浅腹，近平底，圈足下附三个矮支足。

ⅡSG：19，圈足较高。通高9、口径17.8、腹深4.2厘米（图六七四，1；彩版五一三，1）。

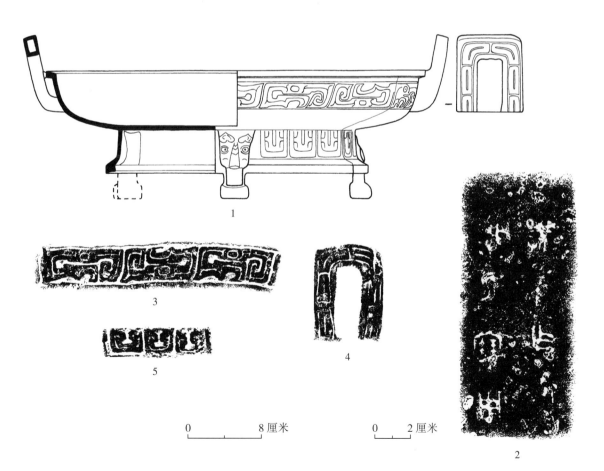

图六七三　ⅡSG 虢姜铜盘（ⅡSG：14）及拓本
1. 虢姜盘　2.铭文拓本　3.腹部纹样拓本　4.耳部纹样拓本　5.圈足纹样拓本

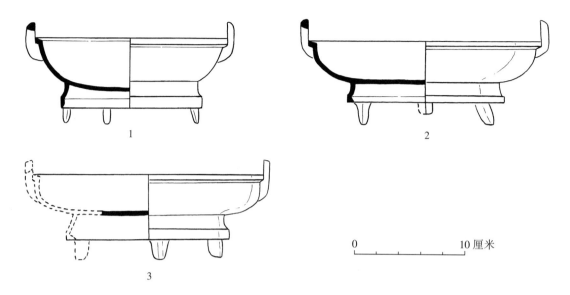

图六七四　ⅡSG 素面铜盘（明器）
1. ⅡSG：19　2. ⅡSG：20　3. ⅡSG：21

ⅡSG：20，盘身及圈足略残。三支足至口沿下均有一道扉棱。通高 9.2、口径 21、腹深 3.3
厘米（图六七四，2；彩版五一三，2）。

ⅡSG：21，残缺近半。三支足上至口沿下均有一道扉棱。通高 8.8、口径 21、腹深 3.2 厘
米（图六七四，3；彩版五一三，3）。

（七）虢白（伯）吉□父匜

1 件。

ⅡSG：15，直口，方唇，直腹，龙形鋬，窄槽流，底近平，下有四扁足。口下饰"C"形
无目窃曲纹，腹饰瓦垅纹，鋬上饰窃曲纹，扁足饰兽形纹。器底部铸有竖款排列的铭文，字迹不
太清晰，自右至左三行 14 字，即：

虢白（伯）吉□父
乍（作）障（尊）匜，其万年
永宝用。

通高 17、通长 32、口宽 15、流宽 5.3、腹宽 15.1、腹深 8.3 厘米（图六七五、六七六；彩版
五一四、五一五）。

（八）素面爵（明器）

1 件。

ⅡSG：24，敞口，方唇，短平尾，短流，口沿上有一对近椭圆形柱，腹壁向下斜收，小平
底，三棱形足外撇，腹外壁的一侧有一半环形钮。通高 16、通长 13、柱高 2.4、足高 5.8、腹深 7.2
厘米（图六七七，1；彩版五一六，1）。

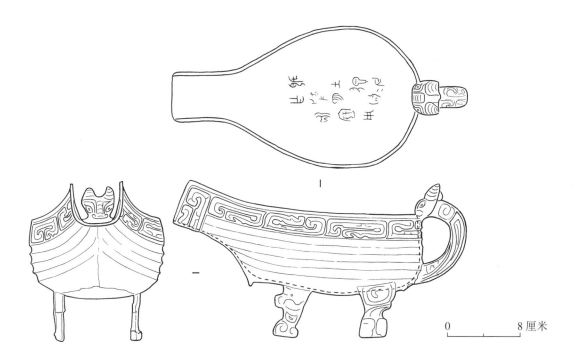

图六七五　ⅡSG 虢白（伯）吉□父铜匜（ⅡSG：15）

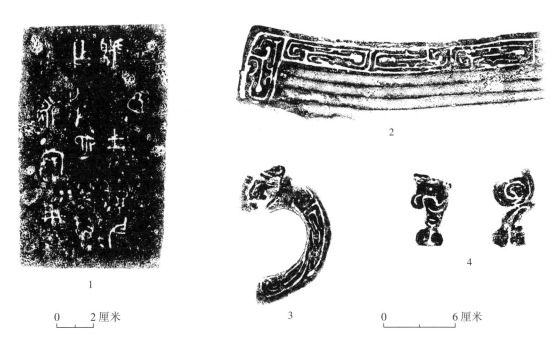

图六七六　ⅡSG 虢白（伯）吉□父铜匜（ⅡSG：15）拓本
1.铭文　2.沿下纹样　3.鋬部纹样　4.足部纹样

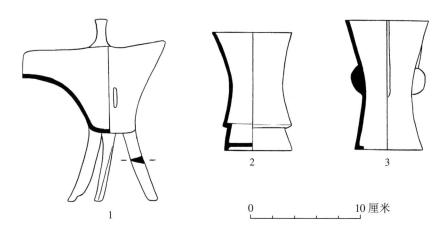

图六七七　ⅡSG 铜爵、觯、觚（明器）

1.素面爵（ⅡSG：24）　2.素面觯（ⅡSG：22）　3.素面觚（ⅡSG：23）

（九）素面觯（明器）

1件。

ⅡSG：22，敞口，斜尖唇，束颈，垂腹，平底，圈足。通高 10.3、口径 7、腹径 6.1、腹深 8.25、圈足径 6 厘米（图六七七，2；彩版五一六，2）。

（一〇）素面觚（明器）

1件。

ⅡSG：23，敞口，束腰，无底，高圈足，口至腹部有四条扉棱。通高 11.4、口径 7.4、腹径 4.6、圈足直径 6.2 厘米（图六七七，3；彩版五一六，3）。

二　铜车器

2件。仅銮铃一种。

ⅡSG：25，上部铃体残缺，仅存下部铃座。铃座为銎形座，呈上端略窄下端略宽的长方体，其四面的上、下端分别设一个倒三角形和一个圆形穿孔。正、背两面各有五条纤细的竖向凸线，并间以两行四个菱形凸饰。残高 8.8、銎口长 4.8、宽 3 厘米（图六七八，1）。

ⅡSG：26，下部铃座残缺，仅存上部铃体。铃体外边缘呈椭圆形，正、背两面的中部均为半球形铃腔，正面自中心向外呈辐射状等距分布八个三角形镂孔，铃腔内有一个弹丸。残高 10.1、铃部外轮长径 9.4、短径 8 厘米（图六七八，2）。

第三节　其他被盗遗物

149件。这批被盗遗物是三门峡市公安部门移交给文物部门的，其质地有铜、石、蚌等。

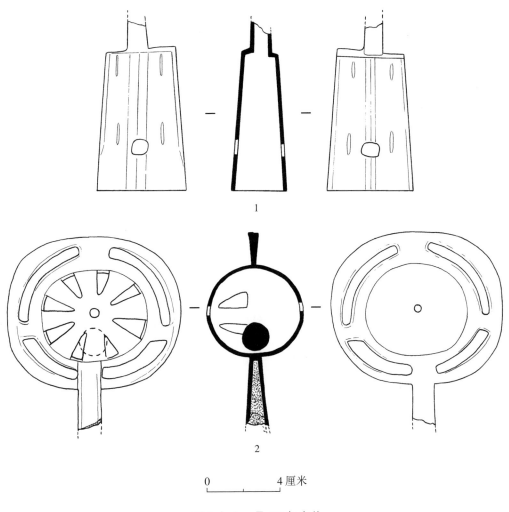

图六七八　Ⅱ SG 铜銮铃
1. Ⅱ SG：25　2. Ⅱ SG：26

因这批器物也是虢国墓地的被盗文物，所以其序号就紧接虢姜墓被盗遗物之后编排。

一　铜　器

138 件。依用途可分为礼器、兵器、车器、马器、棺饰与其他六类。

（一）礼器

11 件。计有鼎、簋、方壶与垂鳞纹小罐四种。

1. 鼎

4 件。大部分比较完整，个别残破或变形。形制、纹样不尽相同。依纹样的不同，可分为重环纹鼎、"C"形窃曲纹鼎和"S"形窃曲纹鼎三种。

（1）重环纹鼎

2 件。形制基本相同，大小、纹样有别。口稍敛，平折沿，方唇，立耳，浅半球形腹，底近平，蹄足。口沿下饰一周重环纹。

Ⅱ SG：27，细蹄足，足内侧有一凹槽。槽内残留范土。腹部饰一周垂鳞纹。通高23.3、口径25.6、腹深10厘米（图六七九；彩版五一七）。

Ⅱ SG：28，残破成多块，最大一块尚不到器物的一半（已修复）。细蹄足，足内侧有一凹槽。槽内残留范土。腹部饰一周重环纹和垂鳞纹，之间有一周凸弦纹（彩版五一八）。

（2）"S"形窃曲纹鼎

1件。

Ⅱ SG：29，残（已修复）。侈口，斜折沿，薄方唇，附耳，浅锅状腹，底较平，细蹄足。腹部饰一周六组凸目"S"形窃曲纹和一周凸弦纹。通高25.2、口径27.5、腹深10.8厘米（图六八〇；彩版五一九）。

（3）"C"形窃曲纹鼎

1件。

Ⅱ SG：30，残破（已修复）。侈口，斜折沿，薄方唇，附耳，浅锅状腹，底较平，蹄足较细。腹部饰一周六组纹饰，每组纹饰由两个"C"形窃曲纹组成，并间以一凸饰，腹下部饰一周凸弦纹，足部饰简易兽面纹。通高23.8、口径30、腹深11.6厘米（图六八一；彩版五二〇）。

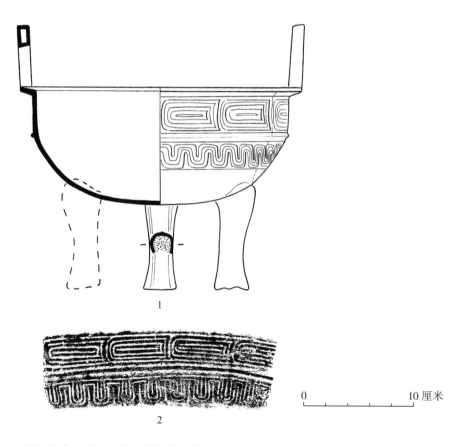

0   10 厘米

图六七九 Ⅱ SG 重环纹铜鼎（Ⅱ SG：27）及拓本

1. 重环纹鼎 2. 沿下、腹部纹样拓本

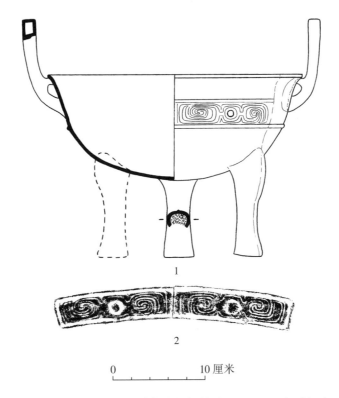

图六八〇 Ⅱ SG "S" 形窃曲纹铜鼎（Ⅱ SG：29）及拓本
1. "S" 形窃曲纹鼎 2.腹部纹样拓本

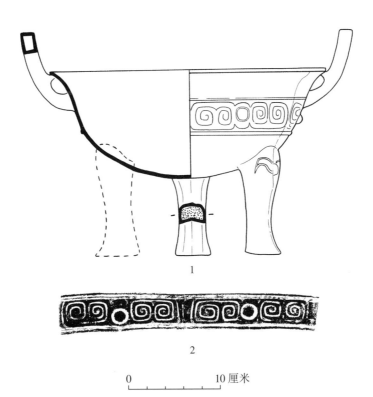

图六八一 Ⅱ SG "C" 形窃曲纹铜鼎（Ⅱ SG：30）及拓本
1. "C" 形窃曲纹鼎 2.腹部纹样拓本

2. 簋

4 件。形制相同，大小、纹样有所不同。有盖，盖面上隆，顶有喇叭形握手。器身子口内敛，薄方唇，鼓腹，腹两侧有对称的兽首形环状耳，近平底，圈足下附三个扁支足。依纹样可分"S"形窃曲纹簋和重环纹簋二种。

（1）"S"形窃曲纹簋

1 件。

Ⅱ SG ∶ 31，部分纹样被犯罪分子锉磨并加工过。盖握手处饰一周倒垂鳞纹，盖缘与器口外沿各饰一周"S"形有目窃曲纹，器腹与盖面饰数周瓦垅纹，圈足饰一周变形蝉纹。通高 20.2、口径 19.6、腹径 22、腹深 9.3 厘米（图六八二；彩版五二一，1）。

图六八二 Ⅱ SG "S"形窃曲纹铜簋（Ⅱ SG ∶ 31）及拓本

1. "S"形窃曲纹簋 2. 盖握手纹样拓本 3. 盖缘纹样拓本 4. 器口沿下纹样拓本 5. 圈足纹样拓本

（2）重环纹簋

3件。形制、大小、纹样相同，应出土于同一墓内。盖握手处饰一周倒垂鳞纹，盖缘与器口外沿各饰一周无珠重环纹，器腹与盖面饰数周瓦垅纹，圈足饰一周垂鳞纹。

ⅡSG：32，一支足残缺。通高21.3、口径18.8、腹径21.6、腹深10.2厘米（图六八三；彩版五二一，2）。

ⅡSG：33，握手、盖沿与器口沿略残。通高21.3、口径18.8、腹径21、腹深9.8厘米（图六八四；彩版五二二，1）。

ⅡSG：34，盖沿有一道较长的裂缝。通高19.8、口径18.8、腹径21.6、腹深12.9厘米（图

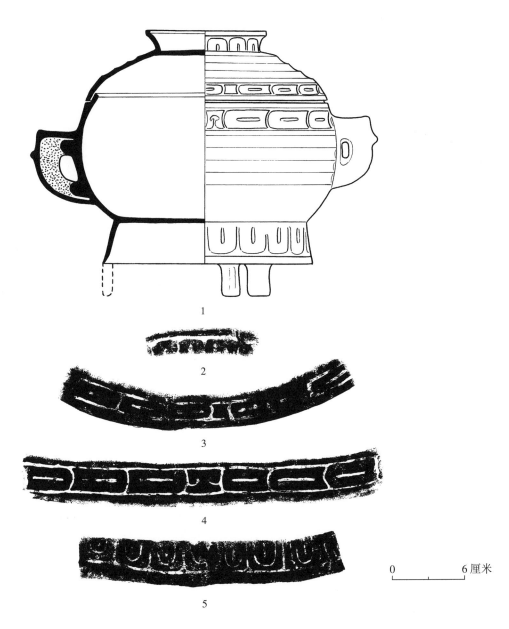

图六八三　ⅡSG重环纹铜簋（ⅡSG：32）及拓本

1. 重环纹簋　2. 盖握手纹样拓本　3. 盖缘纹样拓本　4. 器口沿下纹样拓本　5. 圈足纹样拓本

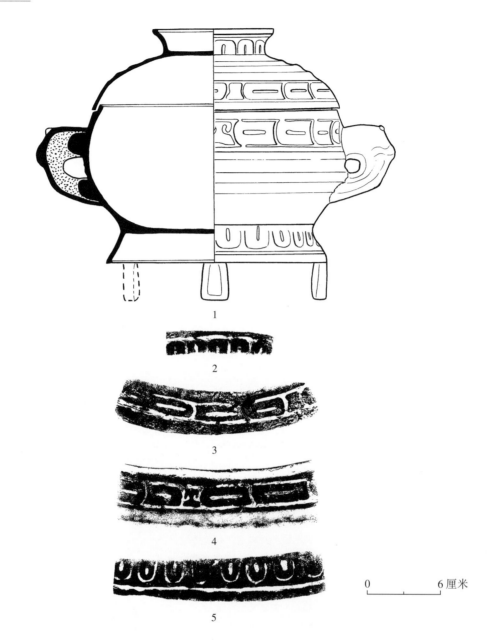

图六八四　ⅡSG 重环纹铜簋（ⅡSG：33）及拓本
1.重环纹簋　2.盖握手纹样拓本　3.盖缘纹样拓本　4.器口沿下纹样拓本　5.圈足纹样拓本

六八五；彩版五二二，2）。

3.凤鸟纹方壶

2件。形制、纹样、大小相同。上有盖，盖顶有圈顶式握手，浅子口。器身为敞口，方唇，长颈，颈部附一对称龙首吐舌环形耳，垂腹外鼓，高圈足。盖面饰一周有珠重环纹，握手处饰一周倒垂鳞纹，器颈部与腹部饰凤鸟纹，耳部饰无珠重环纹，圈足饰一周垂鳞纹。

ⅡSG：35，通高31.4、盖高7、口长径13.6、口短径8.7、腹深22、圈足长径15.6、圈足短径12.4厘米（图六八六、六八七；彩版五二三）。

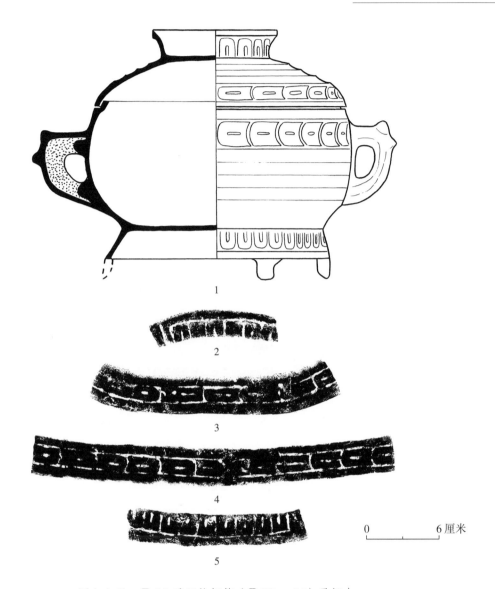

图六八五　ⅡSG重环纹铜簋（ⅡSG：34）及拓本

1.重环纹簋　2.盖握手纹样拓本　3.盖缘纹样拓本　4.器口沿下纹样拓本　5.圈足纹样拓本

　　ⅡSG：36，通高30.8、盖高6.6、口长径13、口短径8.3、腹深22.6、圈足长径16.4、圈足短径12.2厘米（图六八八、六八九；彩版五二四）。

　　4.垂鳞纹小罐

　　1件。

　　ⅡSG：37，有盖，盖面上隆。器子口内敛，球形腹，平底。口、盖缘各有二个方形双系，两两相互对应。盖饰二组有珠重环纹，肩部饰一周无珠重环纹，腹部饰垂鳞纹。通高5.5、口径4.3、腹径5.5、腹深4.4厘米（图六九〇；彩版五二五，1）。

　　（二）兵器

　　18件。计有戈、矛和镞三种。

0   10 厘米

图六八六　ⅡSG 凤鸟纹铜方壶（ⅡSG：35）

0   8 厘米

图六八七　ⅡSG 凤鸟纹铜方壶（ⅡSG：35）纹样拓本

1. 盖部　2. 器腹部

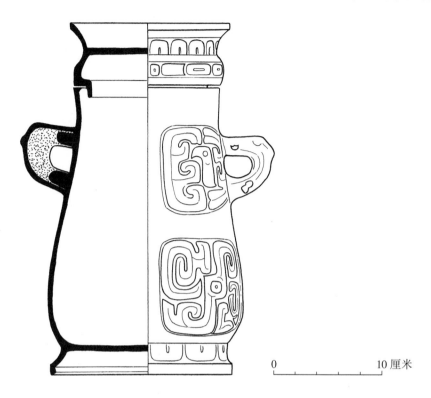

0　　　　　　　　　　　10厘米

图六八八　ⅡSG 凤鸟纹铜方壶（ⅡSG：36）

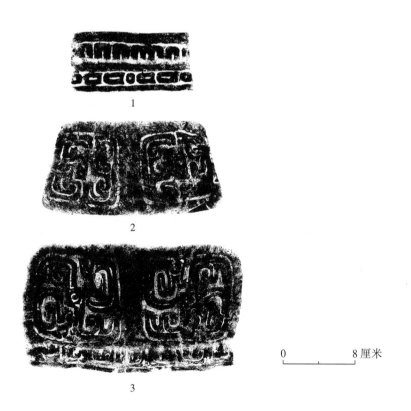

0　　　　　8厘米

图六八九　ⅡSG 凤鸟纹铜方壶（ⅡSG：36）纹样拓本
1. 盖部　2. 器腹上部　3. 器腹下部

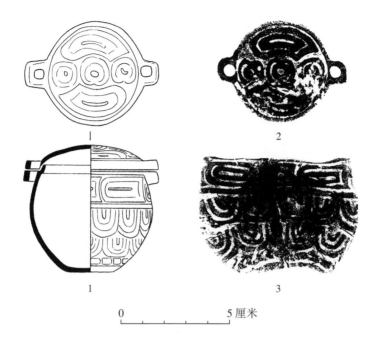

0   5 厘米

图六九〇　ⅡSG 垂鳞纹小铜罐（ⅡSG：37）及拓本

1. 垂鳞纹小罐　2. 盖顶部纹样拓本　3. 器腹部纹样拓本

1. 戈

4 件。依胡部长短与栏侧穿孔的数量，可分为短胡二穿戈、中胡三穿戈与中胡四穿戈三种。

（1）短胡二穿戈

1 件。

ⅡSG：38，援部断为二截。三角形锋，援上刃斜直，有脊，胡较短，长方形直内。内尾部圆角。栏侧二穿，内部一穿，援本处有一未透穿圆孔，孔内留有钻心。援本下部铸有竖款铭文 3 字，即：

元□乔。

通长 23.7、援长 16.2、援宽 3.3、栏长 8.7、内长 7.4、内宽 3.5、厚 0.5 厘米（图六九一；彩版五二五，2、3）。

（2）中胡三穿戈

2 件。

ⅡSG：39，胡断为二截。三角形锋，直援，锋刃与援刃锐利，有脊，中胡，长方形直内，内尾角较圆，栏侧三穿，内部一穿。通长 18.6、援长 12.2、援宽 2.7、栏长 9.4、内长 6.1、内宽 3、厚 0.4 厘米（图六九二，1；彩版五二六，1）。

ⅡSG：40，锋与胡下端残缺。援微上扬，援刃锐利，援脊不明显，长方形内稍上翘。内尾上角圆，下角稍内凹。栏侧三穿，内部一穿。残长 15.5、援宽 2.5、栏残长 6.8、内长 8、内宽 3.2、厚 0.3 厘米（图六九二，2；彩版五二六，2）。

（3）中胡四穿戈

1 件。

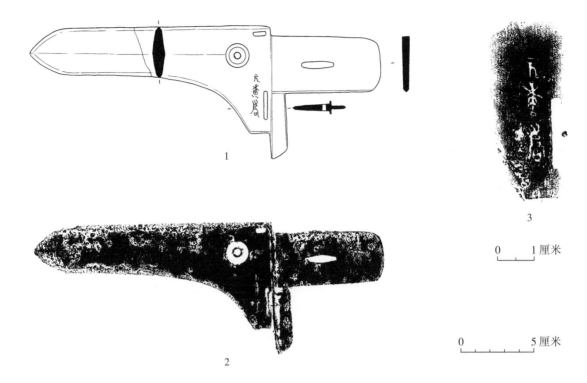

图六九一 ⅡSG短胡二穿铜戈（ⅡSG：38）及拓本
1. 短胡二穿戈 2. 整体拓本 3. 铭文拓本

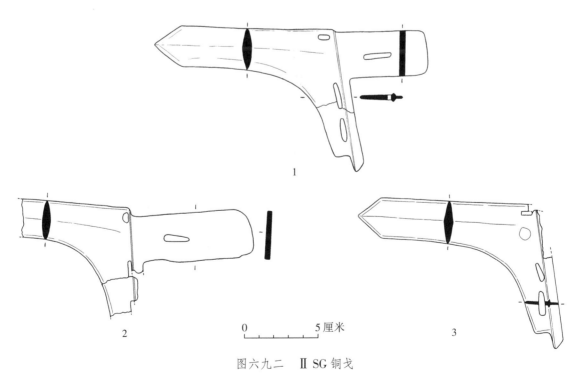

图六九二 ⅡSG铜戈
1. 中胡三穿戈（ⅡSG：39） 2. 中胡三穿戈（ⅡSG：40） 3. 中胡四穿戈（ⅡSG：41）

ⅡSG：41，内部残缺。三角形锋，直援，锋刃与援刃锐利，援脊不明显，中胡。栏侧四穿。残长12.5、援宽2.8、栏长9.9、厚0.4厘米（图六九二，3；彩版五二七，1）。

2. 矛

3件。形制相同，大、小略有差异。器身作柳叶形，锋端与刃较锐利，中脊隆起，圆形骹銎自下向上渐细延至叶身前段。骹上有长方形或圆形穿孔。

ⅡSG：42，矛叶一侧略残。銎身下端有小圆形钉孔。长15.4、叶身宽3.3、銎径1.5～1.7厘米（图六九三，1；彩版五二七，2）。

ⅡSG：43，銎身下端有细长条形对穿。长14.9、叶身宽3.2、銎径1.5～1.7厘米（图六九三，2；彩版五二七，3）。

ⅡSG：44，一侧矛叶略残。銎身下端有细长条形孔。长14.6、叶身宽3.3、銎径1.4～1.7厘米（图六九三，3；彩版五二七，4）。

3. 镞

11件。形制相似。尖锋，双翼有刃，高脊，圆柱状铤。依双翼的形状，可分为双翼外张形镞和双翼内收形镞二种。

（1）双翼外张形镞

1件。

ⅡSG：45-1，铤和一侧翼残缺。双翼稍远离镞身。镞残长3.8、双翼宽3厘米（图六九三，4；彩版五二八，1）。

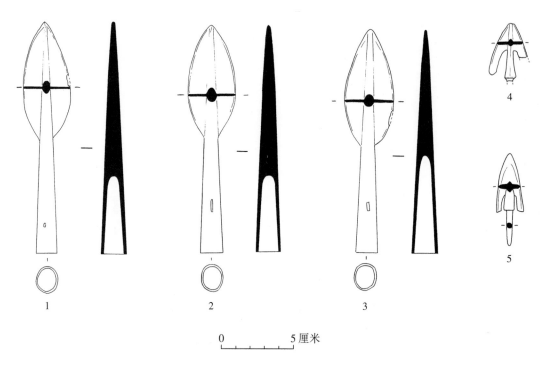

0　　　　5厘米

图六九三　ⅡSG 铜矛、镞

1.矛（ⅡSG：42）　2.矛（ⅡSG：43）　3.矛（ⅡSG：44）　4.双翼外张形镞（ⅡSG：45-1）　5.双翼内收形镞（ⅡSG：45-2）

（2）双翼内收形镞

10件。大小相同。其中四件完整，六件稍残。双翼近贴镞身。

标本ⅡSG：45-2，镞长6、双翼宽1.9、铤长2.3、直径0.3厘米（图六九三，5；彩版五二八，1）。

（三）车器

8件。仅辖一种。依辖首形状不同，可分为兽首辖和素面辖二种。

1. 兽首辖

4件，成2对。辖首正面作兽首形，背面平。辖键呈扁长方体，末端呈三角形。兽首两侧有不规则形对穿孔。

标本ⅡSG：46，通长8.9、键长6.4、宽1.9、厚0.7厘米（图六九四，1～3；彩版五二八，2）。

标本ⅡSG：48，形制、大小尺寸与ⅡSG：46相同（彩版五二八，2）。

2. 素面辖

4件。成2对。辖首素面，背面平。辖键呈扁长条形，末端为斜边。辖首两侧有近长方形

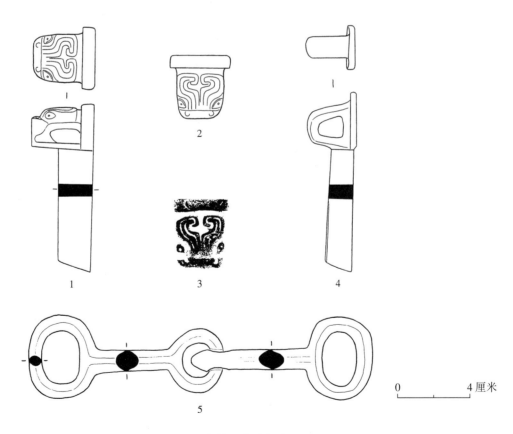

图六九四　ⅡSG 铜辖、衔及拓本

1.兽首辖（ⅡSG：46）　2.兽首辖（ⅡSG：46）兽首正视　3.兽首辖（ⅡSG：46）纹样拓本　4.素面辖（ⅡSG：50）
5.衔（ⅡSG：54）

的对穿孔。

标本Ⅱ SG：50，通长 9.6、键长 6.5、宽 1.3、厚 0.7 厘米（图六九四，4；彩版五二八，3）。

（四）马器

85 件。计有衔、镳、节约、络饰和泡形饰五种。

1. 衔

12 件。形制、大小相同。其中一件端环残缺。均由两个 8 字形铜环套接而成，端环呈椭圆形。

标本Ⅱ SG：54，通长 19、端环长径 4.4、端环短径 3.3 厘米（图六九四，5；彩版五二八，4）。

标本Ⅱ SG：57 和标本Ⅱ SG：62 的形制、尺寸与Ⅱ SG：54 相同（彩版五二八，4）。

2. 镳

16 件。器身均作弧形弯曲状，背面中部有两个半环形钮。依镳首端形状的不同，可分为无首镳和龙首镳二种。

（1）无首镳

3 件。形制相同，大、小有别。正面较鼓，背面有脊。断面呈扁圆形。

标本Ⅱ SG：66，形体较大。长 14.6、宽 1.3、厚 0.6 厘米（图六九五，1；彩版五二九，1）。

标本Ⅱ SG：67，形体较小。长 11.3、宽 1.2、厚 0.5 厘米（图六九五，2；彩版五二九，1）。

（2）龙首镳

13 件。形状、大小及纹样基本相同。其中一件断为二截。正面略鼓，背面略有凹陷。镳首端卷曲成龙首形，龙圆睛凸目；末端饰侧视龙首纹，中部饰变形蝉纹。

标本Ⅱ SG：69，长 11.1、宽 1.6、厚 0.5 厘米（图六九五，3、4；彩版五二九，2）。

标本Ⅱ SG：70，长 11.3、宽 1.7、厚 0.5 厘米（图六九五，5、6；彩版五二九，2）。

3. 节约

3 件。可分为"X"形和"⊟"形节约二种。

（1）"X"形节约

1 件。

Ⅱ SG：82-1，整体呈双圆管交叉且相通的形状，背面有不规则形穿孔。正面饰兽面纹。长 3.4、中部宽 2.1、管径 1.1 厘米（图六九六，1、2；彩版五二九，3）。

（2）"⊟"形节约

2 件。形状、大小相同。均作双圆管相联状。

标本Ⅱ SG：82-2，高 2.9、宽 2.7、管径 1 厘米（图六九六，3；彩版五二九，3）。

4. 络饰

2 件。形状、大小基本相同。皆为短圆管形。

Ⅱ SG：83-1，体稍长。长 2.1、管孔径 1.1 厘米（图六九六，4；彩版五二九，4）。

Ⅱ SG：83-2，体稍短。长 1.8、管孔径 1.1 厘米（图六九六，5；彩版五二九，4）。

5. 泡形饰

52 件。形制、大小相同。

标本Ⅱ SG：93-1，圆形，正面近平，背部有四个半环形钮。直径 3.5、厚不足 0.1 厘米（图

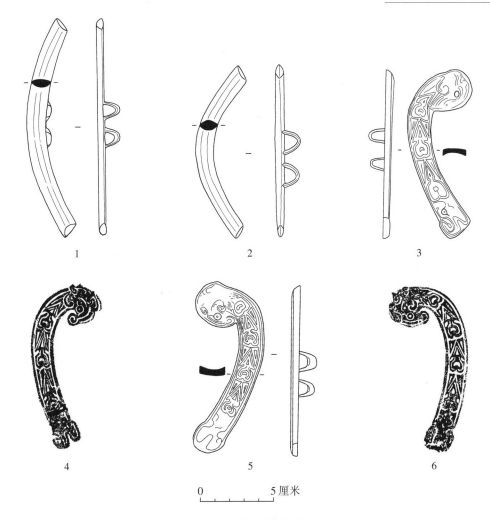

图六九五 ⅡSG 铜镳及拓本

1. 无首镳（ⅡSG：66） 2. 无首镳（ⅡSG：67） 3. 龙首镳（ⅡSG：69） 4. 龙首镳（ⅡSG：69）纹样拓本

5. 龙首镳（ⅡSG：70） 6. 龙首镳（ⅡSG：70）纹样拓本

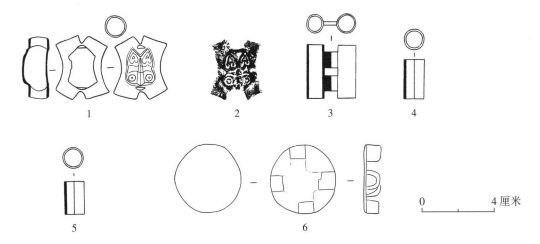

图六九六 ⅡSG 铜节约、络饰、泡形饰及拓本

1. "X"形节约（ⅡSG：82-1） 2. "X"形节约（ⅡSG：82-1）纹样拓本 3. "廾"形节约（ⅡSG：82-2）

4. 络饰（ⅡSG：83-1） 5. 络饰（ⅡSG：83-2） 6. 泡形饰（ⅡSG：93-1）

六九六，6；彩版五三〇，1）。

标本 Ⅱ SG：93-2 ～ Ⅱ SG：93-5，形制、尺寸同上（彩版五三〇，1）。

（五）棺饰

10件。计有鱼、棺环和双龙纹圆形饰三种。

1. 鱼

5件。其中三件较残。均作扁薄长条形，正面饰鱼鳞纹。眼部有一穿孔，可系缀。

标本 Ⅱ SG：84-1，形体较大。背有二鳍，腹有一鳍。长12.5、宽2.3、厚0.15厘米（图六九七，1、2；彩版五三〇，2）。

标本 Ⅱ SG：84-2，尾鳍残。形体较小，背有一鳍，腹有二鳍。残长11.5、宽2.4、厚0.15厘米（图六九七，3、4；彩版五三〇，3）。

2. 棺环

1件。

Ⅱ SG：85，器身和断面均呈圆形。直径7.2、断面直径0.7厘米（图六九七，5；彩版五三一，1）。

3. 双龙纹圆形饰

4件。大小、形状、纹样相同。其中一件残碎。扁平体，大致呈圆形。器身正面饰对称双首龙纹，龙纹皆作圆眼外凸，曲角，象鼻高扬卷曲，口吐獠牙之形。龙身饰有珠重环纹，背面为素面。

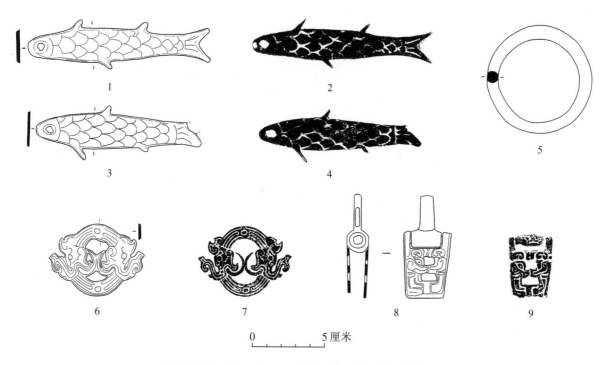

图六九七　Ⅱ SG 铜鱼、棺环、圆形饰、合页及拓本

1. 鱼（Ⅱ SG：84-1）　2. 鱼（Ⅱ SG：84-1）纹样拓本　3. 鱼（Ⅱ SG：84-2）　4. 鱼（Ⅱ SG：84-2）纹样拓本　5. 棺环（Ⅱ SG：85）　6. 双龙纹圆形饰（Ⅱ SG：86-1）　7. 双龙纹圆形饰（Ⅱ SG：86-1）拓本　8. 长方形钮合页（Ⅱ SG：87）
9. 长方形钮合页（Ⅱ SG：87）拓本

标本ⅡSG：86-1，通长6.5、外径4.9、孔径2.8、厚0.1厘米（图六九七，6、7；彩版五三一，2）。

（六）其他

6件。可分为长方形钮合页和三通形构件二种。

1. 长方形钮合页

4件。大小、形制、纹样基本相同。其中二件双页残缺，仅存长方形钮。器身双页呈倒梯形，上端有一细横轴，轴上套接一个可以转动的长方形钮。正、背面各有两个长方形穿孔。两面均饰纹样相同的兽面纹。

标本ⅡSG：87，通长6.75厘米，页片上端宽3.2、下端宽2.6厘米（图六九七，8、9；彩版五三一，3）。

2. 三通形构件

2件。形制、大小相同。皆为三通圆管形，内相通。但三管不在一个平面，其中两管之间有一弧形钮。器表面分布有细长条形或不规则形镂孔。

ⅡSG：91，宽15.7、高7.4、管径4.2厘米（图六九八，1；彩版五三一，4）。

ⅡSG：92，二个圆管的口略残。宽15.8、高7.2、管径4.2厘米（图六九八，2；彩版五三一，4）。

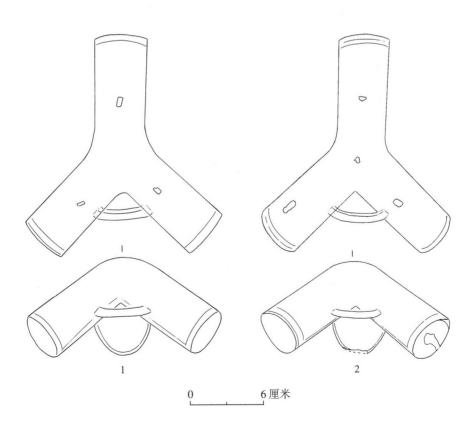

0　　　　　6厘米

图六九八　ⅡSG三通形铜构件
1. ⅡSG：91　2. ⅡSG：92

二　石器

3件。分为圭与贝二种。

1. 圭

1件。

Ⅱ SG：94，下部残缺。青灰色。作扁平长条形，三角形锋。横断面呈椭长方形。残长12.3、宽2.7、厚0.3厘米（图六九九，1；彩版五三二，1）。

2. 贝

2件。形状、大小相同。正面鼓起，背面为平面。上端稍窄，近上端有一圆穿。背面中部有一竖向浅凹槽。

标本Ⅱ SG：95-1，长1.9、宽1.5、厚0.6厘米（图六九九，2；彩版五三二，2）。

三　蚌饰

8件。形状、颜色相同，大小不一。白色。皆圆形，正面略鼓，背面平。

标本Ⅱ SG：96-1，形体较大。直径2.8、厚0.7厘米（图六九九，3；彩版五三二，3）。

标本Ⅱ SG：96-2，形体较小。直径2.5、厚0.5厘米（图六九九，4；彩版五三二，4）。

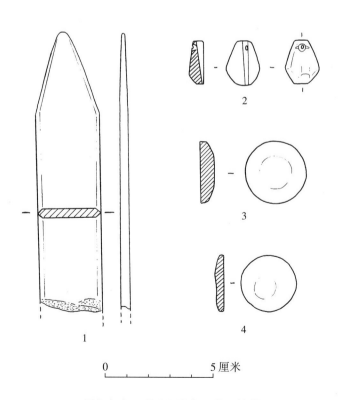

0　　　　　　5厘米

图六九九　Ⅱ SG 石圭、贝，蚌饰

1. 石圭（Ⅱ SG：94）　2. 石贝（Ⅱ SG：95-1）　3. 圆形蚌饰（Ⅱ SG：96-1）　4. 圆形蚌饰（Ⅱ SG：96-2）

第四节 小结

根据被盗墓葬的位置，结合追缴遗物的铭文、形制、纹样等特点，并参考盗墓分子到现场对其盗掘坑位的指认及交待情况，我们认定追缴回的被盗遗物绝大多数应分别出自 M2009（虢仲墓）西部和南部墓葬。

一 有明确归属的被盗遗物

（一）出自虢姜墓的有铭铜器

1. 虢姜铜鼎 6 件（ⅡSG：1 ~ ⅡSG：6）
2. 虢姜铜鬲 4 件（ⅡSG：7 ~ ⅡSG：10）
3. 虢姜铜壶 2 件（ⅡSG：12、ⅡSG：13）
4. 虢姜铜甗 1 件（ⅡSG：11）
5. 虢姜铜盘 1 件（ⅡSG：14）
6. 虢白（伯）吉□父铜匜 1 件（ⅡSG：15）

（二）出自虢姜墓的其他遗物

1. 素面铜鼎 1 件（ⅡSG：16）
2. 重环纹铜簋 1 件（ⅡSG：17）
3. 凸弦纹铜簋 1 件（ⅡSG：18）
4. 素面铜盘 3 件（ⅡSG：19 ~ ⅡSG：21）
5. 素面铜爵 1 件（ⅡSG：24）
6. 素面铜觯 1 件（ⅡSG：22）
7. 素面铜觚 1 件（ⅡSG：23）
8. 铜銮铃 2 件（ⅡSG：25、ⅡSG：26）

根据盗墓分子到现场对其盗掘坑位的指认，被盗的虢姜墓位于虢国墓地 M2009（虢仲墓）西侧约 13 米处，推测其墓主身份为虢仲之夫人。

二 无明确归属的被盗遗物

因为被盗墓未经发掘，故其具体情况不详。除 26 件虢姜墓被盗遗物外，无法将追缴的其他被盗遗物与被盗墓葬进行对比判定，因此大多数被盗遗物不能有明确的归属。

三　被盗遗物的年代

关于这批被盗遗物的年代，可以从其形制和纹饰两个方面进行考察。

1. 从被盗遗物的形制看，铜鼎与虢国墓地 M2001、M2012 等墓出土的同类铜鼎相同或相似[1]；铜鬲与虢国墓地 M2001 出土的虢季铜鬲相同[2]；铜方甗与虢国墓地 M2011 出土的铜方甗相同[3]；铜簋与虢国墓地 M1680 出土的 II 式铜簋相同[4]；铜方壶与虢国墓地 M1810 出土的 I 式铜壶相同[5]；铜圆壶与虢国墓地 M2012 出土的铜圆壶相同[6]；铜盘和铜匜与虢国墓地 M2011 出土的同类器物相同[7]；其他如矛、戈、镞、辖、衔、镳、节约、鱼、双龙纹圆形棺饰、合页等铜器以及石贝均与 M2001 出土的同类器物相同或相近。

2. 从被盗遗物的纹饰看，铜器上的窃曲纹、重环纹、垂鳞纹和蝉纹等，也是西周晚期和春秋早期主要流行的纹饰。

以上表明这批被盗遗物的年代多为西周晚期，部分可能晚到两周之际。由于这批被盗遗物的特征和时代均与虢国墓地出土的同类器物特征相同、时代相吻合，故推测这批被盗遗物应属于同一国别的同一墓地——虢国墓地。入葬年代为西周晚期。

---

[1] 河南省文物考古研究所、三门峡市文物工作队：《三门峡虢国墓》（第一卷），文物出版社，1999 年。
[2] 河南省文物考古研究所、三门峡市文物工作队：《三门峡虢国墓》（第一卷），文物出版社，1999 年。
[3] 河南省文物考古研究所、三门峡市文物工作队：《三门峡虢国墓》（第一卷），文物出版社，1999 年。
[4] 中国科学院考古研究所：《上村岭虢国墓地》，科学出版社，1959 年。
[5] 中国科学院考古研究所：《上村岭虢国墓地》，科学出版社，1959 年。
[6] 河南省文物考古研究所、三门峡市文物工作队：《三门峡虢国墓》（第一卷），文物出版社，1999 年。
[7] 河南省文物考古研究所、三门峡市文物工作队：《三门峡虢国墓》（第一卷），文物出版社，1999 年。

第八章 结语

收入本卷的六座墓和一座车马坑的资料是虢国墓地 1990 年至 1999 年第二次大规模田野发掘所获资料的一部分，其余资料已在《三门峡虢国墓》第一卷发表。这里我们仅对本卷所发表资料作以下分析。

第一节 各墓铜器铭文综述

一 虢仲墓铜器铭文

虢仲墓共出土铜礼乐器 171 件（含编钟钩 5 件），其中实用器 75 件。在 75 件实用器中铸有铭文者 56 件，占总数的 74%。计有鼎 12 件、簋 9 件、鬲 6 件、钟 8 件、盨 4 件、匜 4 件、甫 2 件、圆壶 2 件、方壶 2 件、盘 2 件、盉 2 件、方甗 1 件、圆尊 1 件、爵 1 件，共 14 种 56 件。在 14 种有铭铜器中，簋、盨、匜、圆壶和方壶盖器同铭，共有铭文 77 篇。77 篇铭文中除八件钮钟铭字数较长外，其余各篇铭文字数都较少，格式、行款及内容均为金文中所习见。现综述如下：

（一）鼎铭

12 篇，分铸于十二鼎内壁。行款、内容、字数均相同，唯字体、字形稍异，计二行 5 字。铭文为：

> 虢中（仲）乍（作）
> 旅鼎。

虢仲，作器者。

虢，姬姓，周同姓诸侯。文献载，西周初始封东、西两虢，后又有南虢、北虢及小虢之说。

仲，本为行字，金文及文献中习见，如强伯和蔡仲等。后来可能发展成氏称，如鲁之孟孙氏、叔孙氏和季孙氏等。

（二）簋铭

18 篇，分铸于九簋。盖内、器底同铭，内容相若，字数均相同，唯行款、字体、字形稍异。其中 M2009 ：664 器底的行款为自左至右，其他均为自右至左共二行 5 字。铭文为：

虢中（仲）乍（作）

旅殷（簋）。

（三）鬲铭

6 篇，分铸于六鬲。系在颈部内侧呈顺时针或逆时针方向所铸的铭文，其内容、字数均同，但格式、字体、字形稍异。

M2009 ：419，铭文呈逆时针方向。

M2009 ：424，铭文呈顺时针方向。

M2009 ：418，铭文呈顺时针方向。

M2009 ：421，铭文呈逆时针方向。

M2009 ：423，铭文呈顺时针方向。

M2009 ：422，铭文呈顺时针方向。

自左至右或自右至左共一行 5 字，铭文为：

虢中（仲）乍（作）旅鬲。

（四）盨铭

8 篇，分铸于四盨。盖、器同铭。其内容、字数（重文不同）、行款相同，但字体、字形各异，计三行 13 字或三行 14 字（重文不同）。铭文行款均竖款自右至左排列。铭文为：

虢中（仲）乍（作）虢

妃宝盨，子 =

孙 = 永宝用。

（五）医（簠）铭

8 篇，分铸于四医。盖、器同铭。其行款、内容、字数相同，字体、字形略异，计二行 5 字。铭文为：

虢中（仲）乍（作）

旅医（簠）。

（六）甫（铺）铭

2 篇，分铸于二甫。其行款、内容、字数均相同，但字体、字形稍异，计二行 5 字。铭文行款均竖款自右至左排列。铭文为：

虢中（仲）乍（作）

旅甫（铺）。

（七）圆壶铭

4篇，分铸于两圆壶的盖口外与颈部内壁一侧。其行款、内容、字数相同，但字体、字形略异，计二行5字。铭文行款均竖款自右至左排列。铭文为：

虢中（仲）乍（作）

旅壶。

（八）方壶铭

4篇，分铸于两方壶的盖口外与颈部内壁一侧。内容、字数相同，行款、字体、字形略异。其中：

标本M2009：672，盖铭文的行款为自左向右，器内壁的行款为自右向左。

标本M2009：659，盖外颈部、器内壁的铭文行款均为自右向左，共二行5字。铭文为：

虢中（仲）乍（作）

旅壶。

（九）盘铭

2篇，分铸于两盘的底部。其行款、内容、字数均相同，但字体、字形略异，计二行5字。铭文行款均竖款自右至左排列。铭文为：

虢中（仲）乍（作）

旅般（盘）。

（一〇）盉铭

2篇，分铸于两盉的盖顶部。其内容、字数、行款相同，但行数字体、字形略异。其中：

M2009：420，计一行5字。铭文为：

虢中（仲）乍（作）旅盉。

M2009：614，计二行5字（"虢"字因器盖残破，仅剩"虢"字左边）。铭文为：

虢中（仲）乍（作）

旅盉。

（一一）圆尊铭

1篇，铸于器内壁。计二行5字。铭文行款均竖款自右至左排列。铭文为：

虢中（仲）乍（作）

旅靠（盧）。

（一二）爵铭

1篇，铸于爵尾内部。计二行5字。铭文行款均竖款自右至左排列。铭文为：

虢中（仲）乍（作）

旅瑚。

（一三）甗铭

1篇，铸于鬲腹壁内的一侧，自右至左二行5字，作竖款排列。铭文为：

虢中（仲）乍（作）

旅獻（甗）。

（一四）钮编钟铭

8篇，分铸于八件钮编钟正面的钲部、左铣部与左鼓部，还有背面的右鼓部及右铣部。铭文皆竖款排列，其内容、字数、字形、字体各不相同。其中：

M2009：302，钟正面所铸铭文共有五行36字，钲部铭文有二行18字，左鼓部与左铣部铭文有三行18字。铭文为：

虢中（仲）乍（作）宝铃钟，龢

盅（调），乎（厥）音铢=（肃肃）鎗=（鎗鎗）雝=（雍雍）汤=（汤汤），（以上钲部）

用田用

行，用匽（宴）嘉

宾，于道于行，中氏受福无疆。（以上左鼓部与左铣部）

M2009：296，钟正面所铸铭文共五行32字，其中钲部铭文有二行12字，左鼓部与左铣部铭文有三行20字（含重文2字），铭文为：

丞首（？）城（成）且（祖），述匹

皇王，妥（绥）賹万民，（以上钲部）

㸚（乂）毅（照）

四方，受天屯（纯）

录（禄），敳=锽=，虢中（仲）眉寿永宝用享。（以上左鼓部与左铣部）

M2009：295，钟正面所铸铭文共有五行39字，其中钲部铭文有二行14字，左鼓部与左铣部铭文有三行25字，铭文为：

虢中（仲）乍（作）宝铃钟，

龢盅（淑），乎（厥）音铢=（肃肃）鎗=（鎗鎗）（以上钲部）

雝=（雍雍）汤=（汤汤），用田用

行，用匽（宴）嘉

宾，于道于行，中（仲）氏受福无疆。丞□城（成）。（以上左鼓部与左铣部）

M2009：294，钟正面所铸铭文共有五行27字，其中钲部铭文有二行9字，左鼓部与左铣部铭文有三行18字，铭文为：

且（祖），述匹皇王，

妥（绥）賹万民，（以上钲部）

㸚（乂）毅（照）四方，

受天屯（纯）录（禄），

戴锽，虢中（仲）眉寿永宝用享。（以上左鼓部与左铣部）

M2009：308，钟正面所铸铭文共三行 13 字，其中钲部铭文一行 3 字，左鼓部铭文二行 10 字，铭文为：

敆（照）四，受（以上钲部）

天屯（纯）录（禄），戴＝

锽＝，虢中（仲）眉。（以上左鼓部）

M2009：293，钟正面所铸铭文先从钲部行款，再到左鼓部及左铣部，然后是右铣部共计四行 28 字。其中钲部有铭文一行 4 字，左鼓部及左铣部有铭文二行 16 字，右铣部有铭文一行 8 字，铭文为：

虢中（仲）乍（作）宝（以上钲部）

铃钟，龢

盅（淑），氒（厥）音鉎＝（肃肃）鎗＝（鎗鎗）雝＝（雍雍）汤＝（汤汤），用田 （以上左鼓部及左铣部）

用行，用匽（宴）嘉宾，于道。（以上右铣部）

M2009：303，钟正面所铸铭文共五行 21 字，其中钲部有铭文一行 4 字，左鼓部及左铣部有铭文二行 11 字；背面右鼓部及右铣部有铭文二行 6 字，铭文为：

于行，中（仲）氏 （以上钲部）

受福无疆。

丞□城（成）且（祖），述匹皇，（以上正面左鼓部及左铣部）

王妥（绥）嘏万民，

羕（义）。（以上背面右鼓部及右铣部）

M2009：309，钟正面所铸铭文共二行 5 字，其中钲部有铭文一行 2 字，左鼓部有铭文一行 3 字，铭文为：

寿永 （以上钲部）

宝用享。（以上左鼓部）

综上所述，占实用铜礼乐器 74％ 的 56 件有铭铜器中，均言明作器人为虢仲，由此可知 M2009 墓主人为虢仲无疑。

二 孟姞墓铜器铭文

孟姞墓出有铭铜器 3 件。

（一）盨铭

3 篇，分铸于两盨的盖内上部和器内底部，其中 M2006：61 器盖内无铭文。其铭文行款、内容、字数均相同，但字体、字形略异，计四行 33 字（含重文 2 字）。铭文行款均竖款自右至左排列。铭文为：

兽（单）盅（叔）奂父乍（作）孟姞旅

盉，用饎（盛）焰（稻）糦需（糯）汈（梁）加（嘉）

宾用卿（饟），有飤则迈（万）人（年）

无疆，子＝孙＝永宝用。

"兽"在金文中与单为一字，应为西周诸侯国名或氏族名。相传单国为成王少子臻所封，地在今山东单县境或单城，春秋中晚期盛极一时。

"叔夐父"为作器者的字。

"孟姑"应是姑姓国君或贵族单叔父的长女。

（二）盙（簋）铭

2 篇，分铸于盙盖内和器内底部。其行款、内容、字数均相同，字体、字形也大致相同，计三行 14 字（含重文 2 字）。铭文行款均竖款自右至左排列。铭文为：

丰白（伯）盙父

乍（作）盙（簋），其子＝

孙＝永宝用。

"丰"为国名。有学者认为丰国有姬姓、姜姓和戎狄之分[1]。由室叔簋铭"室叔作丰姑□旅簋"可知，可能另有一个姑姓丰国

"白（伯）盙父"为作器者的字。

兽叔父铜盉和丰白盙父铜盙虽出自虢国墓地，但作器者兽叔父和丰伯盙父均非虢国人。由此推断，M2006 的墓主是嫁于虢国的单叔父之女孟姑，其铜盉和铜盙则是孟姑作为陪嫁之物带至虢国的。

三　醜姜墓铜器铭文

醜姜墓出土有铭铜器 2 件。

（一）盙（簋）铭

1 篇，为醜姜盙。

M2013 ：2，在器内底部铸有竖款排列的铭文，自右至左三行 17 字（重文 2 字），即：

虢中（仲）乍（作）獘（醜）姜

宝盙（簋），其万年

子＝孙＝永宝用。

"虢中"还见于虢国墓地 M2009 铜器铭文，两者是否为一人，待考。"醜姜"，应是嫁于虢国的姜姓女子。"虢中"为"醜姜"作器，二者的关系还需进一步考证。

从虢国墓地出土的其他材料看，男性贵族墓多随葬兵器，女性墓中则不见兵器。M2013 未发现兵器，应为一座女性墓，墓主应即铜盙铭文中的"醜姜"。

---

[1] 蔡运章：《丰国铜器及姬姓丰国史迹初探》，《甲骨金文与古史研究》，中州古籍出版社，1993 年。

（二）匜铭

1 篇，为季陵父匜。

M2013 ： 18，器底部铸有竖款排列的铭文，自右至左二行 12 字（重文 2 字），即：

　　　季陵父乍（作）匜，

　　　子＝孙＝永宝用。

"季陵父"为器主。"陵"字左从"阜"，右上、下从"又"，中部应为"幺"之省，字形结构与陵伯鼎等铭文中的"陵"字相似。"季陵父"为男性称谓，"陵父"为其字。"季"前省略国族或氏称，此器出于虢国墓地，有可能为"虢季"之省称，当然也只是有这种可能而已。这种省称金文常见，如宝鸡竹园沟 4 号墓主"强季"，铭文既称"强季"，又省称"季"。

四　虢宫父墓铜器铭文

虢宫父墓除被盗外，在剩余的遗物中出有铭铜器二件，均为虢宫父自作器。另外，被公安部门收缴追回铸有"虢宫父"铭文的铜鬲和铜盘两件也归入虢宫父墓。

（一）鬲铭

2 篇（其中一件为公安部门打私追缴），分铸于两鬲的颈部内侧。其内容相同，但格式、字数、字体各异。其中：

M2008 ： 13 的铭文呈顺时针方向一行 10 字。铭文为：

　　　虢宫父乍（作）行鬺（鬲），用從永征。

SG ： 049 的铭文字数比 M2008 ： 13 的铭文少一字，呈逆时针方向一行 9 字。铭文为：

　　　虢宫父乍（作）鬺（鬲），用從永征。

（二）盘铭

1 篇（公安部门打私追缴），铸于盘内底部。

SG ： 060，为竖款排列，自右至左二行 9 字，铭文为：

　　　虢宫父乍（作）

　　　般（盘），用從永征。

（三）匜铭

1 篇，铸于器内底部。

M2008 ： 42，为竖款排列，自右至左三行 9 字。铭文为：

　　　虢宫父

　　　乍（作）它（匜），用

　　　從永征。

20 世纪 50 年代发掘的 M1705 也出土有"宫氏伯子元相"铜戈 2 件，"宫氏"当与"虢宫父"有关。

五 其他铜器的铭文

其他类有铭铜器，均系2001年三门峡市公安部门在虢国墓地重大盗墓案件中追缴的被盗遗物。依作器者可分为二组。

（一）虢姜组

此组计有鼎6件、鬲4件、圆壶2件、方甗1件、盘1件，共五种14件。在这五种有铭铜器中，圆壶的盖、器同铭，共有铭文16篇。现分述如下：

1. 鼎铭

6篇，分铸于六鼎内壁。其行款、内容、字数均相同，但字体、字形略异，均竖款排列，自右向左计二行8字。铭文为：

虢姜乍（作）旅
鼎，永宝用。

2. 鬲铭

4篇，分铸于四鬲颈部内侧。其格式、内容、字数均相同，但字体、字形略有区别，均呈顺时针方向一行8字。铭文为：

虢姜乍（作）旅鬲，永宝用。

3. 甗铭

1篇，铸于甗腹内壁的一侧面。为竖款排列，字迹不太清晰。自右至左二行8字，铭文为：

虢姜乍（作）旅
獻（甗），永宝用。

4. 圆壶铭

4篇，分铸于二件圆壶的盖口外与器颈部内壁。其内容、字数均相同，但行款、字体、字形略有不同。其中：

ⅡSG：12的盖子口外侧所铸铭文行款，为自左至右、自上而下四行8字。即：

虢姜
乍（作）旅
壶，永
宝用。

器颈部内壁所铸铭文行款，为自左至右、自上而下三行8字（字迹不清晰），即：

虢姜乍（作）
旅壶，永
宝用。

ⅡSG：13的盖子口外侧所铸铭文行款，为自右至左、自上而下四行8字（其中第四、六字，因盖子口残损而残缺），即：

虢姜

乍（作）旅

壶，永

宝用。

器颈部内壁所铸铭文行款，为自右至左、自上而下共二行 8 字（字迹不清晰），即：

虢姜乍（作）旅

壶，永宝用。

5. 盘铭

1 篇，在盘底铸有竖款排列铭文（字迹不很清晰），自右至左共二行 8 字，即：

虢姜乍（作）旅

般（盘），永宝用。

（二）虢白（伯）吉□父组

只有匜 1 件，为虢白（伯）吉□父自作器。铭文铸于器底部，为竖款排列，自右至左三行 14 字（字迹不太清晰），铭文为：

虢白（伯）吉□父

乍（作）障（尊）匜，其万年

永宝用。

虢姜组铜器虽出于被盗墓中，遗物不全。但墓主无疑身份较高，值得高度关注。

第二节　各墓的墓主身份

一　虢仲墓（M2009）的墓主身份

根据 M2009 的墓葬形制与随葬器物，我们推测其墓主为国君。

虢仲墓（M2009）为一座大型竖穴土坑墓。墓口南北长 5.60、东西宽 4.40 米，墓底略大于墓口，南北长 6、东西宽 4.62 ~ 4.84 米。墓底距现地表 19.30 米。墓坑四壁自墓口至墓底均以淡绿色涂料粉饰，这种处理方式以往少见。墓穴四壁经特意处理者，在考古发掘的西周墓葬中屡有发现。如洛阳北窑西周墓地[1]，但其处理方式多半为二层台以上四壁的一部分。四壁由上至下全部处理者，目前仅见于本墓地的虢季墓（M2001）[2]、虢仲墓（M2009）、梁姬墓（M2012）[3] 和太子墓（M2011）[4]。说明墓主身份较高。葬具有三重，即单椁重棺，并有一结构复杂的棺罩。内、外棺上覆盖有棺衣，并彩绘图案；棺罩上蒙以荒帷，且缀以小铜铃、铜鱼、陶珠和石贝等饰物。

---

[1] 洛阳市文物工作队：《洛阳北窑西周墓》，文物出版社，1999 年。

[2] 河南省文物考古研究所、三门峡市文物工作队：《三门峡虢国墓》（第一卷），文物出版社，1999 年。

[3] 河南省文物考古研究所、三门峡市文物工作队：《三门峡虢国墓》（第一卷），文物出版社，1999 年。

[4] 河南省文物考古研究所、三门峡市文物工作队：《三门峡虢国墓》（第一卷），文物出版社，1999 年。

葬具之豪华，规格之高，也与墓主虢仲贵为国君的身份相符。

M2009 共出土青铜器 2315 件。计有礼、乐、兵、车、马器、工具和棺饰等。铜礼器分实用器与明器两类。不仅种类较多，而且数量也较大，与 20 世纪 50 年代发掘的虢太子墓（M1052）[1]相比有过之而无不及。其一，实用铜礼器。虢仲墓（M2009）出土 53 件，计有鼎 12 件、簋 11 件、鬲 6 件，盨、匜各 4 件，甫、方壶、圆壶、盘、盉、爵各 2 件，方甗、方彝、方案、圆尊各 1 件；而虢太子墓（M1052）仅出土铜礼器 24 件，计有鼎 7 件、簋 6 件、鬲 6 件、方壶 2 件，方甗、甫、小罐各 1 件。其二，乐器。虢仲墓（M2009）出土 33 件，计有铜钮编钟 8 件（附铜编钟钩 5 件）、铜甬编钟 8 件、铜钲 1 件、石编磬 16 件；而虢太子墓（M1052）仅有铜编钟 9 件、铜钲 1 件，共10 件，种类与数量均少，尤其是铜编钟的尺寸要小得多。其三，兵器。虢仲墓（M2009）出土 266 件，计有铜内铁援戈 1 件、铜骹铁叶矛 1 件、铜戈 40 件、铜矛 11 件、铜钺 1 件、铜镞 187 件、盾钖25 件；而虢太子墓（M1052）仅出土 53 件，计有铜戈 4 件、铜矛 6 件、铜镞 41 件、铜剑 2 件。其四，铜器铭文。虢仲墓（M2009）有 76 件有铭铜器，计有铜礼器 56 件、铜戈 20 件；而虢太子墓（M1052）有铭铜器只有 2 件铜戈。其五，玉器。虢仲墓（M2009）出土 1050 件（颗），包括礼器、佩饰、殓玉、饰件和用具等；而虢太子墓（M1052）仅出土 2 件玉玦、一组项饰与一些口琀玉碎片。由此可以确定 M2009 墓主虢仲是一位地位高于 M1052 墓主虢太子的虢国君主。墓中出土的大量兵器、车马器更充分地体现出国君同时兼任本国最高军事首领的地位。

此外，M2009 的规模、所出遗物的数量、种类、质量和本墓地发掘的 M2001 虢国国君虢季墓[2]所出基本一致，而且墓内的玉器种类和做工也高于 M2001 虢季墓。这也表明 M2009 的墓主人虢仲应为虢国的某一代国君。

虢仲墓出土的一件铜骹铁叶矛，乃人工冶铁制品，为目前已发掘的同期墓葬中所仅见。这种当时稀有的铁制品是否具有实用功能，因锈蚀过甚，不好推测。此器或是仪仗用品，象征墓主贵为国君。

二 孟姞墓（M2006）的墓主身份

孟姞墓（M2006）为一座较大的竖穴土坑墓。南北长 4.65、东西宽 3.06 米，墓底略宽于墓口，长 5、宽 3.30 米，墓底距现地表 9.70 米。葬具为单棺单椁。

孟姞墓（M2006）共出铜器 452 件，其中礼器分实用与明器两类。实用铜礼器 14 件，计有鼎 3 件、鬲 4 件，盨、圆壶各 2 件，匜、盘、方甗各 1 件，未见乐器。可见该墓为三鼎墓，墓主身份较高。另外，M2006 未出兵器，也是此墓为女性墓的一个佐证。

从兽叔父铜盨铭文看，孟姞生前是作为姞姓国君或贵族单叔父之女嫁于虢国的，身份很高。此外，从孟姞墓内所出铜车马器看，正好配一辆车两匹马使用。推测这辆车应是孟姞日常出行所乘之车。

以上这些都表明孟姞的身份应为大夫级贵族夫人。

---

[1] 中国科学院考古研究所：《上村岭虢国墓地》，科学出版社，1959 年。
[2] 河南省文物考古研究所、三门峡市文物工作队：《三门峡虢国墓》（第一卷），文物出版社，1999 年。

孟姞墓（M2006）东侧的 M2031 与孟姞墓东、西并列，且相距很近，墓葬的形制规模也基本相当，推测应是孟姞夫君之墓。M2031 曾经被盗，目前尚未发掘，具体情况不明。

三 大夫墓（M2010）的墓主身份

大夫墓（M2010）为一座较大型的竖穴土坑墓。墓口南北长 5.40、东西宽 3.90～3.95 米，墓底略大于墓口，南北长 4.86、东西宽 3.63～3.71、距现地表 10.20 米。葬具为重棺单椁与一木质棺罩。

墓中随葬铜器共 726 件。其中礼器 14 件，计有鼎 5 件、簋 4 件、方壶 2 件，方甗、盘、匜各 1 件。未出土乐器，组合规格不仅明显低于本墓地的虢仲墓（M2009）和虢季墓（M2001），而且也比本墓地的太子墓 M2011、M1052 要低。依文献记载，推测 M2010 墓主的身份为大夫。再有，M2010 棺外出土有数十枚骨棺钉。《礼记·丧大记》云："君里棺用朱绿，用杂金鐕，大夫里棺用玄绿，用牛骨鐕。"[1] 可见骨钉是大夫一级贵族享用的礼制。这与虢国墓地 M2119 和 M2120 所出骨钉的情况一致。此外，M2010 还出土有一定数量的青铜兵器和玉器等。这些都表明 M2010 的墓主人应是虢国大夫一级的贵族。

四 醜姜墓（M2013）的墓主身份

醜姜墓（M2013）为一座中型竖穴土坑墓。墓口南北长 4.40、东西宽 2.80 米；墓口略大于墓底，长 4.30、宽 2.72 米，墓底距现地表 7.70 米。葬具为木质的单棺单椁。

醜姜墓（M2013）随葬铜器 218 件。其中礼器 7 件，计有鼎 3 件、盨 2 件，盘、匜各 1 件，未见乐器和兵器。七件礼器中的三件列鼎非一次所铸，显系拼凑而成，由此可知墓主身份相对较低。从虢国墓地发掘的其他材料看，男性贵族墓多随葬兵器，女性墓中则不见兵器，M2013 未发现兵器，应为一座女性墓。

醜姜墓（M2013）东北的 M2010 是一座大夫级别的男性墓，与醜姜墓（M2013）相距很近，墓葬规模相差较小。2010 为五鼎墓，醜姜墓（M2013）为三鼎墓，后者较前者"礼降一等"，这与本墓地中的梁姬墓（M2012）为五鼎，而其夫虢季墓（M2001）为七鼎的情形完全相同。另外，醜姜墓（M2013）和 M2010 都出土有骨棺钉，而骨棺钉又是用以区别贵族等级的标志物。《礼记·丧大记》载："君里棺用朱绿，用杂金鐕，大夫里棺用玄绿，用牛骨鐕。"[2] 可见骨棺钉是大夫一级贵族享用的礼制。

以上这些都表明墓主人醜姜的身份应为下大夫级贵族夫人，即可能是 M2010 墓主的夫人。

五 两座被盗墓的墓主身份

M2008 虽被盗但仍出土有青铜礼器 11 件，其中两件铸有铭文。一件为虢宫父鬲，另一件为

---

[1]（汉）戴圣：《礼记》，上海古籍出版社，1987 年。
[2]（汉）戴圣：《礼记》，上海古籍出版社，1987 年。

虢宫父匜。铭文记虢宫父自作用器，表明这两件铜器的器主为"虢宫父"。另外，M2008 出土有骨棺钉。《礼记·丧大记》云："君里棺用朱绿，用杂金鐕，大夫里棺用玄绿，用牛骨鐕。"[1] 可见在棺上固定棺衣时用骨钉是大夫一级所应享用的礼制。推测 M2008 墓主虢宫父为虢国贵族，身份为大夫。

M2007 由于被盗掘严重，不仅墓内棺椁被毁坏，而且墓内的随葬器物也被劫掠一空，故无法推断墓主的身份。

第三节　各墓铜礼、乐器的时代特征

虢仲墓（M2009）与孟姞墓（M2006）所出铜礼器均可分为实用器和明器两类。乐器仅虢仲墓出有钮编钟一套 8 件，甬编钟一套 8 件，钲 1 件。

一　铜礼器的时代特征

虢仲墓（M2009）所出的实用铜礼器中，有 12 件一套的虢仲鼎。此鼎的特点为圆而下收的浅锅底状半球形腹，立耳，三蹄足足根粗大而外突，中部内缩而略细，足底部外展呈蹄状。这种形制的鼎流行于西周晚期，如毛公鼎[2]、函皇父鼎乙[3]、此鼎乙[4]、山鼎[5]、颂鼎[6]等。而且鼎口沿下所饰窃曲纹及腹部饰的凤鸟纹或波曲纹也为西周晚期所常见。

九件虢仲铜簋的形制最早见于西周中期稍晚的弭伯簋[7]、弭叔簋[8]，也与伊簋[9]、史颂簋[10]、散车父簋一式甲、乙、丙[11]和梁其簋[12]、周伐父簋[13]等或相同或相近。

六件虢仲铜鬲则与伯邦父鬲[14]、仲口父鬲[15]、虢季氏子段鬲[16]、虢文公子段鬲[17]、善夫吉父鬲[18]、鲁伯愈鬲[19]等相同或相近。

［1］（汉）戴圣：《礼记》，上海古籍出版社，1987 年。

［2］王世民、陈公柔、张长寿：《西周青铜器分期断代研究》鼎 69，文物出版社，1999 年。

［3］陕西省博物馆、陕西省文物管理委员会：《青铜器图解》60 页，文物出版社，1960 年。

［4］陕西省考古研究所，陕西省文物管理委员会、陕西省博物馆：《陕西出土商周青铜器》（一），文物出版社，1979 年，197 页。

［5］王世民、陈公柔、张长寿：《西周青铜器分期断代研究》鼎 72，文物出版社，1999 年。

［6］国家文物局主编：《中国文物精华大全·青铜卷》91 页，0317 器，商务印书馆（香港）、上海辞书出版社，1994 年。

［7］王世民、陈公柔、张长寿：《西周青铜器分期断代研究》簋 66，文物出版社，1999 年。

［8］王世民、陈公柔、张长寿：《西周青铜器分期断代研究》簋 67，文物出版社，1999 年。

［9］王世民、陈公柔、张长寿：《西周青铜器分期断代研究》簋 73，文物出版社，1999 年。

［10］王世民、陈公柔、张长寿：《西周青铜器分期断代研究》簋 74，文物出版社，1999 年。

［11］陕西省考古研究所、陕西省文物管理委员会、陕西省博物馆：《陕西出土商周青铜器》（三），文物出版社，1980 年，122～125 页。

［12］国家文物局主编：《中国文物精华大全·青铜卷》14 页，0398 器，商务印书馆（香港）、上海辞书出版社，1994 年。

［13］陕西省考古研究所、陕西省文物管理委员会、陕西省博物馆：《陕西出土商周青铜器》（二），文物出版社，1980 年，206 页。

［14］陕西省考古研究所、陕西省文物管理委员会、陕西省博物馆：《陕西出土商周青铜器》（二），文物出版社，1980 年，201 页。

［15］国家文物局主编：《中国文物精华大全·青铜卷》94 页，0329 器，商务印书馆（香港）、上海辞书出版社，1994 年。

［16］中国社会科学院考古研究所：《考古精华》，科学出版社，1993 年。

［17］罗振玉：《贞松堂吉金图》，墨缘堂出版，1935 年。

［18］陕西省博物馆、陕西省文物管理委员会：《青铜器图解》，文物出版社，1960 年，86 页。

［19］国家文物局主编：《中国文物精华大全·青铜卷》，0337 器，商务印书馆（香港）、上海辞书出版社，1994 年，86 页。

四件盨与克盨[1]、师克盨[2]、伯多父盨[3]、杜伯盨[4]、梁其盨[5]等相类。

匜,同伯公父簠[6]、冶遗筐[7]相类。

虢仲圆壶,与晋侯墓地 M63 所出杨姞壶[8]大致相同。

虢仲方壶,与颂壶[9]、梁其壶[10]、晋叔家父壶[11]相同。

甫,与陕西岐山董家村所出重环纹豆[12]、镂空花座豆[13]相似。

盘,同它盘[14]、晋侯墓地 M93 所出铜盘[15]相类。

盂,与晋侯墓地 M31 所出铜盂[16]相类。

M2006(孟姞墓)所出实用铜礼器的时代风格,总体上与 M2009(虢仲墓)相当,但器的形制比虢仲墓略早。

M2010(大夫墓)、M2013(醜姜墓)等所出的实用铜礼器中,其列鼎的形制与毛公鼎相类,M2010(大夫墓)的方甗与叔硕父方甗[17]相似。两墓所出实用铜礼器的总体风格与 M2009(虢仲墓)基本相当。

上述各墓青铜器上所饰的窃曲纹有"S"形与"C"形两种,并有无目、平目、凸目之分;重环纹有有珠、无珠、双行之分。另外,还有波曲纹、垂鳞纹、联羽纹、回首龙纹、曲体龙纹、凤鸟纹、卷云纹等。这些纹样均是西周晚期的流行纹样。

二 铜乐器的时代特征

M2009(虢仲墓)出土的两套编钟具有明显的时代特征。其八件甬编钟的形制与梁其钟[18]、中义钟[19]、克钟[20]、虢叔旅钟[21]、柞钟[22]、刑人钟[23]、南宫乎钟[24]等相同或相类。这套甬

[1] 王世民、陈公柔、张长寿:《西周青铜器分期断代研究》盨 11,文物出版社,1999 年。
[2] 国家文物局主编:《中国文物精华大全·青铜卷》0434 器,商务印书馆(香港)、上海辞书出版社,1994 年,125 页。
[3] 国家文物局主编:《中国文物精华大全·青铜卷》0428 器,商务印书馆(香港)、上海辞书出版社,1994 年,123 页。
[4] 容庚:《商周彝器通考》,哈佛燕京学社出版,1941 年,368 页。
[5] 国家文物局主编:《中国文物精华大全·青铜卷》0435 器,商务印书馆(香港)、上海辞书出版社,1994 年,125 页。
[6] 国家文物局主编:《中国文物精华大全·青铜卷》0426 器,商务印书馆(香港)、上海辞书出版社,1994 年,122 页。
[7] 陕西省考古研究所、陕西省文物管理委员会、陕西省博物馆:《陕西出土商周青铜器》(二),文物出版社,1980 年,205 页。
[8] 山西省考古研究所、北京大学考古学系:《天马—曲村遗址北赵晋侯墓地第四次发掘》,《文物》1994 年 8 期。
[9] 王世民、陈公柔、张长寿:《西周青铜器分期断代研究》壶 17,文物出版社,1999 年。
[10] 王世民、陈公柔、张长寿:《西周青铜器分期断代研究》壶 12,文物出版社,1999 年。
[11] 北京大学考古系,山西省考古研究所:《天马—曲村遗址北赵晋侯墓地第五次发掘》,《文物》1995 年 7 期。
[12] 国家文物局主编:《中国文物精华大全·青铜卷》0422 器,商务印书馆(香港)、上海辞书出版社,1994 年,122 页。
[13] 陕西省考古研究所、陕西省文物管理委员会、陕西省博物馆:《陕西出土商周青铜器》(三),文物出版社,1980 年,73 页。
[14] 陕西省考古研究所、陕西省管理委员会、陕西省博物馆:《陕西出土商周青铜器》(二),文物出版社,1980 年,154 页。
[15] 北京大学考古学系、山西省考古研究所:《天马—曲村遗址北赵晋侯墓地第五次发掘》,《文物》1995 年 7 期。
[16] 山西省考古研究所、北京大学考古学系:《天马—曲村遗址北赵晋侯墓地第四次发掘》,《文物》1994 年 8 期,封面。
[17] 容庚:《商周彝器通考》,哈佛燕京学社出版,1941 年。
[18] 国家文物局主编:《中国文物精华大全·青铜卷》0587 器,商务印书馆(香港)、上海辞书出版社,1994 年,168 页。
[19] 国家文物局主编:《中国文物精华大全·青铜卷》0583 器,商务印书馆(香港)、上海辞书出版社,1994 年,167 页。
[20] 国家文物局主编:《中国文物精华大全·青铜卷》0575 器,商务印书馆(香港)、上海辞书出版社,1994 年,165 页。
[21] 国家文物局主编:《中国文物精华大全·青铜卷》0585 器,商务印书馆(香港)、上海辞书出版社,1994 年,168 页。
[22] 国家文物局主编:《中国文物精华大全·青铜卷》0584 器,商务印书馆(香港)、上海辞书出版社,1994 年,167 页。
[23] 国家文物局主编:《中国文物精华大全·青铜卷》0586 器,商务印书馆(香港)、上海辞书出版社,1994 年,168 页。
[24] 国家文物局主编:《中国文物精华大全·青铜卷》0582 器,商务印书馆(香港)、上海辞书出版社,1994 年,167 页。

编钟的钟体较厚重，保存基本完整，八件甬编钟造型大致相同，大小依次递减，但递减幅度有所不同。钟体各部分结构匀称，铸工精细，舞面平齐，中心置圆柱形甬。甬素面，长短适度，带锥度，旋、斡具备，衡端平齐，旋上饰简易"C"形凸目窃曲纹，舞部饰"S"形无目窃曲纹。钟腔呈合瓦形，腔面以凸栏线框隔枚、篆、钲、鼓区。枚为二节圆柱形，带锥度，枚端皆平齐。钟于口弧曲上凹，弧度较大，口沿有三棱状内唇，唇上皆有调音锉磨槽痕。钟内腔平整，四侧鼓处不见凸起的音梁设施，调音槽在钟腔内壁上锉成，由于口向里纵向延伸，有的直通至舞底。钲部两侧各置三排共9个柱状枚。甬编钟的这种形制颇具时代特征，表现出典型的西周中晚期风格。

这套甬编钟的纹样也颇具西周中晚期风格，如篆带饰斜角"S"形平目窃曲纹，正鼓部饰一组对称的"C"形无目窃曲纹，正面右鼓除M2009：253、M2009：288两钟外，其余六钟均饰一鸟纹作为双音钟的侧鼓音敲击点标志等等。这些纹样不难从已知西周中期的乐钟标本上找到，以后一直被沿用，在春秋时期的甬编钟上还可以找到它们的踪影。

值得注意的是，M2009（虢仲墓）中还出土一套8件钮编钟。钮编钟出现在M2009（虢仲墓）中，从另一侧面反映出M2009（虢仲墓）墓主人的身份较高。

总之，上述各墓铜礼乐器的时代特征十分鲜明，将孟姞墓（M2006）、虢仲墓（M2009）、大夫墓（M2010）和醜姜墓（M2013）四墓的时代定在西周晚期晚段至春秋早期当为不误。其中孟姞墓（M2006）的入葬年代应早于其他三墓。

两座国君墓，即M2001（虢季）和M2009（虢仲），其中M2009（虢仲墓）的入葬年代要早于M2001（虢季墓）。

第四节　各墓铜明器的组合

M2009（虢仲墓）和孟姞墓两座墓所随葬的铜礼器中均有成组的明器。

一　虢仲墓的铜明器组合

M2009（虢仲墓）明器共十二种96件，计有鼎17件、簋16件、盘15件、盉12件、觯10件、方彝8件、爵7件，方壶、匜、圆尊各3件，方尊、瓿各1件。其中17件明器鼎均为立耳蹄足，其中三件为窃曲纹鼎，八件为重环纹鼎，三件为凸弦纹鼎，一件为蝉纹鼎，二件为素面鼎；16件明器簋均为器盖浑铸，双錾形耳，其中14件为重环纹簋，一件为瓦垅纹簋，一件为素面簋；15件明器盘中，三件为有三支足重环纹盘，12件为有圈足或支足的素面盘；12件明器盉中有三件为窃曲纹盉，六件为重环纹盉，三件为素面盉；10件明器觯均为素面，其中有箍觯和无箍觯各5件；八件明器方彝中有二件为龙纹方彝，一件为窃曲纹方彝，一件为波曲纹方彝，二件为重环纹方彝，二件为素面方彝；七件明器爵中有六件为菌柱爵，一件为匜形爵；三件明器方壶中有一件为重环纹方壶，二件为素面方壶；三件明器匜中有二件为重环纹匜，一件为窃曲纹匜；三件明器圆尊中有二件为重环纹圆尊（其中一件有双耳，一件无耳），一件为双耳素面圆尊；一件明器方尊有重环纹；一件明器瓿为三段式，素面。

它们的组合关系为食器（鼎、簋）、饮酒器（爵、觯、瓿）、盛酒器（方壶、方彝、尊）、水器（盘、盉、匜）。具体情况如下：

（一）食器组合为十七鼎（M2009：502、M2009：518、M2009：615、M2009：477、M2009：535、M2009：542、M2009：560、M2009：566、M2009：625、M2009：633、M2009：646、M2009：479、M2009：543、M2009：648、M2009：617、M2009：619、M2009：701）、十六簋（M2009：471、M2009：472、M2009：473、M2009：480、M2009：481、M2009：482、M2009：485、M2009：497、M2009：527、M2009：540、M2009：545、M2009：620、M2009：674、M2009：709、M2009：568、M2009：634）。

（二）酒器组合为三方壶（M2009：467、M2009：469、M2009：488）、三圆尊（M2009：525、M2009：565、M2009：506）、一方尊（M2009：470）、七爵（M2009：509、M2009：524、M2009：528、M2009：549、M2009：635、M2009：654、M2009：684）、八方彝（M2009：559、M2009：699、M2009：567、M2009：553、M2009：673、M2009：678、M2009：548、M2009：555）、十觯（M2009：529、M2009：611、M2009：657、M2009：696、M2009：697、M2009：636、M2009：680、M2009：694、M2009：695、M2009：698）、一觚（M2009：478）。

（三）水器类组合为十五盘（M2009：517、M2009：563、M2009：618、M2009：498、M2009：546、M2009：552、M2009：556、M2009：557、M2009：564、M2009：667、M2009：668-1、M2009：675、M2009：677、M2009：686、M2009：702）、十二盉（M2009：666、M2009：671、M2009：685、M2009：516、M2009：534、M2009：536、M2009：537、M2009：613、M2009：689、M2009：484、M2009：486、M2009：668-2）、三匜（M2009：476、M2009：622、M2009：507）。

二 孟姞墓的铜明器组合

M2006（孟姞墓）明器共五种5件，计有盉、尊、方彝、爵、觯各1件。其中一件盉为器盖浑铸，高圈足，饰重环纹；一件尊为双耳，圈足；一件方彝为器盖浑铸，素面；一件爵为菌状柱；一件觯为素面，有圈足。

M2006（孟姞墓）的明器组合为饮酒器（爵、觯）、盛酒器（方彝、尊）、水器（盉）。具体情况如下：

（一）酒器组合为一爵（M2006：49）、一觯（M2006：48）、一尊（M2006：47）和一方彝（M2006：50）。

（二）水器组合为一盉（M2006：36）。

第五节 各墓玉器的组合及相关问题

出土玉器最多的墓为M2009（虢仲墓），共出土玉器1050件（颗）；其次为M2006（孟姞墓），出土玉器240件（颗）；M2013（醜姜墓）仅出土玉器90件（颗），M2010（大夫墓）出土玉器

24件（颗）。这些玉器中有组合佩饰共6组，尤其值得注意。

六组组合佩饰中包括六璜联珠组玉佩1组，出自M2009（虢仲墓）（M2009：980、M2009：970）。玉项饰有2组，M2006（孟姞墓）1组（M2006：90），玉佩作马蹄形；M2013（醜姜墓）1组（M2013：44），玉佩作龙纹或束绢形。胸佩饰1组，出自M2006（孟姞墓）墓主的胸部（M2006：94）。由1颗紫红色玛瑙珠，1件紫红色竹节形玛瑙管，20颗蓝色鼓形碧石珠，42颗球形青白色岫玉珠，7件蓝绿色圆形或扁圆形碧石管相间串系而成。

此外，在M2009（虢仲墓）外棺外侧的东南角和南部还出有2组组合串饰（M2009：738、M2009：740）。其中出自外棺南部的组合串饰（M2009：738）是由1件獠牙形觿、19件鱼形佩、1件蝉形佩、2件蚕形佩、9件浅黄色玛瑙管、6颗红色玛瑙珠、4件料管和20颗料珠相间串系而成；出自外棺东南角的组合串饰（M2009：740）由1件扇形坠饰、1件人纹佩、1件夔龙形佩、1件虎形佩、2件鸟形佩、34件鱼形佩、1件蚱蜢形佩、1件蚕形佩、6件戈形佩、1件条形坠饰、20件浅黄色玛瑙管、16颗浅黄色玛瑙珠、21颗红色玛瑙珠、11件料管、49颗料珠和6件海贝相间串联而成。由于这两组串饰均出自外棺外侧，用途待考。

六组玉佩中最为重要的是M2009（虢仲墓）出土的一组六璜联珠组玉佩（M2009：980、M2009：970）（原佩初始时可能是七璜）。此组玉佩下半部由6件玉璜与纵向排列成双排二行或四行相对称的37件红色竹节形或圆形玛瑙管、10颗红色小玛瑙珠、60颗浅蓝色菱形料珠和96颗浅蓝色小圆料珠相间串联而成，上半部与一组以人龙合纹玉佩、龙纹玉牌、玉管及分作两行双行相间玛瑙珠组成的项饰相联。出土时挂在墓主颈上且达于腹下，其中多件璜的背面残存有宽带状"朱组"痕迹。六件玉璜的纹样或饰人龙合雕纹，或饰透雕人龙纹，或饰以叠尾人首纹，或饰缠尾双牛首纹，均为双面饰纹。此组组玉佩的形制与联缀方式均规范完备，依出土时的摆放位置及叠压关系，确知应是墓主生前佩戴之物。

《礼记·玉藻》云："天子佩白玉而玄组绶，公侯佩山玄玉而朱组绶。"[1]组，为编织而成的丝带；绶，同系，串系之意。《礼记》所言天子系玉用黑色丝带，公侯一级系玉用红色丝带。虢仲身为国君，属公侯一级，其系玉用"朱组"，与文献记载相符。

六组组合佩饰有如下特点：

（一）大型多璜组玉佩仅出于国君虢仲墓中，而其他贵族墓均无此种组玉佩随葬，说明大型组玉佩的使用是有着严格制度的，使用范围有可能仅限于公、侯等诸侯国国君及其夫人或有相应封号的贵族。多璜组玉佩是国君与高级贵族区别贵贱、身份的标志之一[2]。有学者考证，组玉佩属德佩类[3]。

（二）西周时期用玉制度较为严格，用玉是分等级的。如多璜组玉佩在使用时，用璜数的多寡、质量的高低，与使用者的身份有关。虢仲身为国君用六璜，或许虢仲原配多璜组玉佩也是七璜。只是后因某种原因毁坏了一只或两只，后配时因原料与工艺及时间的问题，配不到原配的样子，只好退而求其次。M2009（虢仲墓）多璜组玉佩出土时的样子也恰恰证明了这一推测。本墓地另

[1]（汉）戴圣：《礼记》，上海古籍出版社，1987年。

[2] 姜涛、李秀萍：《虢国墓地出土玉器的认识与研究》，载《东亚玉器》，香港中文大学中国考古艺术研究中心，1998年。

[3] 孙机：《周代的组玉佩》，《文物》1998年4期。

一虢国国君虢季用七璜，其夫人梁姬则礼降一等用五璜[1]；张家坡西周墓地 M58 墓主用璜数为三件[2]。由此可知，虢仲的身份与虢季相当，但明显高于张家坡西周墓地 M58 墓主。

（三）项饰作为墓主的生前佩戴物，依墓主身份的不同，在质地、纹样和做工等方面也存在一定差异。这种差异既与墓主的身份地位有关，也应与其经济实力有关。

（四）M2009（虢仲墓）和 M2006（孟姞墓）各出土一组单体玉器组合发饰，这给我们提供了西周时期公侯级与高级贵族及其贵族夫人使用玉器作发饰造型的实例。

（五）前朝旧玉是后来制玉者玉料的重要来源之一，这至少是西周时期用玉的一个主要特征。这一点在虢国墓地高等级贵族墓葬中得到了明证。

（六）各墓所出玉器中多有对旧玉进行改制者，工匠们在改制中往往精心保留原器的部分主体纹样。这是西周晚期用玉的一个特征。

（七）玉遣册值得关注。

除铜器外，玉器在所有随葬器物中所占比例很大。依用途，我们将所有玉器分为六类。

第一类，礼器。包括璧、琮、戚、大环、圭、璋、戈、璜与斧，共九种。

第二类，佩饰。佩饰又可分成两种。一种为组合佩饰，如前所述；一种为单体佩饰。单体佩饰中不仅有人龙合纹佩、人形佩、龙纹佩、龙凤纹佩、兽面形佩、玦、管、小环、珠等，而且还包括数量众多的肖生玉器，如虎、象、鹿、兔、牛首、牛、羊、鹅、鹦鹉、鸟、燕、鸮、凤、龟、鳖、鱼、蛇、鼠、蚕、蝉、蜻蜓和蜘蛛等。这部分肖生玉器造型逼真，形态各异，制作规整，独具特色。

第三类，殓玉。包括缀玉幎目、手握玉、口晗玉、脚趾夹玉和踏玉等。

第四类，用具。包括鞢、觿、削、刀、匕、凿、兽面纹杖头和笄等。

第五类，饰件。包括龙首纹饰、兽面形饰、箍形饰、镯形饰、柄形器、梭形饰、长条形饰、蘑菇状饰、圆棒形饰、圆纽扣形饰和条形缀饰等。

第六类，其他。包括璜形器、嵌饰、残玉饰、玉片和残片等。

《周礼·春官·大宗伯》："以玉作六瑞，以等邦国。"[3] 所言是指以礼玉作为区分等级的一种标识与象征。又云："以玉作六器，以礼天地四方：以苍璧礼天，以黄琮礼地，以青圭礼东方，以赤璋礼南方，以白琥礼西方，以玄璜礼北方。"[4] 何以为器，郑玄注云"礼神曰器"。六器之中璧、琮、璜之形态已有定说，其他三器之形则众说纷纭。又《周礼·春官·典瑞》云："驵圭、璋、璧、琮、琥、璜之渠眉，疏璧琮以敛尸。"而汉儒郑玄于此条下注曰："驵读为组，与组马同声之误也。渠眉，玉饰之沟瑑也，以组穿联六玉沟瑑之中，以敛尸，圭在左，璋在首，琥在右，璜在足，璧在背，琮在腹，盖取象方明神之也。疏璧琮者，通于天地。"[5] 由此可见，作礼玉之用的六器又具敛尸之功能。虢仲墓棺内玉器的摆放位置，为"组六器以敛尸"之说提供了可靠的证据。

在虢仲墓墓主身体的多个部位放置有玉戈和素面玉璧。从摆放位置可知，这些器物均是作敛尸用的。六件玉璧的放置位置正合郑玄"璧在背"之说。而佩在身上的六璜联珠组玉佩用璜达六

[1] 河南省文物考古研究所、三门峡市文物工作队：《三门峡虢国墓》（第一卷），文物出版社，1999年。

[2] 张家坡西周墓地 M58，深 7.04 米，葬具为重棺单椁。虽经盗掘，但所出三璜联珠组玉佩（M58：1）保存完好。中国社会科学院考古研究所：《张家坡西周墓地》图 197，彩版 147，中国大百科全书出版社，1999年。

[3]（周）周公旦：《周礼》，商务印书馆，1965年。

[4]（周）周公旦：《周礼》，商务印书馆，1965年。

[5]（汉）郑玄：《周礼注疏》，上海古籍出版社，1990年。

件之多（原配时可能也是七璜联珠组玉佩），是璜这种礼玉也可作殓尸之用，只是摆放位置与郑说不符。从璧、璜兼用于殓尸的情况，可知礼玉本身具有多种功能，而这些功能是可以转移的。

　　殓玉中有二组缀玉幎目。虢仲墓中出土的一组缀玉幎目是由 12 件似男人面部器官形状的玉饰与多件三叉形薄玉片组合联缀成人的面部形象。象征人面器官的玉饰摆放在中部，除眼、口是专门为死者制作外，余皆用其他玉饰代替，其外侧环绕一周三叉形薄玉片。孟姞墓出土的一组缀玉幎目则是由 14 件仿似人面部器官形状的各种玉佩组合联缀成人的面部形象。这二组缀玉幎目上的缀玉，大多数是用旧玉直接代替，而不像虢季墓（M2001）中的缀玉是专门制作的。最早的一组缀玉幎目见于陕西齐家 19 号墓，由 17 件旧玉联缀而成。19 号墓的时代在穆王前后[1]。其后张家坡 M157 井叔墓又有出土，而张家坡 M303 所出之 15 件一组的缀玉幎目已具人面五官之形[2]。至山西天马—曲村遗址北赵晋侯墓地更是有多套缀玉幎目出土[3]。这说明缀玉幎目这种专门的殓玉至少在穆王时期已出现，并且只有公、侯及其夫人或高级贵族方能使用，显然殓玉的使用也是有等级之分的[4]。使用缀玉幎目是周人丧葬制度的一大特点。可惜的是布帛类幎目均已不存，仅留下缀在上面的玉片而已。

　　虢国墓地所出的单体玉佩饰多为片雕，但也有少数圆雕。而数量较多的肖生类玉器多为动物造型，这部分玉器应为墓主生前日常生活中所佩戴的装饰品。

　　在数量较多的动物类造型玉器中，鸟形和鸟纹的特征十分明显。有形态各异的玉凤、玉鸟，在玉礼器上多饰凤鸟纹，在改制旧玉时多精心保留凤鸟纹图案，从这些方面可以看出周人崇尚凤鸟的习俗。"凤鸣岐山"，周人由此而兴，应是周人视凤鸟为神鸟的重要原因[5]。

　　部分玉器装饰纹样中使用有重环纹，与同期装饰于铜器上的重环纹是一致的，这对墓葬的分期断代无疑有着重要作用。

［1］陕西周原考古队：《陕西扶风齐家十九号西周墓》，《文物》1979 年 11 期。

［2］中国社会科学院考古研究所：《张家坡西周墓地》255 ~ 257 页，图 192 ~ 195，中国大百科全书出版社，1999 年。

［3］北京大学考古学系、山西省考古研究所：《1992 年春天马—曲村遗址墓葬发掘报告》，《文物》1993 年 3 期。北京大学考古学系、山西省考古研究所：《天马—曲村遗址北赵晋侯墓地第二次发掘》，《文物》1994 年 1 期。山西省考古研究所、北京大学考古学系：《天马—曲村遗址北赵晋侯墓地第三次发掘》、《天马—曲村遗址北赵晋侯墓地第四次发掘》，《文物》1994 年 8 期。北京大学考古学系、山西省考古研究所：《天马—曲村遗址北赵晋侯墓地第五次发掘》，《文物》1995 年 7 期。

［4］姜涛、李秀萍：《虢国墓地出土器的认识与研究》，载《东亚玉器》，香港中文大学中国考古艺术研究中心，1998 年。

［5］姜涛、李秀萍：《虢国墓地出土玉器的认识与研究》，载《东亚玉器》，香港中文大学中国考古艺术研究中心，1998 年。